U0642023

图文中华史学

隋唐五代史

吕思勉◎著

人民东方出版传媒
People's Oriental Publishing & Media
東方出版社
The Oriental Press

图书在版编目（CIP）数据

隋唐五代史 / 吕思勉 著 . — 北京：东方出版社 ,2024.8
ISBN 978-7-5207-3273-4

Ⅰ . ①隋… Ⅱ . ①吕… Ⅲ . ①中国历史－研究－隋唐时代②中国历史－研究－五代十国时期 Ⅳ . ① K240.7

中国国家版本馆 CIP 数据核字 (2024) 第 035018 号

隋唐五代史
（SUI TANG WUDAI SHI）

作　　者：吕思勉
责任编辑：邢　远　徐洪坤
出　　版：东方出版社
发　　行：人民东方出版传媒有限公司
地　　址：北京市东城区朝阳门内大街 166 号
邮　　编：100010
印　　刷：三河市同力彩印有限公司
版　　次：2024 年 8 月第 1 版
印　　次：2024 年 8 月第 1 次印刷
开　　本：650 毫米 ×920 毫米 1/16
印　　张：18
字　　数：200 千字
书　　号：ISBN 978-7-5207-3273-4
定　　价：88.00 元
发行电话：（010）85924663　85924644　85924641

版权所有，违者必究
如有印装质量问题，我社负责调换，请拨打电话：（010）85924602　85924603

总序

中国文化是一个大故事，是中国历史上的大故事，是人类文化史上的大故事。

谁要是从宏观上讲这个大故事，他会讲解中国文化的源远流长，讲解它的古老性和长度；他会讲解中国文化的不断再生性和高度创造性，讲解它的高度和深度；他更会讲解中国文化的多元性和包容性，讲解它的宽度和丰富性。

讲解中国文化大故事的方式，多种多样，有中国文化通史，也有分门别类的中国文化史。这一类的书很多，想必大家都看到过。

现在呈现给读者的这一大套书，叫作“图文中国文化系列丛书”。这套书的最大特点，是有文有图，图文并茂；既精心用优美的文字讲中国文化，又慧眼用精美图像、图画直观中国文化。两者相得益彰，相映生辉。静心阅览这套书，既是读书，又是欣赏绘画。欣赏来自海内外二百余家图书馆、博物馆和艺术馆的图像和图画。

“图文中国文化系列丛书”广泛涵盖了历史上中国文化的各个方面，共有十六个系列：图文古人生活、图文中华美学、图文古人游记、图文中华史学、图文古代名人、图文诸子百家、图文中国哲学、图文传统智慧、图文国学启蒙、图文古代兵书、图文中华医道、图文中华养生、图文古典小说、图文古典诗赋、图文笔记小品、图文评书传奇，全景式地展示中国文化之意境，中国文化之真境，中国文化之善境，中国文化之美境。

这是一套中国文化的大书，又是一套人人可以轻松阅读的经典。

期待爱好中国文化的读者，能从这套“图文中国文化系列丛书”中获得丰富的知识、深层的智慧和审美的愉悦。

王中江

2023年7月10日

前言

《隋唐五代史》是现代史学大家吕思勉先生所著的四部断代史的最后一部，其治史方法与史学功力在此都得到了最大程度的体现，深受史学界推崇，为后人研究隋唐五代史的必读书目之一。

全书分为两个部分，上半部主要叙述隋唐五代的政治变革，包括王朝兴衰、重大历史事件的前因后果、政治制度的成败得失，以及中原王朝与周边少数民族及邻国的关系等；下半部可谓隋唐五代的社会文化史，涵盖社会组织、社会等级、农工商业、衣食住行、人民生计、政治制度、学术宗教等内容。全书鸿篇巨制，堪称隋唐五代史的百科全书。正如吕思勉先生自己所说，此书“论古史材料，古史年代，中国世族起源及西迁，古代疆域，宦学制度，自谓甚佳”。再者，在《隋唐五代史》中，吕思勉先生突出了均田制和府兵制对唐王朝兴亡的影响，无疑提供了一种把握唐朝历史的角度，如今仍然有参考价值。最后，此书对于隋唐五代的思想、宗教、诗歌、艺术等全面详细的论述，使其文化史占比较大，成为一大特色。

限于篇幅，此次出版将政治史部分进行编选，从宏观上保留隋唐五代的历史脉络，并通过图片和图注，弥补宗教、文化、艺术等方面的内容，力求在保留原著精华基础上，更适合大众读者阅览。

目录

第一章 总论

论史者率以汉、唐并称，其实非也，隋、唐、五代，与后汉至南北朝极相似，其于先汉，则了无似处，何以言之？

先汉虽威加四夷，然夷狄之入居中国者绝鲜，后汉则南单于、乌丸、鲜卑、氐、羌，纷纷入居塞内或附塞之地，卒成五胡乱华之祸。而唐代亦然，沙陀入据中原，犹晋世之胡、羯也。蕃、浑、党项，纷纭西北，卒自立为西夏，犹晋世之氐、羌也。而契丹雄据东北，与北宋相终始，亦与晋、南北朝之拓跋魏极相似，一矣。汉有黄巾之起，而州郡据地自专，终裂而为三国；唐有黄巢之起，而长安之号令，不出国门，终裂而为五代十国，二矣。不特此也，汉世儒者，言井田，言限民名田，法家则欲行均输，管盐铁，初犹相争，《盐铁论》贤良文学与御史大夫之争是也。至新莽遂合为一，田为王田，兼行五均、六管是也。功虽不成，其欲一匡天下，措斯民于衽席之安，其意则皎然也。而自魏、晋以来，人竞趋于释、老，绝不求矫正社会，而惟务抑厌其本性，以求与之相安。本性终不可诬也，则并斯世而厌弃之，而求归于寂灭，为释、老者虽力自辩白，然以常识论之，岂不昭昭如此耶？常人论事，固无深远之识，亦鲜偏蔽而去实际太远之病，顺世外道之所由立也。夫举一世而欲归诸寂灭，是教社会以自杀也。教社会以自杀，终非社会所能听从，故至唐而辟佛之论渐盛，至宋而攘斥佛、老之理学兴焉。然宋儒之所主张者，则以古代社会之组织为天经地义，而强人以顺从古代之伦纪而已；人心之不能无慊于古道，犹其不能无慊于今日之社会也。而宋儒于此，亦惟使人强抑其所欲求，以期削足而适履，此与言佛、老者不求改革社会，而惟务抑厌人之本性者，又何以异？此又其若相反而实相类者也。世运岂真循环耶？非也。世无不变之事，亦无骤变之物，因缘相类者，其所成就，亦不得不相类，理也。然则自后汉至于南北朝，与夫隋、唐、五代之世，其因缘之相类者，又何在也？

人性莫非社会所陶甄，今世社会学家言：人类以往之社会，大变有四：曰原始共产社会，曰奴隶社会，曰封建社会，曰资本主义社会。原始共产之世，遐哉尚已，吾侪今日，仅得就古先哲人追怀慨慕之辞，想象其大略而已。我族肇基之地，盖在江河下游、故炎黄交战及尧舜所都之涿鹿，实在彭城，《世本》。与今称为马来，古称为越人者密迩。其争斗盖甚烈。吾族俘彼之民，则以之为奴隶，故彼族断发文身之饰，在吾族则为髡、黥之刑，本族有大罪者，侪之异族。苗民之所以见称为酷虐者以此。古所谓刑者，必以兵刃亏人体至于不可复属，此其始皆用诸战陈，施诸异族者也。苗民之作五刑，盖以施诸异族者，虵及本族也。黄帝，《书》称其清问下民，亦侯之门仁义存耳，其所恃以自养者，恐亦无以异于三苗也。此吾国之奴隶社会也。江河下游，古多沮泽，水利饶而水患亦深，共工、鲧、禹，仍世以治水为务，共工与鲧皆蒙恶名，而禹独擅美誉，非其治水之术，果有以大异于前人也。自夏以后，吾族盖稍西迁。夏代都邑，皆在河、洛。西迁而水灾澹焉，则以为神禹之功云尔。出沮泽之地，入苍莽之区，不务力耕，惟求远迹，则于所征服之民，但使输税赋而止，夏后氏之贡法是也。贡之名，乃取诸异部族者，与取诸本部族之税赋大异，夏后氏之贡，实以税而蒙贡名，盖初施诸来服之异部族，后虽入居其部，征服者与所征服者，已合为一，而其法仍未变也。至此，则向恃奴隶之耕作以为养者，一变而衣食于农奴之租税矣。此吾国之封建社会也。自夏至于西周，此局盖未大变。故尚论者多以三代并称焉。孔子称殷因于夏，周因于殷，礼所损益可知，必有所据。礼即法，惟俗相类，故礼相类，惟社会之组织相类，故俗相类也。东周以降，种殖、制造之技盖日精，通工易事之风亦益盛，则斯民之生计渐舒，户口日增，垦拓日广，道途日辟，风尚日同，则可以兴大师，则可以造利兵，则可以远征，则可以久驻。所征服之国能供亿也。吴入郢能久留者，以郢故都会也。生事之演进，无一非军事、政事之先驱，而统一之业，与资本之昌骈进矣。然以吾国疆域之广，水陆程途之修阻，风同道一，固非一蹴可几，地方豪右及政府所命官吏之桀骜者，盖罔不乘隙思逞，一旦中枢失驭，则纷然并起而图割据矣，此州郡藩镇之祸所由来也。瘠土之民，脱沃土之富厚而思攘夺之，势也。吾国东南临海，大军不能飞越，西南则山岭崎岖，处其间者不能合大群，亦无由成为强寇，惟漠南北之地，既瘠苦足资锻练，又平夷有利驱驰，每为侵掠者所根据，而河、湟、青海之间，亦其次也。争战必资物力，瘠土之民，固非沃土之民之敌，汉、唐盛时，所以能威棱远詟者以此。然自来操政治之权者，多荒淫而无远虑，睹异族之臣服，则苟利一时之休息，而不暇维万世之安，而官吏、豪民，又利其可供赋役，恣虐使也，如后汉之苦役降羌，晋世并州多以匈奴为佃客，且掠卖胡羯为奴婢是也。则使之入居塞内；而风尘有警，又驱其人以为兵；于是太阿倒持矣，此五胡及沙陀、契丹、党项之祸所由来也。孔子所谓大同，即古共产之世也，其和亲康乐无论矣。封建之世，黩武之族，虽坐役殖产之民以自活，然其所诛求者，亦税赋力役而已，于所征服之族社会固有之组织，未尝加以破坏也。以力胁夺，所得究属有限，而历时稍久，且将受所征服之族之感化而渐进于文明，故封建之世，社会之规制，尚未至于大坏，犹之人体，虽有寄生之虫，犹未至于甚病，故孔子称为小康也。至资本主义既昌，则昔时之分职，悉成为获利之彰，尽堕坏于无形之中，社会遂变而为无组织，而民之生其间者苦矣。东周以降，仁人志士，日怵目刿心，而思有以移易天下，盖由于此。然斯时之社会，其体段则既大矣，其情状则既隐曲而难明矣，而生其间者，利害又相龃龉而不可合，凡所措置，所收之效，悉出于预期之外，而事变之来，又多不可捉摸，则安得不视社会为无可控制，不能以人力改造，其惟务抑压一己，以求与之相安，亦固其所。故新室与东汉之间，实为古今一大界。魏、晋以后之释、老，宋、明两代之理学，实改造社会之义既湮，人类再求所以自处，而再败绩焉者也。此又其所以若相反而实相类也。读隋、唐、五代之史者，其义当于此求之。

中国之史，非徒中国一国之史也，东方诸国之盛衰兴替，盖靡不苞焉，即世界大局之变动，亦皆息息相关，真知史事之因果者，必不以斯言为河汉也。此其故何哉？世界各民族，因其所处之境不同，而其开化遂有迟早之异，后起诸族，必资先进之族之牖启，故先进之国之动息，恒为世界大波浪之源泉焉。先进之国，在东方为中国，在西方则在地中海四围，此二文明者，与接为构，遂成今日之世界。其与接为构也，一由海而一由陆。泛海者自中国经印度洋以入波斯湾，遵陆者则由蒙古经西域以入东欧。泛海之道，贾客由之，虽物质文明，因之互相灌注，初无与于国家民族之盛衰兴替。遵陆之道，则东方之民族，自兹而西侵，西方之民族，亦自兹而东略，往往引起轩然大波焉。东西民族之动息，亦各有其时，月氏、匈奴，皆自东徂西者也，铁勒、突厥、回纥、沙陀、黠戛斯，则自西徂东者也。黠戛斯虽灭回纥，而未能移居其地，西方东略之力，至斯而顿，而东方之辽、金、元、清继起焉。辽之起，由其久居塞上，渐染中国之文明，金、元、清则中国之文明，先东北行而启发句骊，更折西北行以启发渤海，然后下启金源，伏流再发为满洲，余波又衍及蒙古者也。其波澜亦可谓壮阔矣。五胡乱华之

后，隋、唐旋即盛强，而沙陀入据之后，则中国一厄于契丹，再厄于女真，三厄于蒙古，四厄于满洲，为北族所弱者几千年，则以铁勒、突厥等，皆自西来，至东方而其力已衰，而辽、金、元、清则故东方之族类也。东西民族动息之交替，实在唐世，读隋、唐、五代史者，于此义亦不可不知。

《簪花仕女图》
（唐）周昉　收藏于辽宁省博物馆

第二章 隋室兴亡

第一节　文帝内治

隋文帝何如主也？曰：贤主也。综帝生平，惟用刑失之严酷；其勤政爱民，则实出天性，俭德尤古今所无，故其时国计之富亦冠绝古今焉。其于四夷，则志在攘斥之以安民，而不欲致其朝贡以自夸功德。既非如汉文、景之苟安治患，亦非如汉武帝、唐太宗之劳民逞欲。虽无赫赫之功，求其志，实交邻待敌之正道也。

帝平陈之明年，江南复乱，遍今浙东西、皖南、闽、赣之地，遣杨素讨平之。事见《素传》。又《陆知命传》：晋王广时镇江都，召令讽谕反者，知命说下十七城，得其渠帅三百余人，亦可见乱事蔓延之广也。江都，隋郡，今江苏江都县。《通鉴》述致乱之原曰：“自东晋以来，刑法疏缓，世族陵驾寒门。平陈之后，牧民者尽更变之。苏威复作《五教》，使民无长幼悉诵之。士民嗟怨。民间复讹言隋欲尽徙之入关，远近惊骇。”盖南北隔绝既久，民情不免猜疑，丧其利权者，乃从而鼓动之也。此等变乱，究非民欲，故不旋踵而冰消瓦解矣。

偃武修文之治，文帝盖深有意焉。《本纪》：开皇三年（583 年）正月，禁长刀大稍。九年（589 年）平陈之后，诏禁卫九重之余，镇守四方之外，戎旅军器，皆宜停罢。武力之子，俱可学文。人间甲仗，悉皆除毁。十年五月，诏曰：“魏末丧乱，宇县瓜分。兵士军人，权置坊

隋文帝像

选自《历代帝王图》卷 （唐）阎立本／原作 （宋）杨褒／临摹 收藏于美国波士顿美术博物馆

府。南征北伐，居处无定。家无完堵，地罕包桑。恒为流寓之人，竟无乡里之号。朕甚愍之。凡是军人，可悉属州县，垦田籍帐，一与民同。军府统领，宜依旧式。罢山东、河南及北方缘边之地新置军府。”十五年二月，收天下兵器，敢有私造者斩之；关中缘边，不在其例。十八年正月，诏曰：“吴、越之人，往承弊俗，所在之处，私造大船，因相聚结，致有侵害。其江南诸州，人间有船长三丈已上，悉括入官。”此承久乱之后，不得不然，固不得訾其欲弱天下之民，以保一家之业也。《炀帝纪》：大业五年（609年）正月，“制民间铁叉搭钩穳刃之类，皆禁绝之”。犹沿此策。

杨氏先世，久居武川，当亦渐于胡俗。然南北朝末，世运已更，虽宇文氏犹思变革，而况于帝乎？帝在受禅之先，即令已前赐姓，皆复其旧。既受禅，又易周氏官仪，依汉、魏之旧。皆见《本纪》。时诏议服色。摄太常卿裴政奏言：“后魏已来，制度咸阙。天兴之岁，草创缮修。所造车服，多参胡制。周氏因袭，将为故事。大象承统，咸取用之。舆辇衣冠，甚多迂怪。周宣帝变胡服，见《两晋南北朝史》第十五章第一节，据此，则仍非纯乎汉仪也。今皇隋革命，宪章前代。其魏、周辇辂不合制者，已敕有司，尽令除废。然衣冠礼器，尚且兼行。既越典章，须革其谬。”《礼仪志》。开皇二年（582年），颜之推上言：“今太常雅乐，并用胡声。请凭梁国旧章，考寻古典。”高祖不从，曰：“梁乐亡国之音，奈何遣我用邪？”俄而郑译奏请修正。于是诏太常卿牛弘、国子祭酒辛彦之、国子博士何妥等议正乐。九年，平陈，获宋、齐旧器，诏于太常置清商署以管之。牛弘奏曰：“前克荆州，得梁家雅曲。今平蒋州，隋平陈置于石头城。又得陈氏正乐。请修缉之，以备雅乐。其后魏洛阳之曲，据《魏史》云：“太武平赫连昌所得，更无明证。后周所用，皆是新造，杂有边裔之声。戎音乱华，皆不可用。请悉停之。”制曰：

隋文帝杨坚的长相

杨坚（541—604年），弘农郡华阴人（今陕西华阴），隋代开国皇帝。《资治通鉴》记载，南陈没有灭亡的时候，陈叔宝听说杨坚相貌异人，曾让出使隋朝的大臣画隋文帝的图像回来，“帝见，大骇曰：‘吾不欲见此人。’”立刻命人将画扔了。杨坚究竟长什么样？竟让陈叔宝看到画像后如此惊惧？《隋文帝真像》所描绘的形象符合《隋书》所记载的“额头突出，下颌很长”；《历代帝王图》中的隋文帝却是“仪表绝人”的一面。由此可知，杨坚确实是“相貌非常”。

隋文帝像

选自《历代帝王真像》（清）姚文翰　收藏于美国纽约大都会艺术博物馆

“制礼作乐，圣人之事。功成化洽，方可议之，宇内初平，我则未暇。”晋王广又表请，帝乃许之。十四年三月，乐定。诏并令施用，见行者皆停之。《音乐志》。

帝颇能勤政。《本纪》言其“每旦听朝，日昃忘倦。乘舆四出，路逢上表者，则驻马亲自临问。或潜遣行人，采听风俗。吏治得失，人间疾苦，无不留意。尝遇关中饥，遣左右视百姓所食。有得豆屑杂糠而奏之者，上流涕，以示群臣，深自咎责，为之撤膳，不御酒肉者，殆将一期。及东拜泰山，关中户口，就食洛阳者，道路相属。开皇十四年八月，关中大旱，人饥。上率户口就食洛阳。十五年正月，以岁旱，祠泰山以谢愆咎。上敕斥候：不得辄有驱遣。男女参厕于仗卫之间。逢扶老携幼者，辄引马避之，慰勉而去。至艰险之处，见负担者，遽令左右扶助之”。《旧唐书·太宗纪》：上谓房玄龄、萧瑀曰：“隋文帝何等主？”对曰：“克己复礼，勤劳思政，每一坐朝，或至日昃。五品已上，引之论事。宿卫之人，传飧而食。虽非性体仁明，亦励精之主也。”贞观四年（630年）。帝之勤政，固时人所共喻矣。

其俭德尤为绝人。《本纪》言其居处服玩，务在节俭。《食货志》云：六宫咸服浣濯之衣。乘舆供御，有故敝者，随令补用，皆不改作。非享燕，所食不过一肉而已。开皇十五年（595年），相州刺史豆卢通相州，今河南安阳县。贡绫文布，命焚之于朝堂。《纪》言帝令行禁止，上下化之。开皇、仁寿之间，丈夫不衣绫绮，无金玉之饰，常服率多布帛，装带不过铜铁骨角而已。虽曰齐之以刑，究亦由其能以身先之也。

帝初受禅，即以官牛五千头分赐贫人。又弛山泽之禁。开皇三年（583年），入新官，初令军人以二十一成丁。减十二番，每岁为二十日役。减调绢一匹为二丈。罢酒坊。通盐池、盐井，与百姓共之。陈平，以江表初定，给复十年。自余诸州，并免当年租赋。十年，又以宇内无事，益宽徭赋。百姓年五十者，输庸停防。十二年，有司上言库藏皆满，更辟左藏之院，构屋以受之。下诏曰："宁积于人，无藏府库。河北、河东今年田租，三分减一，兵减半，功调全免。"十七年，户口滋盛，中外仓库，无不盈满。遂停此年正赋，以赐黎元。皆见《食货志》。皆宽恤民力之事也。

取民之寡如此，而其用度，则百官禄赐及赏功臣，皆出于丰厚。《食货志》。将士战殁，必加优赏。仍令使者，就加劳问。《本纪》。平陈之役，亲御朱雀门劳还师，因行庆赏。自门外夹道列布帛之积，达于南郊，以次颁给。所费三百余万段焉。《食货志》。《文献通考·国用考》曰："古今称国计之富者莫如隋，然考之史传，则未见其有以为富国之术也。夫既非苛赋敛以取财，且时有征役以糜财，而赏赐复不吝财，则宜用度之空匮也，而殷富如此。然后知《大易》所谓'节以制度，不伤财，不害民'，《孟子》所谓'贤君必恭俭礼下，取于民有制'者，信利国之良规，而非迂阔之谈也。"案，前兴国计，端资赋役，而赋役之本，则在人丁。《食货志》云：隋初山东尚承齐俗，避役惰游者十六七。四方疲人，或诈老诈小，规免租赋。高祖令州县大索貌阅。户口不实者，正长远配。又开相纠之科。大功已下，兼令析籍，各为户头，以防容隐。于是计帐进四十四万三千丁，新附一百六十四万一千五百口。高颎又以人间课输，虽有定分，年常征纳，除注恒多。长吏肆情，文帐出没，复无定簿，难以推校，乃为输籍之样。请遍下诸州，每年正月五日，县令巡人，各随便近，五党三党，共为一团，依样定户上下。帝从之。自是奸无所容矣。《通鉴》言帝受禅之初，民户不满四百万，末年逾八百九十万，独冀州已一百万户，见仁寿四年（604年）。胡三省《注》曰："此以开皇初元户口之数比较仁寿末、大业初之数而言之也。按周之平齐，得户三百三万，而隋受周禅，户不满四百万，则周氏初有关中，西并巴蜀，南兼江汉，见户不满百万也。陈氏之亡，户六十万。大约隋氏混一天下，见户不及五百万。及其盛也，盖几倍之。”案，《食货志》言大索貌阅之事，实在平陈之先，则混一时，户必不止五百万矣。可见其所增之多。又诸州调物，纪纲废弛之世，或不尽归中枢，而此时则《食货志》言：“河南自潼关，河北自蒲坂，达于京师者，相属于路，昼夜不绝者数月。”则当时国计之裕，亦未必尽由节流。然非节流固终如漏卮，钩较愈勤，则其为茧丝愈甚耳。此则帝之躬履俭素，不能不谓其大有造于国计民生也。《苏威传》：文帝受禅，威兼民部尚书。初威父绰在西魏，以国用不足，为征税之法，颇称为重。既而叹曰：“今所为者，正如张弓，非平世法也。后之君子，谁能弛乎？”威闻其言，每以为己任。至是，奏减赋役，务从轻典。上悉从之。则虽务绝隐漏，以防奸欺，而其取之之法，则未尝不从宽矣。

隋世国计之富，观其积贮而可知。《旧唐书·马周传》：周于贞观六年（632年）上疏曰：“隋家贮洛口仓在今河南巩义市东南。而李密因之，东都积布帛而世充据之，西京府库，亦为国家之用，至今未尽。”又《食货志》：贞观二年，戴胄上言：“开皇立制，天下之人，节级输粟，多为社仓，终于文皇，得无饥馑。”此即长孙平所立义仓之法，见《隋书·食货志》。《志》云：自是诸州储峙委积。观于胄言，而知其不诬矣。此与清室盛时，徒夸库藏银两之多者何如哉？宜乎言国计之富者，必以隋称首也。

《隋书·杨尚希传》：尚希上表曰：“窃见当今郡县，倍多于古。或地无百里，数县并置。或户不满千，二郡分领。具僚以众，资费日多。吏卒又倍，租调岁减。清干良才，百分无一，动须数万，如何可觅？请存要去闲，并小为大。”帝览而嘉之，遂罢天下诸郡。此事在开皇三年，亦后汉世祖并官省职之意也。

开皇二年（582 年）六月，诏高颎等创新都。十二月，名之曰大兴城。今长安。明年三月，入居焉。盖以旧城凋残日久，屡为战场。当时宫室，事近权宜，营新都诏中语，见《纪》。不足以立制度。未可议其侈也。及十三年二月，于岐州营仁寿宫；岐州，今陕西凤翔县。仁寿宫，在麟游县西。十八年十二月，又自京师至仁寿宫，置行宫十有二所；则虽欲不谓为侈而不可得矣。仁寿宫之立，杨素监营焉。《食货志》谓其夷山堙谷，役使严急，丁夫多死。疲敝颠仆者，推填坑坎，覆以土石，因而筑为平地。死者以万数。宫成，帝行幸焉。时方暑月，而死人相次于道，素乃一切焚除之。事亦见《素传》。真视民如草芥矣。《志》又云：帝颇知其事，甚不悦。及入新宫游观，乃喜，又谓素为忠。此所谓之其所亲爱而辟焉者也。

帝之失德，在于任刑。《刑法志》言：帝性猜忌，素不悦学。既任智而获大位，因以文法自矜，明察临下。恒令左右觇视内外，有小过失，则加以重罪。又患令史赃污，因私使人以钱帛遗之，得犯立斩。每于殿廷打人，一日之中，或至数四。尝怒问事挥楚不甚，即命斩之。开皇十年（590 年），因高颎等谏，令殿内去杖。欲有决罚，各付所由。后楚州行参军李君才上言，帝宠高颎过甚。上大怒，命杖之，而殿内无杖，遂以马鞭笞杀之。自是殿内复置杖。十七年，又以所在官人，不相敬惮，多自宽纵，事难克举。诸有殿失，虽备科条，或据律乃轻，论情则重。诸司属官，若有愆犯，听于律外斟酌决杖。《志》称于是上下相驱，迭行棰楚，以残暴为干能，以守法为懦弱焉。楚州，今江苏淮安县。其立法之酷，至于盗边粮一升已上皆死，家口没官。因有司奏合川仓粟少七千石而起。此事《志》在十六年，《纪》在十五年十二月，盖法实定于十五年，而合川之狱，至十六年始竟，《志》述狱事讫乃及之也。合川，隋县，在今青海西宁市西北。又尝命盗一钱已上皆弃市。

《志》又云。后又定制，行署取一钱已上，闻见不告言者，坐至死。有数人劫执事而谓之曰："吾岂求财者邪？但为枉人来耳。而为我奏至尊：自古已来，体国正法，未有盗一钱而死也。而不为我以闻，吾更来，而属无类矣。"帝闻之，为停盗取一钱弃市之法。案，此或谲谏者之饰辞，不必实有其事也。仁寿中，用法益峻。帝既喜怒不恒，不复依准科律，《刑法志》。而其时用事之臣如杨素等，又务为深文以中其意，民尚安所措手足乎？

《本纪》云：帝好为小数，不达大体。故忠臣义士，莫得尽心竭辞。其草创元勋及有功诸将，诛夷罪退，罕有存者。案，帝之猜忌，诚难为讳，然诸功臣之见罪废，则亦各有其由，不尽可为帝咎也。帝所委任，以高颎为最久，颎自帝受禅，即为左仆射，至开皇十九年（599年）乃免。以其子娶房陵王女，遂疑而废之。颎之免也，以王世积得罪，有司奏颎与交通而起。颎必不能共世积谋叛，情事灼然。盖帝既有疑于房陵，不欲其更居枢要，乃借此去之耳，《颎传》谓帝欲成其罪是也。其后颎国令上颎阴事，谓其子表仁谓颎：司马仲达初托疾不朝，遂有天下，公今遇此，焉知非福？则适触帝忌，而颎遂因之除名矣。苏威见废，以何妥奏其与吏部尚书卢恺、吏部侍郎薛道衡共为朋党，知名之士，坐威得罪者百余人。如房恭懿即其一，见《循吏传》。据《恺传》，谤议之兴，实由周氏以降，选无清浊，恺与道衡甄别士流之故。门第用人，自今日观之，诚为陋习，然在当时，则风气如此，为此者或转意在澄清也。苏威虽有学识，颇伤迂阔，其才实不如李德林。强民诵五教，即其迂阔之一端。威奏置乡正听讼，而德林非之，亦可见二人之优劣。尉迟迥之叛，高祖欲易梁士彦等，德林止之，此事实隋成败关键。而《德林传》云：位望稍高，颇伤自任。争竞之徒，更相谮毁，所以运属兴王，功参佐命，十余年间，竟不徙级。此真所谓朋党，而帝顾不能察，无亦自矜智数，转为智数所误乎？然诸臣固有不能辞其咎者。帝之欲引高颎入府也，遣族子惠喻意。即观德王雄，后更名。颎欣然曰："纵令公事不成，颎亦不辞灭族。"惠又谓李德林。德林亦甚喜，答云："若曲加提奖，必以死奉公。"其行险侥幸之情如见矣。苏威以高颎屡言其贤召至，及闻禅代之议，遁归田里。颎请追之。帝曰："此不欲与吾事，且置之，明知其禅代既成，一召即至也。"此等首鼠两端之士，而可推诚相信乎？然此犹不过热衷取巧而已，若其苟患失之，则更有无所不至者。推毂帝就天下者，郑译、刘昉、卢贲，皆不久即废。郑译之为人，盖无甚大志，其罪止于藏货狼籍而已，故仅免官而未被祸，后且复起。刘昉更倾险。开皇六年（586年），以与梁士彦、宇文忻谋反诛。然受禅之初，已与卢贲等谋出高颎、苏威而代之矣。当时归罪于贲，贲坐除名。后起为刺史，复坐除名。从幸洛阳，诏复本官。上欲复与一州，以对诏失旨，又自叙功绩有怨言，遂废于家。贲之废也，皇太子言："此辈并有佐命之功，虽性行轻险，诚不可弃。"帝曰："我抑屈之，全其命也。微刘昉、郑译及贲、柳裘、皇甫绩等，柳裘、皇甫绩，皆受禅未几，即出为刺史。则我不至此。然此等皆反覆子也。当周宣帝时，以无赖得幸，及帝大渐，颜之仪等请以宗王辅政，此辈行诈，顾命于我，我将为治，又欲乱之。"此言不能谓为无理。见为治即欲乱之，此历代开国功臣，所以鲜克有终也。梁士彦、宇文忻、王谊、元谐、贺若弼、王世积，皆帝故等夷，功名实多出帝上。虽有旧恩，本非心腹，其中且有眷念先朝者，夫安得而不疑？王谊、元谐、王世积，皆以有反谋诛，然其罪状皆莫须有。谊、谐皆与文帝同学，此等旧恩，自不足恃。世积尝密谓高颎曰："吾辈俱周之臣子，社稷沦灭，其若之何？"则其人本非归心于帝者。贺若弼当尉迟迥起兵时镇寿阳，帝恐其怀二心，令长孙平驰驿往代之，弼果不从。平麾壮士执之，送于京师。

陈后主像

选自《历代帝王图》卷 （唐）阎立本—原作，（宋）杨褒—临摹 收藏于美国波士顿美术博物馆

陈叔宝（553—604年），字元秀，陈朝末代皇帝。隋开皇八年（588年），晋王杨广率军五十余万南下，准备一举歼灭陈朝。陈叔宝自以为有长江天险，隋军不可能打过来，便照样与爱妃张丽华饮酒作乐。隋军进攻陈朝宫殿时，陈军边防告急的文书竟然连封皮都没有拆开，被陈叔宝扔在床下。隋军攻入宫殿，陈叔宝才匆忙带着爱妃张丽华、孔贵嫔躲进枯井中，后被隋军俘虏。

则尤显与帝为敌。然其人亦无大志，不过睹杨素为仆射而不平，故在帝世，亦仅以怨望下狱除名也。周世旧将，又有李彻。《传》云：与高颎善，颎得罪，因被疏忌，出怨言。上闻，召入卧内，赐宴，遇鸩。寿阳，今安徽寿县。虞庆则、史万岁，似无足深忌，而亦受祸者，则庆则以任用较久，万岁亦以交结房陵见疑，所谓会逢其适耳。观德王雄以亲贤典兵马，尚以得众见忌，况其他乎？庆则无甚军功。虽曾降突厥，实因长孙晟成事耳。然自开皇四年（584年），即为仆射，至十七年乃获罪。《观德王雄传》云：高祖受禅，除左卫将军。俄迁右卫大将军。参与朝政，雄时贵宠，冠绝一时，与高颎、虞庆则、苏威称为四贵，则庆则膺任寄颇隆，历时亦久，故帝又忌之也。雄在周封邗国公，毕王贤谋作难，雄时为别驾，知其谋，以告，亦开国时心膂之臣。然雄宽容下士，朝野倾属，高祖恶其得众，阴忌之，不欲其典兵马，乃册为司空，实夺其权也。雄乃闭门不通宾客，故获免于祸。《史万岁传》云：开皇末，突厥达头可汗犯塞，上命汉王谅与万岁出马邑道破之。杨素害其功，谮云："突厥来降，初不为寇，来于塞上畜牧耳。"遂寝其功。万岁数抗表陈状，上未之悟。会废皇太子，穷东宫党与，上问万岁所在，万岁实在朝堂，素见上方怒，因曰："万岁谒东宫矣。"上谓为信然，令召万岁。时所将士卒在朝称冤者数百人，万岁谓之曰："吾今日为汝等极言于上，事当决矣。"既见上，言将士有功，为朝廷所抑，辞气愤厉。上大怒，令左右㩧杀之。此纯是武人寡虑，邂逅致祸耳。马邑，今山西朔县。自季汉以来，君臣之间，后义先利，不夺不餍也久矣。人居风气之中，恒苦难于自拔，亦不足深咎于帝也。

第二节　炀帝荒淫

左氏曰：俭德之共，侈恶之大。伊古以来，人君之以骄淫败者多矣，然其人或本无知识，堕于恶而不自知，若乃明知其恶而故为之，而又悍然不顾，纵恣无极，则未有若隋炀帝之甚也。

炀帝于即位之岁，十一月，幸东都，即命于伊、洛营建东京。明年二月，命杨素、杨达、宇文恺主其事。恺时为将作大匠，《传》言其揣帝心在宏侈，制度穷极壮丽。然《食货志》言："帝昔居藩翰，亲平江左，兼以梁、陈曲折，以就规摹。"则其规制，又有出自帝意者也。《志》又言杨素为营作大监，每月役丁二百万人。徙洛州郭内人民，及天下诸州富商大贾数万家以实之。又于皂涧在今河南新安县东。营显仁宫。苑囿连接，北至新安，今河南新安县。西至渑池，今河南渑池县。周围数百里。课天下诸州，各贡草木、花果、奇禽、异兽。役使促迫，僵毙者十四五。每月载死丁，东至成皋，今河南汜水县。北至河阳，今河南孟县。车相属于道。亦见《本纪》。亦可谓酷矣。

大业元年（605 年）三月，发河南诸郡男女百余万开通济渠。自西苑在今洛阳县西。引谷、洛水达于河。自板渚在今汜水县东北。引河通于淮。《本纪》。《食货志》云：河畔筑御道，树以柳。使往江南采木，造龙舟、凤艒、黄龙、赤舰、楼船等数万艘。《本纪》。《食货志》：所造者又有篾舫。又云：采大木，引至东都。所经州县，递送往返，首尾相属，不绝者千里。八月，御龙舟幸江都。文武官五品已上给楼船，九品已上给黄篾。舳舻相接，二百余里。《本纪》。亦见《食货志》。《志》又云：募诸水工，谓之殿脚，衣锦行縢，执青丝缆挽船。所经州县，并令供顿、献食。丰办者加官爵，阙乏者罪至死。二年三月，发江都。先是太府少卿何稠、丞云定兴盛修仪仗。于是课州县送羽毛。百姓求捕之，网罗被水陆。禽兽有堪氅毦之用者，殆无遗类。《本纪》。《食货志》云：课天下州县，凡骨角、齿牙、皮革、毛羽，可饰器用，堪为氅毦者，皆责焉。征发仓卒，朝命夕办。百姓求捕，网罟遍野，水陆禽兽殆尽，犹不能给，而买于豪富蓄积之家，其价腾踊。是

隋炀帝像

选自《历代帝王图》卷　（唐）阎立本／原作　（宋）杨褒／临摹　收藏于美国波士顿美术博物馆

杨广（569—618年），“美姿仪，少聪慧”，初封雁门郡公。后来，为了夺得太子之位，杨广故意假装朴素，以讨隋文帝杨坚与母亲独孤伽罗的欢心，并暗自赠送金蛇、金骆驼等珍宝给宣华夫人，使其诋毁杨勇。开皇二十年（600年），文帝废太子杨勇，改立杨广。杨广继位后，穷奢极欲，开运河、巡张掖、征高句丽，最终导致农民起义。

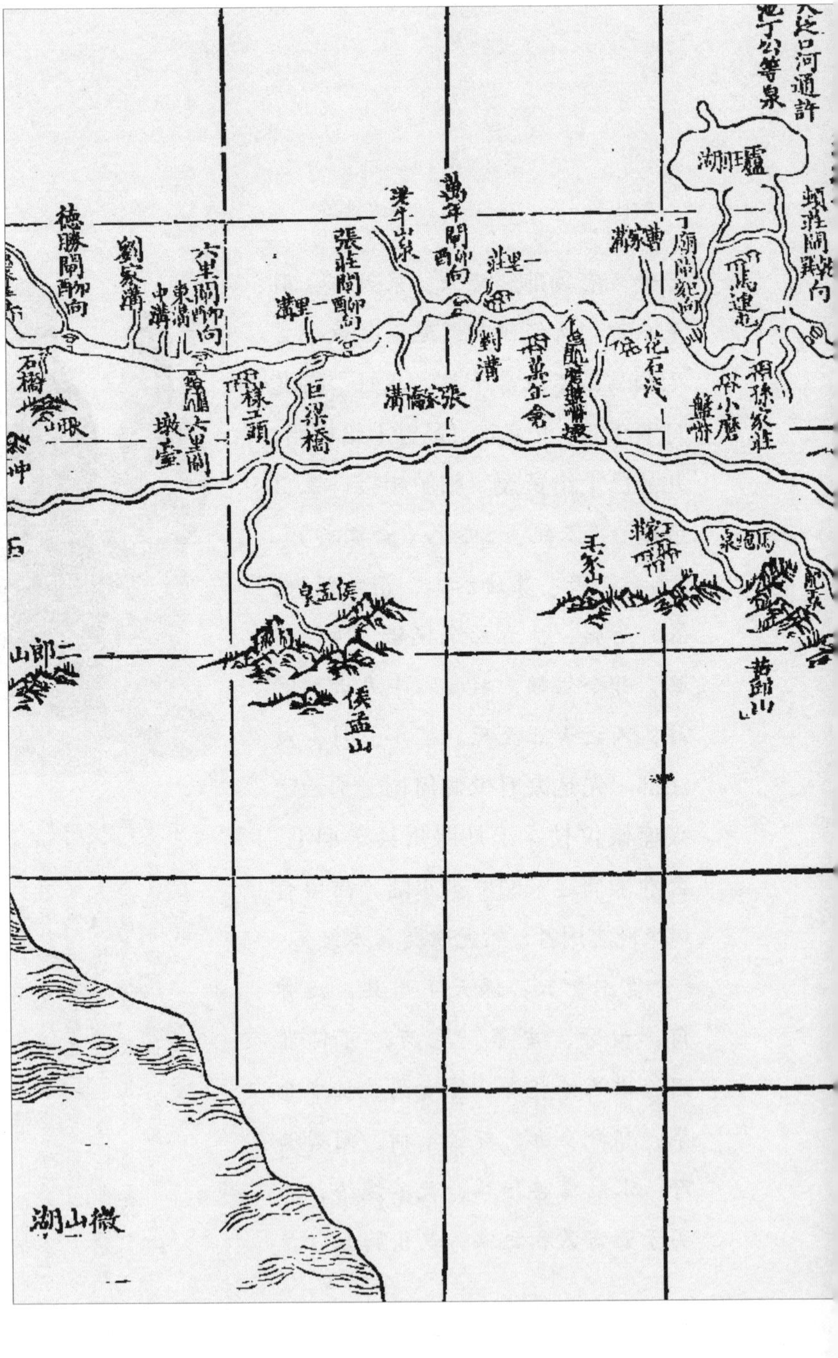
德勝閘
劉家溝
中溝
張莊閘
萬年閘
巨梁橋
張家橋溝
劉溝
花石泛
孫家莊
侯孟泉
侯孟山
二郎山
微山湖

运河图

选自《山东运河备览》清刊本 （清）陆耀 著

隋唐大运河以洛阳为中心，北起涿郡，南至余杭，全长两千多公里，分为永济渠、通济渠、山阳渎（邗沟）、江南河四段，接五大水系黄河、长江、海河、淮河、钱塘江。此后，经过历代不懈地改造，隋唐大运河的南北动脉作用越发明显。

岁，翟雉尾一直十缣，白鹭鲜半之。至是而成。四月，上自伊阙隋县，今洛阳县南。陈法驾，备千乘万骑，入于东京。三年四月，北巡狩。五月，发河北十余郡丁男凿太行山，达于并州，以通驰道。六月，次榆林。隋郡，即胜州。突厥启民可汗来朝。七月，上于郡城东御大帐，其下备仪卫，建旌旗，宴启民及其部落三千五百人。奏百戏之乐。赐启民及部落各有差。发丁男百余万筑长城，西距榆林，东至紫河，清水河支流。一旬而罢，死者十五六。八月，发榆林。启民饰庐清道，以候乘舆。帝幸其帐，宴赐极厚，皇后亦幸义成公主帐。次太原，诏营晋阳宫。在太原。九月，至东都。四年正月，诏发河北诸郡男女百余万开永济渠，引沁水南达于河，北通涿郡。今河北涿县。三月，幸五原，因出塞巡长城。四月，以离石之汾源、临泉，离石，今山西离石县。汾源，改静乐，今山西静乐县。临泉，在今山西兴县西北。雁门之秀容雁门，即代州。秀容，今山西忻县。为楼烦郡。治静乐。起汾阳宫。在静乐。七月，发丁男二十余万筑长城，自榆林谷而东。榆林谷，《通鉴》作榆谷。《注》云：当在榆林西。八月，亲祠恒岳。河北道郡守毕集。五年正月，改东京为东都，自东都还京师。三月，西巡河右。四月，大猎于陇西。隋郡，今甘肃陇西县。出临津关，临津，前凉县，在今甘肃临夏县西北。关当在县境，为黄河济渡处。渡黄河至西平，隋郡，今碾伯县。陈兵讲武。五月，大猎于拔延山。在西宁东南。长围周亘二千里。渠浩亹。今大通河。御马度而桥坏。斩朝散大夫黄亘及督役者九人。遣兵征吐谷浑。六月，经大斗拔谷，在今甘肃山丹县南。山路隘险，鱼贯而出，风霰晦冥，与从官相失，士卒冻死者大半。次张掖，今甘肃张掖县。高昌王麹伯雅来朝。伊吾吐屯设等献西域数千里之地。上大悦。置西海、《地理志》云：置在古伏俟城，即吐谷浑国都。案，在青海西。河源、《地理志》云：置在古赤水城。案，在青海南。鄯善、《地理志》

游幸江都

选自《帝鉴图说》法文外销绘本
（明）张居正一编撰　收藏于法国国家图书馆

大业十二年（616年），隋炀帝第三次游江都。当时正值盛暑，天气酷热，隋炀帝令民众沿堤栽植柳树，江都郡丞王世充又献上五百名吴越女子，充作『殿脚女』，挽纤拉船。隋炀帝奢侈的举止，致使地方官吏搜刮无度，百姓饥馑，以树皮草根充饥，农民被迫造反。据说当时隋炀帝自知末日将临，常引镜自照道：『好头颈，谁当斫之？』

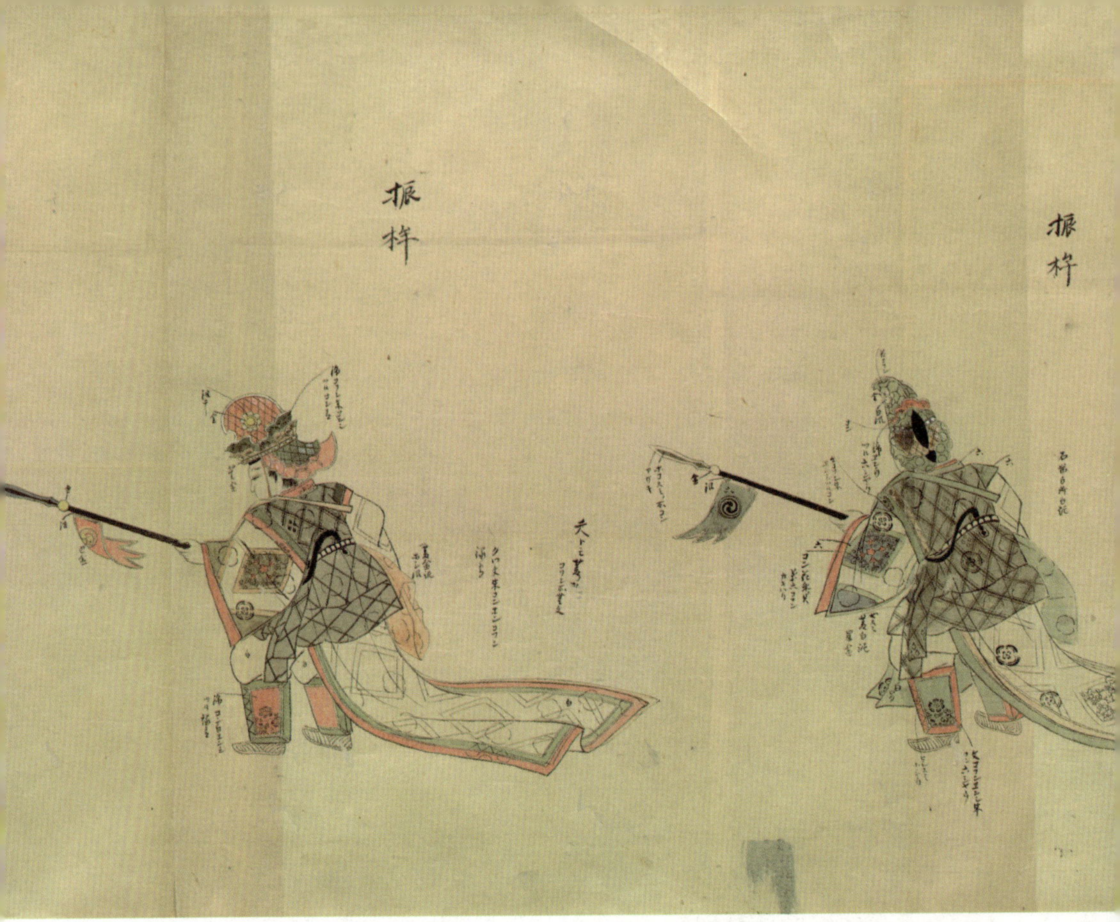

高丽舞图（节选）

［日］藤原贞干　收藏于日本国立国会图书馆

高句丽人民以农业、渔猎为生，是个喜歌擅舞的民族。所选图展现了『秦王破阵乐』『打球乐』等舞蹈。隋朝曾多次征讨高句丽，不过均以失败告终。开皇九年（589年）四月，隋文帝命自己最小的儿子汉王杨谅为总指挥、高颎为总监军，率领水陆30万大军进攻高句丽。但陆军遭遇大雨，水军遭遇风暴，损失惨重。隋炀帝继位后，先将幽州改称涿郡（治所在今北京通州），将其建成攻打高句丽的物资集中地。大业八年(612年)，隋炀帝亲率水陆30万大军征伐高句丽。但隋军遭到高句丽的顽强抵抗，大溃败，据说仅有2700人返回。

春鶯囀
團乱旋

云：置在鄯善城，即古楼兰城也。案，在罗布泊南。且末《地理志》云：置在古且末城。案，在车尔成河上。四郡。御观风行殿。宇文恺所造。《传》云：上容侍卫者数百人，离合为之，下施轮轴，推移倏忽，有若神功。戎狄见之，莫不惊骇。盛陈文物。奏九部乐。设鱼龙曼延。宴高昌王、吐屯设于殿上，以宠异之。外族陪列者，三十余国。九月，入长安。十一月，幸东都。六年三月，幸江都宫。七年三月，自江都御龙舟，入通济渠，遂幸涿郡。征高丽，败还。八年九月，乃至东都。九年三月，复征高丽，幸辽东，以杨玄感反而还。九月，次上谷。隋郡，今河北易县。以供费不给，免太仆虞荷等官。闰月，幸博陵。周定州，隋改为博陵郡，今河北定县。高祖尝为定州总管，故帝幸焉。改为高阳郡。十年，复征高丽。三月，行幸涿郡。四月，次北平。隋郡，今河北卢龙县。七月，次怀远镇。属辽西。高丽遣使请降。八月，班师。十月，至东都，还京师。十二月，如东都。十一年正月，突厥等国遣使朝贡。大会各族，设鱼龙曼延之乐，颁赐各有差。五月，幸太原。避暑汾阳宫。八月，巡北塞。突厥始毕可汗谋袭乘舆，义成公主遣使告变，车驾驰幸雁门，即代州。为所围。九月，乃解。十月，至东都。十二年七月，幸江都宫。奉信郎崔民象谏，上大怒，先解其颐，乃斩之。次汜水，今河南汜水县。奉信郎王爱仁请还西京，上怒，斩之而行。自此不复能北归矣。《纪》云：帝性多诡谲。所幸之处，不欲人知，每之一所，辄数道置顿，四海珍羞殊味，水陆毕备焉。求市者无远不至。郡县官人，竞为献食。丰厚者进擢，疏俭者获罪。奸吏侵渔，内外虚竭。头会箕敛，人不聊生。《食货志》言：从行宫掖，常十万人，所有供须，皆仰州县。流连之乐，荒亡之行，可谓旷古无伦矣。

《音乐志》云："始齐武平中，有鱼龙烂漫等奇怪异端，百有余物，名为百戏。周时，郑译有宠于宣帝，奏征齐散乐，并会京师。开皇初，并放遣之。及大业二年（606 年），突厥染干来朝，炀帝欲夸之，总追四方散乐，大集东都。自是皆于太常教习。每岁正月，万国来朝，留至十五日，于端门外、建国门内，绵亘八里，列为戏场。百官起棚夹道路，从昏达旦，以纵观之，至晦而罢。伎人皆衣锦绣缯采。其歌舞者，多为妇人服。鸣环佩，饰以花毦者，殆三万人。初课京兆、河南制此衣服，两京缯锦，为之中虚。三年，驾幸榆林，启民朝于行宫，帝又设以示之。六年，诸夷大献方物。突厥启民已下，皆国主亲来朝贺。乃于天津街盛陈百戏。海内奇技，无不总萃。崇侈器玩，盛饰衣服，皆用珠翠、金银、锦罽、絺绣，其营费巨亿万。关西以安德王雄总之，东都以齐王暕总之。金、石、匏、革之声，闻数十里外。弹弦、擫管已上，一万八千人。大列炬火，光烛天地。百戏之盛，振古无比。自此每年以为常焉。”《本纪》独于此年及十一年（615 年）书之，盖其尤盛者也。又云：“自汉至梁、陈，乐工大数，不相逾越。及周并齐，隋并陈，各得其乐工，多为编户。至大业六年，帝乃大括魏、齐、周、陈乐人子弟，悉配太常，亦见《本纪》。并于关中为坊置之，其数益多前代。”又云：“帝颇玩淫曲。裴蕴揣知帝情，奏括周、齐、梁、陈乐工子弟，及人间善声调者，凡三百余人，并付大乐。其哀管新声，淫弦巧奏，皆出邺城之下高齐之旧曲云。”《蕴传》谓是后异技淫声，咸萃乐府，皆置博士弟子，递相教传，增益乐人至三万余。此启之康娱以自纵也。大业四年九月，征天下鹰师，悉集东京，至者万余人，此羿之淫游以佚田也。亡国之行，可谓兼之矣。《食货志》云：“遐方珍膳，必供庖厨；翔禽毛羽，用为玩饰；买以供官，千倍其价。”因修仪仗而课毛羽，事已见前。大业初调狐皮，郡县大猎，事见《孝义·华秋传》。甚者，十二年（616 年），于景华宫在东都。征萤火，夜出游山放之，光遍岩谷。肆意征求如此，劳民岂有涯哉？《循吏传》言：斯时官吏，善

《观榜图》卷

（明）仇英　收藏于中国台北故宫博物院

大业三年（607年），隋炀帝诏令文武官员以『孝悌有闻』『德行敦厚』『节义可称』『操履清洁』『强毅正直』『执宪不挠』『学业优敏』『文才秀美』『才堪将略』『膂力骁壮』十科推举贤能的人，这是科举制的萌芽。大业五年（609年），又增加『学业该通，才艺优洽』『膂力骁壮，超绝等伦』『在官勤慎，堪理政事』『立性正直，不避强御』四科。隋炀帝又设置明经、进士两科，以『试策』取士，这标志着科举制的诞生。图为科举放榜后，人们争相观榜的热闹场面，以及皇宫内举行的相关庆典礼仪等情景。

于侵渔，强于剥割，绝亿兆之命，遂一人之求者，谓之奉公，即时升擢。其或顾名节，存纲纪，抑夺攘之心，从百姓之欲者，谓之附下，旋及诛夷。不及十年，海内鼎沸，岂不宜哉？

帝之荒纵，适与高祖相反，而其猜忌，则相类而又过之。《本纪》云：于时军国多务，日不暇给。帝方骄怠，恶闻政事。冤屈不治，奏请罕决。所至惟与后宫，留连沉湎，惟日不足。又猜忌臣下，无所专任。朝臣有不合意者，必构其罪而族灭之。其余事君尽礼，謇謇匪躬，无罪无辜，横受夷戮者，不可胜纪。案，帝所任者：虞世基，内史侍郎，专典机密。苏威，纳言。宇文述，帝即位，拜左翊卫大将军，参与朝政。裴矩，黄门侍郎。裴蕴，御史大夫。时人称为五贵。《苏威传》。苏威在旧臣中，已为无气节者，宇文化及弑逆，威受其官，化及败，归于李密。密败，又归王世充。唐太宗平东都，威请谒见，称老病不能拜起。太宗遣人数之曰："公隋朝宰辅，政乱不能匡救。见李密、王充，皆拜伏舞蹈。今既老病，无劳相见也。"寻归长安。至朝堂请见，又不许。太宗此举，固为骄盈无礼，然威之为人，则亦可见矣。犹以不能每事曲顺，除名为民。事在大业十二年（616年）五月。虞世基徒唯诺取容。宇文述更贪鄙工于附会。裴矩虽清廉，兼善筹策，然帝之事外，非为安攘之计，徒劳民以逞欲，而矩乃逢迎其恶，弃民于沙塞之外，衡以儒家之义，善战者服上刑不啻矣。裴蕴务于聚敛，且肆刑诛，罪更不容于死。《蕴传》："迁民部侍郎。于时犹承高祖和平之后，禁网疏阔，户口多漏。或年及成丁，犹诈为小；未至于老，已免租赋。蕴历为刺史，素知其情。因是条奏，皆令貌阅。若一人不实，则官司解职，乡正里长，皆远流配。又许民相告。若纠得一丁者，令被纠之家，代输赋役，是岁大业五年（609年）也，诸郡计帐，进丁二十四万三千，新附口六十四万一千五百。"案，前史所载户口，皆非生齿之数，而为赋役之籍。故户口少者，不必为凋敝之征；而户口多者，转足见诛求之烈。隋初国计之富，实由丁口之增。此时丁口更增，足见诛求益烈矣。《传》又云："擢授御史大夫，与裴矩、虞世基参掌机密。蕴善候伺人主微意，若欲罪者，则曲法顺情，断成其罪，所欲宥者，则附从轻典，因而释之。是后大小之狱，皆以付蕴。宪部、大理，莫敢与夺，必禀承进止，然后决断。"《蕴传》云：蕴欲重己权势，令虞世基奏罢司隶刺史已下官属，增置御史百余人。于是引致奸黠，共为朋党。郡县有不附者阴中之。于时军国多务，兴师动众，京都留守，及与诸蕃互市，皆令御史监之。宾客附隶，遍于郡国，侵扰百姓，帝弗之知也。多所疑者必偏有所信，释法度而任耳目，安得不为狡黠者所欺乎？高颎、贺若弼，以房陵旧党见疑。颎，炀帝即位，拜为太常。以议召周、齐乐人，遇启民过厚，坐谤讪，与弼及宇文弢同诛。此特一时触发而已，其本意不在此也。裴肃当高祖时，上书请封废太子及蜀王，帝嗣位，不得调者久之。后执政者以岭表荒遐，遂希旨授永平郡丞。帝忌房陵之人如此。永平，今广西藤县。元胄以与蜀王交通获罪。房陵之废，胄实与其谋。然蜀王获罪，胄又坐与交通除名。炀帝即位，不得调，有怨言，为人所告，坐死。滕、卫嗣王，咸遭徙逐。蔡王亦几不免。高帝母弟滕穆王瓒，以非高祖代周，不得其死。子纶，炀帝即位，人告其咒诅，除名徙始安，复徙珠崖。诸弟散徙边郡。卫昭王爽，高祖异母弟，以养于高祖之母，顾见亲爱。尝为雍州牧，并、凉二州总管。征突厥为元帅。子集，炀帝时，亦以人告其咒诅，除名徙边郡。蔡王智积，高祖弟整之子，整从周武帝平齐战死。高祖受禅，追封蔡王，谥曰景，以智积袭焉。景王与高祖不睦；其太妃尉氏，又与独孤皇后不相谐；以是智积常怀危惧，谨慎自守，获免于祸。大业十二年（616 年），从驾幸江都。临终，谓所亲曰："吾今日始知得保首领没于地矣。"时人哀之。始安郡，即桂州。

珠崖，今广东儋县。李敏徒天元女夫，犹且累及宗族。李穆第十子浑，宇文述妹夫。使兄子善衡贼杀穆嫡孙筠，以述助袭穆封。已而靳许述之贿。述诉其与从子敏等有异谋，敏妻，周天元女，帝姊子也。帝诛浑、敏，并及其宗族三十二人。自余无少长，皆徙岭外。此以亲而见忌者也。宇文弢以言语获罪，盖由在周、隋之世，皆有军功；历职显要，声望甚重。虞孝仁、韦福嗣，则以其父有功名。孝仁，庆则子。或告其图谋不轨诛。福嗣，世康子。《传》云：从卫玄与杨玄感战，军败，为所擒，令作文檄，辞甚不逊，寻背玄感还东都。帝衔之不已，车裂于高阳。《李密传》云：玄感获福嗣，委以腹心。每设筹划，皆持两端。后使作檄文，固辞不肯。密揣知其情，请玄感斩以谢众。又世康少子福奖，亦与玄感战殁。则福嗣之死，其为失刑明矣。此以势而见忌者也。杨素、张衡，曾与篡夺之计，其不能见信固宜。素卒于大业二年（606 年）。《传》云：素虽有建立之策，及平杨谅功，然特为帝所猜忌。寝疾之日，每令名医诊候，赐以上药，然密问医人，恒恐不死。素不肯服药，亦不将慎。每语弟约曰："我岂须臾活邪？"其势亦危矣。盖以其死之早，故得幸免也。衡，大业八年（612 年），以妾告其怨望谤讪，赐死。薛道衡徒文士，而以藩邸旧嫌，白首就戮。《道衡传》：高祖时，以党苏威，配防岭表。炀帝时在扬州，阴令人讽道衡从扬州路，将奏留之。道衡不乐王府，出江陵道而去。炀帝由是衔之。帝嗣位，道衡上高祖文皇帝颂，帝不悦。顾谓苏威曰："此鱼藻之义也。"拜司隶大夫，将置之罪。道衡不悟。会议新令，久不能决，道衡谓朝士曰："使高颎不死，令决当久行。"人有奏之。帝怒曰："汝忆高颎邪？"付执法者勘之。及奏，帝令自尽。《裴蕴传》曰：道衡以忤意获谴，蕴知帝恶之，乃奏曰："道衡有无君之心。论其罪名，

似如隐昧，源其情意，深为悖逆。”帝曰：“然。我少时与此人相随行役。轻我童稚，共高颎、贺若弼等外擅威权，自知罪当诬调。及我即位，怀不自安，赖天下无事，未得反耳。公论其逆，妙体本心。”于是诛道衡。其意，盖仍出于修怨也。以万乘之主，而修睚眦之怨，为之下者，尚何以自安乎？庾质以谏如东都，死狱中。耿询谏征辽东，帝命左右斩之，以何稠苦谏仅免。张虔威，并州旧吏，又事帝于东宫，以谏巡幸亦见疏。所为若此，安得不政刑弛紊，贿货公行，莫敢正言，道路以目哉？《本纪》。

《剑啸阁批评秘本出像〈隋史遗文〉》（节选）

（明）袁于令 编著

《隋史遗文》揭露了隋炀帝弑父杀兄，霸占父妃，征高句丽，起东都，筑西苑，造龙舟等暴行，最终引发了隋末民变，展现了隋末大动乱的历史画卷。但小说没有着重写隋炀帝与李世民，而是把秦叔宝当成故事的主要英雄。值得说明的是，《隋史遗文》所描写的许多事件都可以在正史里得到验证。《隋史遗文》还是《隋唐演义》的主要素材来源。

第三章 唐之初盛

高祖太宗之治

汉、唐并称中国盛世。贞观、永徽之治，论者以比汉之文、景，武功尤远过之。然非其时之君臣，实有过人之才智也。唐太宗不过中材。论其恭俭之德，及忧深思远之资，实尚不如宋文帝，更无论梁武帝；其武略亦不如梁武帝，更无论宋武帝、陈武帝矣。若高祖与高宗，则尤不足道。其能致三十余年之治平强盛；承季汉、魏、晋、南北朝久乱之后，宇内乍归统一，生民幸获休息；塞外亦无强部；皆时会为之，非尽由于人力也。

唐高祖以勋戚起，论其权略，实出李密之下，所以幸获成功者，据关中，得蓄力以待东方之敝，亦事势使然也。观其刑赏之倒错，即知其实无君人之德。萧铣志复先业，虽不免志大才疏，实不可谓之有罪，徒以见高祖时言稍戆直，遂斩于都市。王世充之罪，殊不可恕而舍之。窦建德实较磊落，反杀之。建德之死也，高祖征其故将范愿等，愿等相与谋曰："王世充以洛阳降，其下骁将、公卿单雄信之徒，皆被夷灭，我辈若至长安，必无保全之理，且夏王往日，擒获淮安王，全其性命，遣送还之，唐家今得夏王，即加杀害。我辈残命，若不起兵报仇，实亦耻见天下人物。"遂推刘黑闼为主而叛。此非愿、黑闼等之好乱，唐之措置，固有以自取之也。其用人尤为偏私。裴寂不徒无功，且有拒宋金刚

《唐高祖立像》轴

佚名　收藏于中国台北故宫博物院

李渊（566—635年），字叔德，出生于长安。李渊是隋炀帝杨广的姨表兄弟，起初深受隋炀帝重用，后来李渊私下招揽人才，引起了隋炀帝的怀疑。李渊害怕，故意以酗酒、受贿等行为来『自污』，使隋炀帝放松了警惕。大业十三年（617年），李渊弑郡丞王威、武牙郎将高君雅，借助突厥始毕可汗的500骑兵，攻下隋大兴城，并于次年改名长安。他拥代王杨侑做傀儡皇帝，遥尊隋炀帝为太上皇。后来，李渊自己称帝，建立唐朝。

之负，乃用为仆射，册为司空。异时太宗数之曰：“武德之时，政刑纰缪，官方弛紊，职公之由。”高祖之政事可见矣。刘文静举义首谋，且有致突厥兵破屈突通之功。高墌之败，太宗亦身在行间，史称其卧疾委事于文静及司马殷开山，未必非讳饰之辞也。徒以与寂有隙，兄弟骈诛。*并及其弟文起。*此帝之昵于故旧也。封伦在隋世，依附杨素；虞世基尤非正人，且为宇文化及内史令；而帝以伦为左仆射，世基为中书令，可见其好用小人。宇文士及，化及之弟也，虽兄弟罪不相及，其人亦何足取？乃与虞世基同来，亦见亲待，则以其在隋朝，深自结托，且妹为昭仪故也。元吉之在并州，常共窦诞游猎，蹂践谷稼，放纵亲昵，公行攘夺。甚至当衢而射，观人避箭；夜开府门，宣淫他

唐太宗像

选自《历代帝后图像》 佚名 收藏于中国台北故宫博物院

李世民（599—649年），唐高祖李渊与窦皇后次子。李渊称帝后，李世民拜尚书令、晋为秦王。武德九年（626年），突厥侵犯唐边境，李建成推荐弟弟李元吉做统帅出征突厥，准备借此控制秦王的兵马，并准备在昆明池设伏兵杀李世民。但李世民先发制人，发动『玄武门之变』，诛杀了皇太子李建成、齐王李元吉。不久后，李渊退位称太上皇，李世民登基，是为唐太宗。

室。宇文歆频谏不纳，表言之，元吉坐免，乃讽父老诣阙请己，高祖又令复职。逮刘武周兵至，元吉弃军奔还，高祖不罪窦诞，反欲斩宇文歆，赖李纲力争得免。窦轨恣意虐杀，为益州行台左仆射，车骑、骠骑从者二十人，所斩略尽，高祖明知之，乃一下狱，旋复释之还镇。则以轨为太穆皇后从父兄子，诞则其从父兄孙，又尚高祖女襄阳公主故也。此帝之私于亲戚也。帝性好渔色。其起兵也，实由裴寂以晋阳宫人私侍之。即位之后，嫔妃擅宠，女谒盛行，遂致建成、太宗，争相交结，衅隙愈深，终酿玄武门之变。初篡位时，孙伏伽以万年县法曹上书谏诤，万年县，在今陕西长安县西。帝即擢为侍御史，此盖意在徼名。李纲在唐初，亦称鲠直，帝貌优礼之，一怒则骂之曰：“卿为何潘仁长史，何乃羞为朕尚书？”何潘仁，隋末义帅。此可以用士君子乎？伏伽谏书曰：“近者太常官司，于人间借妇女裙襦五百余具，以充散伎之服，云拟五月五日于玄武门游戏。”其时帝尚未受禅也，而其荒纵已如此。又尝以舞人安叱奴为散骑常侍，李纲谏不听。此与北齐后主何异？世无骤变之风习，唐室之纵侈，实未能大变五胡之旧，特在开国之初，其弊尚未大著耳。然武、韦、开元之纵侈，则有自来矣。

高祖二十二子。正室太穆皇后所生者四人：长建成，次世民，次元霸，次元吉。元霸早卒。建成、元吉，起兵时未尝与谋，时建成在河东，遣使密召之，乃与元吉间行赴太原。案，此亦谓起兵之当时耳。至前此蓄谋叛隋，则二人亦必不能不与也。然亦尝身在行间，惟建成既为太子，难数特将，而元吉淫纵，自并州陷后，遂未尝专军耳。高祖起兵置三军，以建成领左，太宗领右，而中军隶于元吉；发太原，建成、太宗从，元吉留守；关中既定，以建成为左元帅，太宗为右元帅，同徇东都。高祖封唐王，建成立为世子，受禅为太子，自此惟武德二年（619年），尝率师平司竹，安兴贵杀李轨，曾往原州应接而已。逮刘黑闼再入，建成乃自请往讨之。《传》云：其计出于中允王珪，洗马魏徵，劝其因结山东英俊。盖天下大势，究在山东，太宗威望，亦以平窦建德、王世充而大增，故珪等亟劝建成，起而与之分功。其后王君廓、罗艺皆为党援，盖皆结之于是时也。元吉弃并州，《新书·传》云：“高祖怒之，自是常令从秦王征讨，不复专军。”原州，今宁夏固原市。太宗英姿，或非其兄弟所及，然其戡定之功特多，则亦事会为之也。太宗之平东都也，高祖以旧官不称殊功，特加号为天策上将，以为陕东大行台。此时太宗之势，实于建成为逼，而元吉之必与建成合谋，以倾太宗，亦势使然矣。《新书·元吉传》，谓其欲并图建成。使太宗而败，元吉诚未必不出此，然在当时，则固未暇及此也。《旧书·元吉传》言建成、元吉谋害太宗，太宗召府僚告之，皆曰：“大王若不正断，社稷非唐所有，元吉狠戾，终亦不事其兄。”此非后来归狱之辞，则当时测度

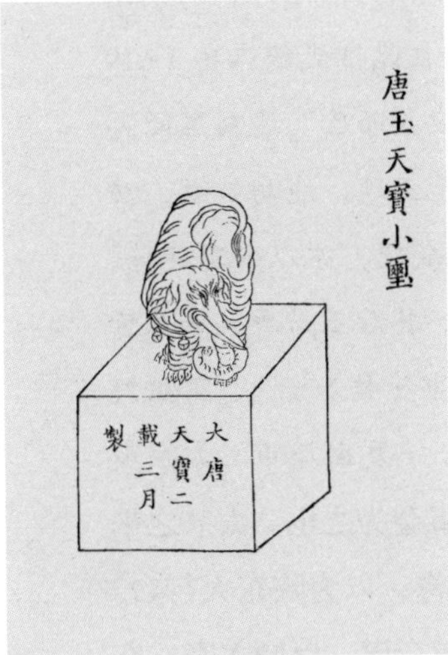

唐玉小玺

选自《宋淳熙敕编古玉图谱》清刊本 （宋）龙大渊等/编纂

从秦始皇制定玉玺制度开始，历朝沿用，直到清末。在秦朝以前，玺是所有印章的统称，之后，玉玺只能为皇帝专用，象征国家权力。秦始皇规定，天子之印为『玺』，玉为专用材料；百官以及百姓的印章为『印』，不能以玉为材。最初，秦朝七玺所有纽式均采用螭纽。螭是无角的龙。螭纽也称螭兽纽、螭龙纽、螭虎纽等。唐高祖李渊建立唐朝后，为了避讳祖父之名（李渊祖父名李虎），将玉玺纽改称为龙纽。龙纽也是玉玺的专用纽式，官印和私印均不得采用。据传，秦始皇留传下来的『传国玺』便是从后唐开始失踪的。

之语耳。于是各交结朝士，曲事宫掖以相图。《旧书·建成传》言：封伦潜劝太宗图之，不许。伦反言于高祖曰："秦王恃有大勋，不服居太子之下。若不立之，愿早为之所。"又说建成作乱，此等暧昧之辞，诚难遽以为信，然伦传言伦潜持两端，卒后数年，太宗方知其事。贞观十七年（643年），治书侍御史唐临追劾之，以此改谥。黜其赠官，则伦之首鼠，决非虚语，恐当时如此者，正不止伦一人也。《建成传》又云：太宗每总戎律，惟以抚接贤才为务，至于参请妃媛，素所不行，此亦讳饰之辞。《新书·建成传》云：高祖幸仁寿宫，太宗及元吉从。建成谓元吉曰："秦王且遍见诸妃。彼金宝多，有以赂遗之也。吾安得箕踞受祸。"久用兵者必多金宝，此语恐非虚诬。则太宗之曲事宫掖，或且过于建成矣。《旧书·建成传》又谓建成、元吉，外结小人，内连嬖幸，高祖所宠张婕妤、尹德妃，皆与之淫乱。此则玄武门变作时，太宗之奏语耳，恐实诬蔑之辞也。建成私召四方骁勇，并募长安恶少年二千余人，畜为宫甲，分屯左、右长林门，东宫门。号为长林兵。又令左虞候率可达志募幽州突厥兵三百内宫中，将攻西宫。时太宗所居。或告于帝，帝召建成责之，乃流志巂州。今西康西昌县。武德七年（624年）六月，高祖幸仁智宫，在今陕西宜君县境。留建成居守。建成先令庆州总管杨文干募健儿送京师，庆州，今甘肃庆阳县。欲以为变。又遣使赍甲赐文干，令起兵相应接。使至豳州，后改为邠州，今陕西邠县。惧罪，驰告其事。高祖托以他事，手诏追建成诣行在所，置之幕中，令殿中监陈万福防御。文干遂反。高祖驰使召太宗曰："文干事连建成，恐应之者众，汝宜自行。还立汝为太子。吾不能效隋文帝诛杀骨肉，废建成，封作蜀王，地既僻小，易制，若不能事汝，亦易取耳。"太宗趣宁州，文干为其下所杀。太宗之行也，元吉及四妃唐制，皇后而下，有贵妃、淑妃、德妃、贤妃，为夫人。更为建成内请，封伦又外为游说。

飒露紫

拳毛䯄

白蹄乌

《昭陵六骏图》卷 （金）赵霖 收藏于北京故宫博物院

此组图绘有唐太宗在开国重大战役中所乘的六匹战马，分别为：

特勒骠

青骓

什伐赤

高祖意改，复令建成还京居守，惟责以兄弟不能相容，归罪于中允王珪、左卫率韦挺，及天策兵曹杜淹等，并流之巂州。建成又与元吉谋行鸩毒，《旧书·建成传》云：引太宗入宫夜宴，既而太宗心中暴痛，吐血数升。亦见《房玄龄传》，疑亦诬蔑之辞。太宗是时，安敢轻赴建成之宴？《元吉传》云：太宗尝从高祖幸其第，元吉伏其护军宇文宝于寝内，将以刺太宗，建成恐事不果而止之。亦莫须有之辞也。高祖乃谓太宗曰："观汝兄弟，是不和。同在京邑，必有忿竞。汝还行台，居于洛阳，自陕已东，悉宜主之。仍令汝建天子旌旗，如梁孝王故事。"将行，建成、元吉相与谋曰："秦王今往洛阳，既得土地、甲兵，必为后患。留在京师，制之一匹夫耳。"密令数人上封事曰："秦王左右，多是东人，闻往洛阳，非常欣跃。观其情状，自今一去，不作来意。"高祖遂停。案，果如高祖之意，真所谓自树兵矣，可见其无远虑也。九年（626年），突厥犯边，诏元吉率师拒之。元吉因兵集，将与建成刻期举事。《旧书·元吉传》云：建成乃荐元吉代太宗督军北讨，仍令秦府骁将秦叔宝、尉迟敬德、程知节、段志玄等并与同行。又追秦府帐，简阅骁勇，将夺太宗兵以益其府。又谮杜如晦、房玄龄，逐令归第。建成谓元吉曰："既得秦王精兵，统数万之众，吾与秦王至昆明池，于彼宴别，令壮士拉之于幕下，敬德等既入汝手，一时坑之，孰敢不服？"案，此计太险，建成、元吉，敢遂行此与否，殊为可疑。然时称兵相攻之局已迫，务弱太宗之兵，则事实也。当时秦府兵力，盖视二人为劣，观二人死后，其兵攻玄武门，太宗兵拒战不利可知。事见《尉迟敬德》《薛万彻》《忠义·敬君弘》《冯立》《谢叔方》等传，此太宗所由以数人决死也。昆明池，在长安西南。六月三日，太宗密奏建成、元吉，淫乱后宫。因自陈曰："臣于兄弟无负，今欲杀臣，似为世充、建德报仇。臣今枉死，永违君亲，魂归地下，实亦耻见诸贼。"高祖省之愕然。报曰："明日当勘问，汝宜早参。”四日，太宗将左右九人至玄武门。九人之名，诸传颇有异同。《旧书·长孙无忌传》云：与尉迟敬德、侯君集、张公谨、刘师立、公孙武达、独孤彦云、杜君绰、郑仁泰、李孟尝等九人入玄武门讨建成、元吉，平之。是无忌在九人之外。《张公谨传》云：公谨与长孙无忌等九人伏于玄武门以俟变，则公谨在九人之外，无忌顾在其内矣。《刘师立传》云：师立与尉迟敬德、庞卿恽、李孟尝等九人同诛建成有功。庞卿恽之名，为《无忌传》所无。《秦叔宝传》云：六月四日，从诛建成、元吉；《程知节传》云：六月四日，从太宗讨建成、元吉；其名亦在前所列诸人外。《太宗本纪》云：率长孙无忌、尉迟敬德、房玄龄、杜如晦、宇文士及、高士廉、侯君集、程知节、秦叔宝、段志玄、屈突通、张士贵等于玄武门诛之，则并凡与谋者言之，非尽当时入伏者也。《士廉传》：时为雍州治中，率吏卒释系囚，授以兵甲，驰至

门神

佚名　收藏于美国纽约大都会艺术博物馆

门神的前身为桃符，又称『桃板』。古人认为，桃木是五木之精，能辟鬼邪。从汉代起，古人就开始用桃木做辟邪的器具，有的刻吉利文字，有的刻图形，成为春联和年画。随着纸的发明和广泛使用，桃木逐渐被取代。后来，古人将神荼和郁垒绘成年画，贴在门上，成了门神。在《西游记》中，一条老龙死后阴魂不散，搞得唐太宗心神不安。魏徵听说后，派秦琼、尉迟恭守卫宫门，唐太宗竟然平静了。随后，唐太宗命画家绘下两人的画像，贴在宫门两边的门框上，依然有用。于是，此举也开始在民间盛行，秦琼与尉迟恭便成了门神。一般来说，左贴秦琼，右贴尉迟恭，单门则贴魏徵或钟馗。

芳林门，备与太宗合势，可见其不在玄武门内。要之此役，定谋者以长孙无忌之功为大，而房、杜次之；武将中当以尉迟敬德之功为大；故论功时，无忌、敬德，各为第一也。事皆见各本传。高祖已召裴寂、萧瑀、陈叔达、封伦、宇文士及、窦诞、颜师古等，欲令穷覆其事。建成、元吉行至临湖殿，觉变，即回马，将东归宫府。观此，知当时建成、元吉，实未亿入朝即有变故也。《新书·建成传》曰：秦王密奏建成等，张婕妤驰语建成，乃召元吉谋，曰："请勒宫甲，托疾不朝。"建成曰："善。"然不共入朝，事何由知？盖徒以为当廷辩其事耳。太宗随而呼之。元吉马上张弓，再三不彀。太宗乃射之，建成应弦而毙。元吉中流矢走，尉迟敬德杀之。《敬德传》云：建成既死，敬德领七十骑蹑踵继至，元吉走马东奔。左右射之，坠马。太宗所乘马又逸于林下，横被所繣，坠不能兴。元吉遽来夺弓。垂欲相扼，敬德跃马叱之。于是步走。敬德奔逐，射杀之。盖事出仓卒，建成未及斗，元吉则素骁勇，故虽坠马犹能步斗。太宗之勇力，盖非元吉之敌，元吉又非敬德之敌，故为所叱遂气慑而走也。《敬德传》又曰：敬德善避矟。每单骑入贼阵，贼矟攒刺，终不能伤。又能夺取贼矟还刺之。齐王元吉亦善马矟，闻而轻之，欲亲自试命去矟刃，以竿相刺。敬德曰："纵使加刃，终不能伤，请勿除之。"敬德矟谨当却刃。元吉竟不能中。太宗问曰："夺矟、避矟，何者难易？"对曰："夺矟难。"乃命敬德夺元吉矟。元吉执矟跃马，志在刺之，敬德俄顷三夺其矟。二人武艺之优劣可见。俄而东宫及齐府精兵二千人结阵驰攻玄武门。守门兵仗拒之不得入。接战，流矢及于内殿。太宗左右数百骑来赴难。建成等兵遂散。盖时称兵之局已成，东宫、齐府，兵力实较秦府为厚，太宗乃与左右数人，出不意冒险先发也。建成、元吉既死，高祖乃立太宗为太子。八月，遂传位焉。建成六子，长子承宗早卒，余五子及元吉五子皆见杀。

建成既死，而庐江王及罗艺之变作。庐江王瑗，高祖从父兄子。武德九年（626年），累迁幽州大都督。《旧书·瑗传》云：朝廷以瑗懦愞，非边将才，遣右领军将军王君廓助典兵事。瑗倚杖之，许结婚姻，以布心腹。时建成将有异图，外结于瑗。及建成诛，召瑗入朝。瑗惧，君廓素险薄，欲因事陷之，以为己功，说瑗反。瑗召北燕州刺史王诜，北燕州，唐初置于怀戎。将与计事。兵曹参军王利涉说瑗委兵于诜而除君廓。君廓知之，驰斩诜。遂擒瑗，缢杀之。以功兼幽州都督。在职多纵逸。长史李玄道数以朝宪胁之。惧为所奏，殊不自安。后追入朝。行至渭南，隋县，今属陕西。杀驿吏而遁，将奔突厥，为野人所杀。《罗艺

《秦琼三倒铜旗阵》年画

故事讲的是：秦琼攻打东岭关，守将杨义成在关外摆下一阵，『周围用二十万雄兵把守，中间立一旗杆，用八根大木头，合成一根，长有十丈，上边放着一个大方斗。那斗有一丈余大，内坐二十四个神箭手。叫东方伯为守旗大将，此人有万夫不当之勇，前面赤须，使一把大刀，站立在铜旗之下。此阵名铜旗阵，外又摆着八面金锁阵，内藏绊马索、铁蒺藜、陷马坑』。杨义成点名让秦琼破阵，还派人去幽州请罗艺来帮助自己保护铜旗。哪知，罗艺的妻子是秦琼姑母，罗艺没有办法，便命自己的儿子罗成前去。临走时，其母叮嘱，让他明保铜旗阵，暗助秦琼。在罗成的暗中帮助下，秦琼三锏打倒铜旗，攻下了东岭关。

唐太宗纳谏

贞观二年（628年），唐太宗曾经问魏徵："人主何为而明，何为而暗？"魏徵回答："兼听则明，偏信则暗。"从此，唐太宗广开言路，虚己纳下，开创贞观直谏之风。贞观初年为唐太宗纳谏的高峰。据说，仅魏徵就曾进谏两百多次。因此，唐太宗与魏徵成了后世敬仰的名君和名臣。

唐太宗像

选自《唐太宗纳谏图》 （唐）阎立本／原作 （明）徐仲和／临摹 收藏于中国台北故宫博物院

魏徵去世后，唐太宗曾经质疑过他直谏的动机。如魏徵推荐杜正伦和侯君集，一个因获罪被罢黜，一个因谋反被斩首。还有，魏徵的谏书在史官褚遂良那里都有副本。唐太宗怀疑他是为了博取清名，很是生气，便下令推倒了魏徵的墓碑。贞观十八年（644年），唐太宗征高丽受挫，突然感慨道：『魏徵若在，不使我有是行也！』从此以后，再也没有质疑过他，并命人重新树立魏徵墓碑。

上书粘壁

选自《帝鉴图说》法文外销绘本（明）张居正/编撰　收藏于法国国家图书馆

《贞观政要》记载：唐太宗一日向司空裴寂说道：『近日以来，上书奏事者条件甚多，朕将各衙门条陈的章奏，取其言之当理者，都粘在墙壁上，庶一出一入，常接于目，便于朝夕省览。每思天下至大，治之甚难，如何才有利于民，如何才不病于国，思想起来，至不能寐，或到深夜时分才去安歇，此朕一念不敢怠荒之心也。公等为国大臣，分理庶政，亦当夙夜罔懈，恪供职事，以副朕拳拳图治之意可也。』

撤殿营居

选自《帝鉴图说》法文外销绘本（明）张居正/编撰 收藏于法国国家图书馆

《旧唐书》记载：唐太宗一日听到魏徵所住的私宅很小，只有旁屋，没有厅堂。唐太宗当时正要盖一所小殿，材料已经准备齐全，便将材料用以为魏徵起盖厅堂，仅用五日就完成了。唐太宗知道魏徵很节俭，便又赐以素屏褥几杖等家常用品，让魏徵使用。魏徵上表称谢，唐太宗手诏答曰：「朕待卿至此，盖为社稷与百姓计，何过谢焉。」

面斥佞臣

选自《帝鉴图说》法文外销绘本
（明）张居正／编撰　收藏于法国国家图书馆

《资治通鉴》记载：太宗一日退朝之暇，曾闲行到一树下，见其枝叶茂盛，心颇爱之。正好大臣宇文士及在旁，为了迎合唐太宗，就将那株树称誉不止。唐太宗正色面斥道：『往日魏徵劝我斥远佞人，我不知今朝中哪一个是佞人，但心里也疑是你。自今观之，一树之微，何足称誉，其曲意承顺如此。所谓佞人，非汝而谁，平日所疑，果不谬也。』士及惶恐，叩头谢罪。

主明臣直

选自《帝鉴图说》法文外销绘本 （明）张居正/编撰 收藏于法国国家图书馆

据《隋唐嘉话》载，有一天唐太宗上朝后回宫，突然发怒：『会杀此田舍汉！』长孙皇后看到后，问：『谁惹了陛下？』唐太宗说：『除了魏徵还有谁，这个人每次都在朝堂之上指责我的过错，我受不了了，我要杀了他！』长孙皇后知道魏徵是忠臣，便退下去换了朝贺的袍服，对唐太宗说：『妾闻主圣臣忠。今陛下圣明，所以魏徵能直言。妾幸得备数后宫，安敢不贺？』唐太宗听后，很高兴。

剪须和药

选自《帝鉴图说》法文外销绘本 （明）张居正／编撰 收藏于法国国家图书馆

《旧唐书·李勣传》记载：唐太宗时，功臣李勣得了重病，医方上说用人须烧灰，才可以治。唐太宗知道后，立即下令将自己的胡须剪了，拿去给李勣合药。李勣病愈后，非常感激，叩头出血，涕泣而谢。太宗说：『朕赖卿以安社稷，卿安则社稷安矣，朕剪须以治卿病，乃是为社稷计，不为卿一人之私也，何谢之有？』

敬贤怀鹞

选自《帝鉴图说》法文外销绘本 （明）张居正 编撰 收藏于法国国家图书馆

《隋唐嘉话》记载，一日，唐太宗得个极好的鹞（yào）子，非常喜爱，架在臂膀上玩。魏徵平日好直言极谏，唐太宗对魏徵很是敬惮。此时恰好魏徵走来奏事，唐太宗怕魏徵看见，将鹞子藏在自己怀里。魏徵心里清楚唐太宗怀着鹞子，故意奏事不止，那鹞子藏的时候久了，竟死于太宗怀中。

望陵毁观

选自《帝鉴图说》法文外销绘本　（明）张居正一编撰　收藏于法国国家图书馆

《资治通鉴》记载：贞观十年（636年），皇后长孙氏崩，谥为文德皇后，葬于昭陵。唐太宗对长孙皇后的贤德思念不已，便在禁苑中筑建起一极高的台观，时常登上眺望昭陵，以释其思念之意。有一天，唐太宗带着魏徵一起登上台观，让他也观看昭陵。魏徵觉得唐太宗此举有所颇失，他的父亲高祖葬于献陵，未闻哀慕，今乃思念皇后不已，至于作台观以望之，是厚于后而薄于父也。魏徵觉得不便直接规谏，便假装看不见昭陵，唐太宗便指给他看。魏徵说：『臣只道陛下思慕太上皇，故作为此观以望献陵，若是皇后的昭陵，臣早已看见了。』唐太宗闻听后，明白过来，遂命人拆毁此观，不再登临。

传》云：艺入朝，自以功高位重，无所降屈。太宗左右尝至其营，艺无故殴击之。高祖怒，以属吏，久乃释。时突厥屡为寇患，以本官领天节军将镇泾州。太宗即位，拜开府仪同三司。而艺惧不自安。诈言阅武，因追兵，矫称奉密诏勒兵入朝。至豳州，入据之。太宗命长孙无忌、尉迟敬德讨之。未至，艺为统军杨岌所攻，溃奔突厥。至宁州界，为左右所杀。君廓“群盗”，唐何由任之使辅庐江？庐江亦安得杖之？其为建成置以自辅明甚。若罗艺则本因建成来降，与太宗有隙，其背叛之由，更不待言而可见矣。王利涉说瑗复酋豪旧从窦建德者职，各于所在遣募本兵，河北之地，呼吸可定，然后分遣王诜，北连突厥，而王亲诣潼关，以入洛阳，是合窦建德、王世充为一人也。更加以如罗艺等起于肘腋之间，纵无所成，安知其不北走胡更为刘武周、高开道、梁师都？况于建成、元吉旧属，或有不可保者邪？故知当时之情势，实颇险恶也。

两晋、南北朝政治之坏，一由贵人之淫侈，一则胡俗之粗犷。唐高祖之怠荒，何异于晋武帝？使元吉而得志，亦何异于齐文宣哉？故知五代之敝风，至唐初而犹未殄也。幸其末年风气稍变，右文者渐多，而太宗即其人，故获致一时之治焉。太宗之为太子，断决庶务，即纵禁苑鹰犬，停诸官所进珍异；即位后，放掖庭宫女三千余人；贞观二年（628年），又简出隋末宫人；颇能干父之蛊。御宇之初，亦能勤于听政，容受直言。王珪、魏徵，同事建成，帝并用为谏议。朝臣如虞世南、姚思廉、褚遂良、刘洎、马周、张玄素等，咸有才猷，亦颇著风节。虽外戚如高俭、长孙无忌亦然。俭字士廉，以字显。其妹适长孙晟，生子无忌，女即太宗文德皇后也。马周之见用，乃由其初客常何，何时为中郎将，太宗令百寮言得失，《旧书·传》云：贞观五年。《通鉴考异》曰：《实录》诏在三年，《旧书》盖误。周为何陈便宜二十余事。太宗怪其能。何曰：“此非臣所能，家客马周具草也。”太宗即日召之。未至间，遣使催促者数四。及见，与语，甚悦，令直门下省。明年，授监察御史。奉使称旨。以何举得其人，赐帛三千匹。张玄素为景州参军。景州，今河北景县。太宗闻其能。即位，召见，访以政道，善其对，擢为侍御使。其渴于求贤，破格任用，亦诚有不可及者。房玄龄、杜如晦并称贤相。如晦贞观三年，始与玄龄共掌朝政，四年即卒。玄龄则元年（627年）为中书令，至二十三年（649年）乃卒，其相业实与帝相终始。史称其“明达吏事，饰以文学，审定法令，意在宽平”，此正足救五代来之失；而其重视用兵，亦足救太宗之好大喜功；固无怪其能辅帝以致一时之治也。

太宗颇好文学，为天策上将时，即于宫城西起文学馆，以待四方之士，居其间称学士者十八人。见新、旧《书·褚亮传》。此事为论史者所艳称，采春华而忘秋实，实无裨于治道，然究异于武断之治耳。此盖其所以能用贤臣。然其人究系武夫，且家世渐染北俗，故骄暴之习，卒难尽免。待苏威之无礼。孔德绍事窦建德，尝草檄毁薄帝，建德败，执登汜水楼，帝责之。对曰：“犬吠非其主。”帝怒曰：“贼乃主邪？”命壮士捽殒楼下。《新书·隐逸·孔述睿传》。此君人之道乎？抑寇贼之所为也。《旧书·刘洎传》言：帝善持论。每与公卿言及治道，必诘难往复。洎上书谏云：“顷上书人有不称旨者，或面加穷诘，无不惭退。”其诡诡之态可见。循是而行，终必有如罗道琮以上书忤旨，配流岭表者矣。新、旧《书》皆见《儒学传》。其用刑亦多过差。戴胄为大理少卿，号能守法。然尝以许之交州，已又中悔，斩卢祖尚于朝堂；又尝怒苑西守监，欲于朝堂斩之；此何异于隋文帝？而其俭德则远逊之矣。马周尝言：“今京师及益州诸处，营造供奉器物并诸王妃主服饰，议者皆不以为俭。”充容徐惠上疏，极陈辽海、昆丘戍转，翠微、玉华营造之劳民。事在贞观末。辽海指伐高句丽。昆丘指伐龟兹。时阿史那社尔伐龟兹，

步輦圖

《步辇图》卷

（唐）阎立本　收藏于北京故宫博物院

贞观十四年（640年），松赞干布派大臣禄东赞出使唐朝请求和亲，唐太宗以文成公主嫁给他，并派礼部尚书、江夏王李道宗持节护送，赞普松赞干布因此正式归顺，接受唐朝册封。《步辇图》卷描绘的是唐太宗接见吐蕃使臣禄东赞的情景，很好地反映了唐朝初年汉藏和亲的历史事件。

授昆丘道行军总管。翠微、玉华，皆宫名。翠微在骊山绝顶。玉华，在宜君县。又云："服玩纤靡，如变化于自然，织贡珍奇，若神仙之所制。"其服御之侈可知。帝尝作《帝范》以赐太子，曰："吾居位已来，不善多矣。锦绣珠玉，不绝于前；宫室台榭，屡有兴作；犬马鹰隼，无远不致；行游四方，供帐烦劳；此皆吾之深过，勿以为是而法之。"《通鉴》贞观二十二年（648 年）。帝最好名，使非事不可掩，夫岂肯自言之？其为此言，盖又欲以博不自文之美名耳。然则史所称帝之俭德可知矣。德莫大于不自满盈。帝于封禅，虽未尝行，而实有是意，此即可见其骄盈。贞观六年（632 年），群臣请封泰山。太宗拒之，魏徵亦言其劳费。史称太宗深嘉徵言。然仍遣杜正伦行七十二帝坛迹。是年两河水潦，其事乃寝。十一年，群臣复劝封泰山。始议其礼。十五年四月，诏以来年二月，有事于泰山。车驾已至洛阳宫。六月，有星孛于太微，乃罢其事。二十一年正月，又诏以来年二月，有事于泰山。其时虽薛延陀败，漠北尽平，然正伐高句丽丧师之后也。八月，河北大水，乃复停。论者每谓帝之荒怠，在于中年以后。马周于贞观十一年（637 年）上疏曰："贞观之初，率土荒俭，一匹绢才直一斗米，而天下帖然，百姓知陛下甚爱怜之，故人人自安，曾无谤讟。自五六年来，频岁丰稔，一匹绢得粟十余石，而百姓皆以为陛下不爱怜之，咸有怨言。"魏徵亦于十三年陈不克终十渐。然《旧书·戴胄传》言：贞观五年（631 年），将修复洛阳宫，胄上表极陈民生之憔悴。而《窦威传》谓其从兄子琎，为将作大匠，修葺洛阳，于宫中凿池起山，崇饰雕丽，太宗怒，遽令毁之。夫下之于上，不从其令而从其意，非帝先有侈靡之心，琎亦安敢为是？然则修复洛阳宫之举，不惟不以胄言而止，并未因之而稍从俭省也。其初年之节俭，又安在哉？刘洎以贞观十五年转治书侍御史，疏言："比来尚书诏敕稽停，文案壅滞，并为勋亲在位，品非其任。"勋亲用人，为唐室之大弊，而其原亦自帝开之。帝之所谓有道者，果何在乎？

《旧书·本纪》于贞观四年（630年）书云：是岁断死刑二十九人，几致刑措。东至于海，南至于岭，皆外户不闭，行旅不赍粮焉。《新书·食货志》曰：贞观初，户不及三百万，绢一匹，易米一斗。至四年，米斗四五钱；外户不闭者数月，马牛被野，人行数千里不赍粮；民物蕃息，四夷降附者百二十万人；是岁天下断狱，死罪者二十九人；号称太平。又《魏徵传》云：帝即位四年，岁断死二十九，几至刑措。米斗三钱。东薄海，南逾岭，户阖不闭，行旅不赍粮，取给于道。又《旧书·本纪》于贞观三年书云：是岁，户部奏言中国人自塞外来归，及突厥前后内附，开四夷为州县者，男女一百二十余万口。《新书》略同。《通鉴》贞观四年云：元年关中饥，米斗直绢一匹，二年天下蝗，三年大水。上勤而抚之，民虽东西就食，未尝嗟怨。是岁，天下大稔。流散者咸归乡里，米斗不过三四钱。终岁断死刑才二十九人。东至于海，南极五岭，皆外户不闭，行旅不赍粮，取给于道路焉。此其所本皆同，特辞有详略耳。此论史者所由称贞观之治，足以媲美汉文，而为三代下所希有者也。然戴胄之谏营洛阳宫也，曰："比见关中、河外，尽置军团，富室强丁，并从戎旅。重以九成作役，九成宫，即隋仁寿宫。唐于是年九月修之，改名。余丁向尽。……乱离甫尔，户口单弱，一人就役，举家便废。入军者督其戎仗，从役者责其糇粮，尽室经营，多不能济。"此四年之翼岁耳，与史所言四年之情形，相去何其远也？合《秦汉史》论汉文帝之语观之，书其可尽信乎？

司徒赵国公长孙无忌像

长孙无忌，字辅机，河南洛阳人，位列凌烟阁二十四功臣之首。长孙无忌博学多才，很有谋略，年少时就与李世民交好。隋朝义宁元年（617年），李渊起兵太原，长孙无忌辅佐李世民四处征讨，立有战功。武德九年（626年），参与发动玄武门之变，帮助李世民夺取帝位。贞观元年（627年）封齐国公，徙封赵国公。后因反对立武则天为皇后，致武后仇恨，被逼自缢而死。

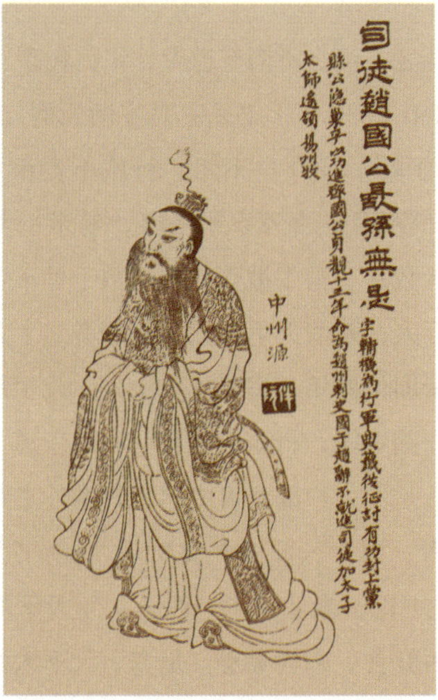

司空河间王李孝恭像

李孝恭是唐高祖李渊从侄。李渊称帝后，李孝恭负责经略巴蜀。武德三年（620年），封赵郡王。武德四年，在李靖的帮助下，灭萧铣，受封荆州大总管，成功招抚岭南诸州。武德七年，率兵平定辅公祏的叛乱。贞观初年，任礼部尚书，封河间郡王。贞观十四年（640年），暴病而亡。

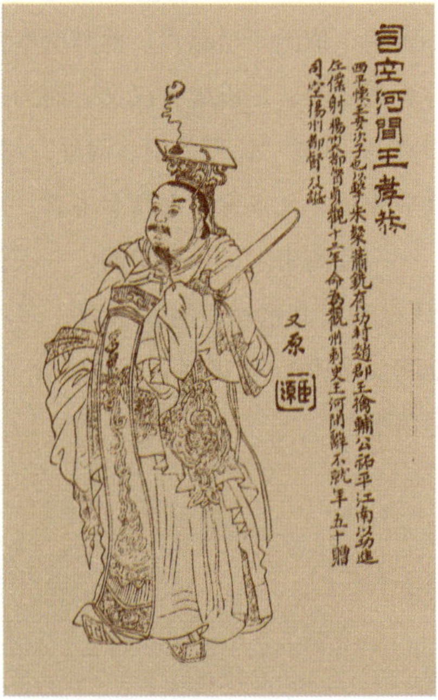

《凌烟阁功臣图》清刻本

（清）刘源／绘　（清）朱圭／刻　收藏于中国国家图书馆

贞观十七年（643年），唐太宗命阎立本在凌烟阁为二十四位开国功臣绘像纪念，以此颂扬他们作为功臣的忠节。

司空莱国公杜如晦像

杜如晦，字克明，京兆杜陵（今西安长安区）人。杜如晦自少聪悟，好谈文史。太子李建成非常忌惮杜如晦，对齐王李元吉说：『秦王府中可惮之人，惟杜如晦与房玄龄耳。』因此，想方设法将杜如晦外调出秦王府。玄武门之变后，被拜为兵部尚书，进封蔡国公。与房玄龄共掌朝政，史有『房谋杜断』之称。贞观四年（630年），病重而死，封莱国公。

司空太子太师郑国公魏徵像

魏徵，字玄成，唐巨鹿（今河北巨鹿县）人。魏徵最初投奔瓦岗军，兵败，其间两次归唐。最先为太子李建成部下的太子洗马。玄武门之变后，李世民看他耿直，爱惜良才，任他为谏议大夫。据说，他犯颜直谏唐太宗达二百多次。贞观十七年（643年）病逝，唐太宗悲恸至极，谓侍臣：『人以铜为镜，可以正衣冠；以古为镜，可以见兴替；以人为镜，可以知得失。魏徵没，朕亡一镜矣！』谥曰文贞，陪葬昭陵。

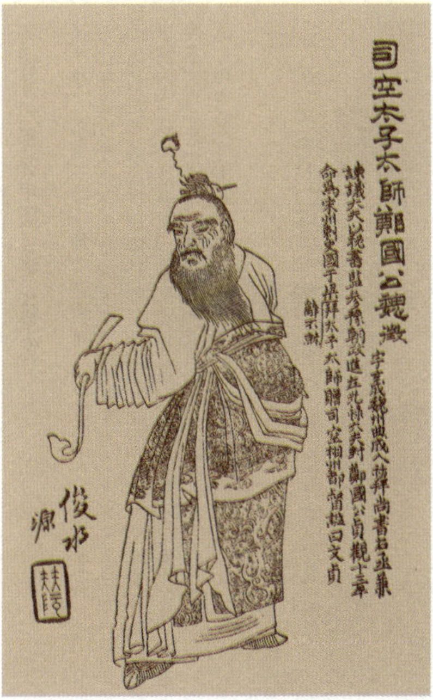

司空梁国公房玄龄像

房玄龄，名乔，字玄龄，齐州临淄（今山东济南）人。房玄龄投靠秦王李世民后，就为其谋划军事，典管书记。因房玄龄善谋，杜如晦果断，有『房谋杜断』的美誉。贞观二十二年（648年），房玄龄病逝，太宗为之废朝三日，赠太尉，谥曰文昭，陪葬昭陵。

司徒并州都督申国公高士廉像

高士廉，名俭，字士廉，渤海蓨（tiáo）县（今河北景县）人。其妹为长孙皇后与长孙无忌的母亲。他曾作为女方舅父主持李世民和长孙氏的婚礼。因得罪隋炀帝，被发配岭南，直到李靖灭萧铣时才得以回归。高士廉善政，李世民称他『涉猎古今，心术明达，临难不改节，当官无朋党，所乏者骨鲠规谏』。贞观二十一年（647年）病逝，赠司徒，陪葬昭陵，谥曰文献。

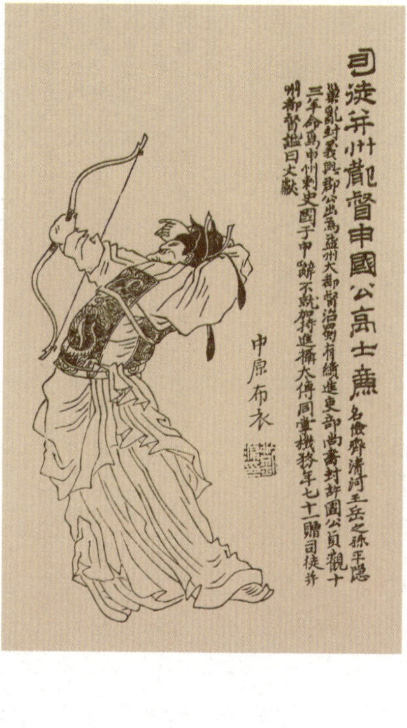

开府仪同三司鄂国公尉迟敬德像

尉迟恭，字敬德，朔州鄯阳县（今山西朔城区）人。尉迟恭在隋朝时为朝散大夫，颇有军功。归顺唐朝后，跟随李世民，参与统一战争。后参与玄武门之变，受封为右武候大将军、吴国公。后拜上柱国、鄂国公。贞观十九年（645年），跟随唐太宗征讨高句丽。唐高宗显庆三年（658年）去世，谥号忠武，陪葬昭陵。

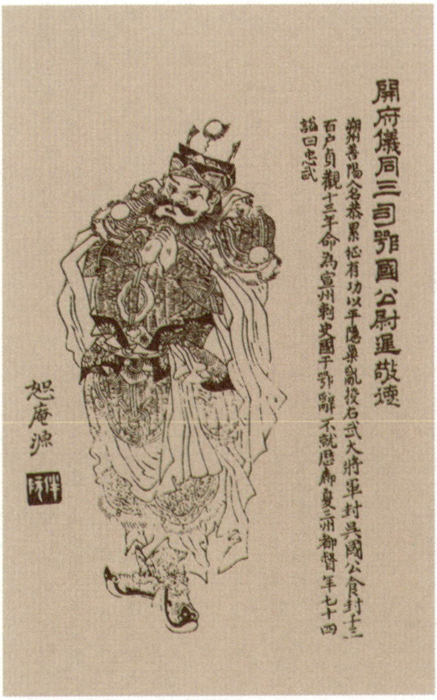

特进卫国公李靖像

李靖，字药师，雍州三原（今陕西三原东北）人。李靖仪表魁伟，精通兵法，有勇有谋。初仕隋朝，后归顺唐朝，立下赫赫战功。历任检校中书令、兵部尚书，拜尚书右仆射，封卫国公，世称李卫公。贞观二十三年（649年），李靖病逝，谥号景武，陪葬昭陵。

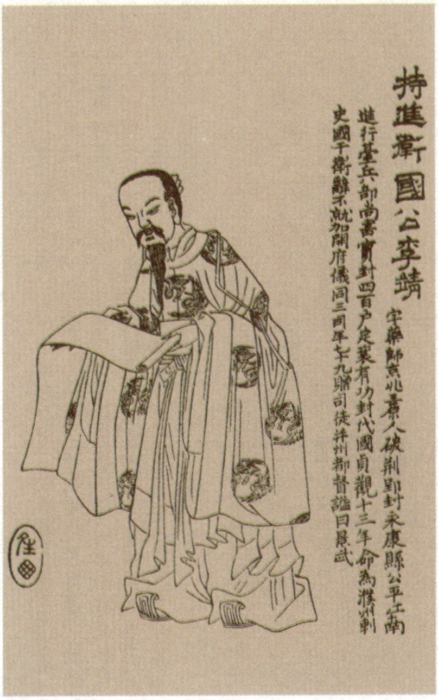

特进宋国公萧瑀像

萧瑀，字时文，南朝梁明帝萧岿之子。萧瑀的姐姐是杨广的妃子，因此，他九岁就被封为新安王。李渊攻克长安，招降萧瑀。高祖曾对萧瑀说：『公之言，社稷所赖。』因为出身显贵，萧瑀看不起杜如晦、房玄龄、温彦博、魏徵等人。萧瑀饮宴时对唐太宗开玩笑说：『臣是梁朝天子儿，隋朝皇后弟，尚书左仆射，天子亲家翁。』贞观二十二年（648年）病卒。遗命以单衣简朴安葬。

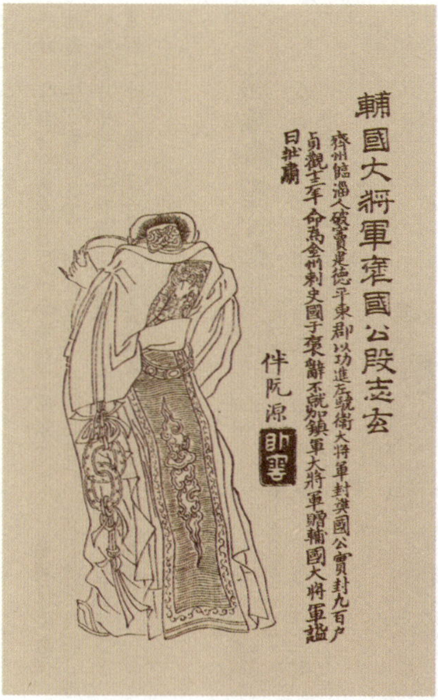

辅国大将军褒国公段志玄像

段志玄，齐州（今山东临淄）人。李渊起兵时，授右领大都督府军头。隋大业十三年（617年），在潼关之战中，打败隋将屈突通，被授乐游府骠骑将军。在玄武门之变中，与尉迟敬德等讨杀李建成和李元吉。太宗即位，累迁左骁卫大将军，封樊国公，食实封九百户。贞观十四年（640年），加镇军大将军。贞观十六年（642年）病卒，谥曰庄肃，陪葬昭陵。

辅国大将军夔国公刘弘基像

刘弘基，雍州池阳（今属陕西）人，自李渊在太原起事就追随其征伐四方，与李世民交好。玄武门之变拥立有功。贞观年间，因多次贪污被大臣弹劾，唐太宗不忍心治罪，只贬官。征伐高句丽时，刘弘基为前军大总管，多有战功。唐高宗永徽元年（650年）病死，谥曰襄，陪葬昭陵。

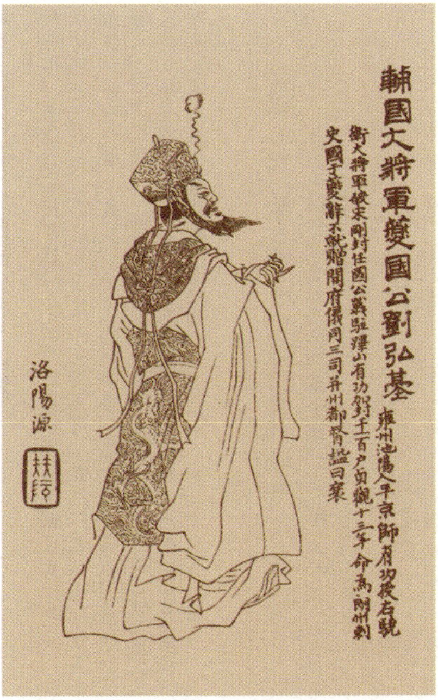

尚书左仆射蒋国公屈突通像

屈突通，复姓屈突，先世为库莫奚种人，依附鲜卑慕容氏。隋炀帝杨广南巡江都时，留屈突通镇守都城长安。唐高祖李渊起兵后，屈突通被俘，归唐，任兵部尚书，封蒋国公。武德元年（618年），在浅水原之战中，击败薛仁杲，大家都争抢珠宝，唯独他没有索取。因此，唐高祖评价他：『公清正奉国，著自终始，名下定不虚也。』贞观二年（628年）病故，唐太宗痛惜不已，追赠尚书右仆射，谥曰忠。

陕东道行台右仆射郧国公殷开山像

殷开山，名峤，雍州鄠县（今陕西户县）人。李渊自太原起兵，以军功拜光禄大夫，后跟从李建成攻克西河。玄武门之变后，跟随李世民。因讨伐薛举战败，士卒死伤惨重，达十分之五六，被李世民除名，贬为庶民。后来，又跟随李世民平定薛仁杲，有功，恢复爵位。武德五年（622年），在讨伐刘黑闼的途中病死，李世民临丧痛哭，赠陕东道大行台右仆射，谥曰节。

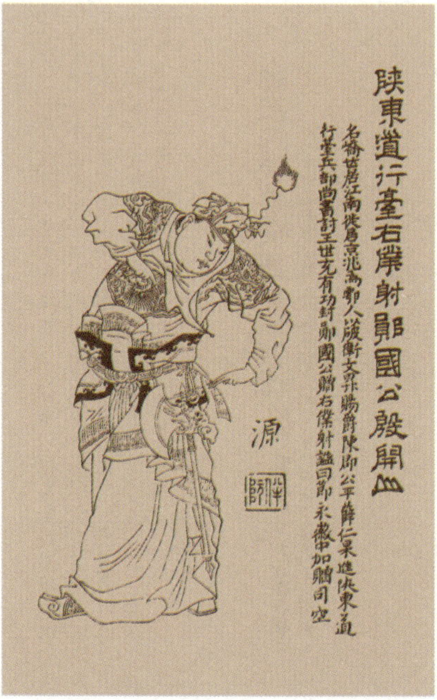

荆州都督谯国公柴绍像

柴绍，字嗣昌，晋州临汾（今山西临汾市）人。柴绍为李渊的女婿（娶平阳公主）。任侠仗义，矫捷勇武。晋阳起兵后，领马军总管。后来跟随李世民平定四方，屡立功勋，进封霍国公。后参与平定梁师都，改封谯国公。贞观十二年（638年）去世，追赠荆州都督，谥号为襄。

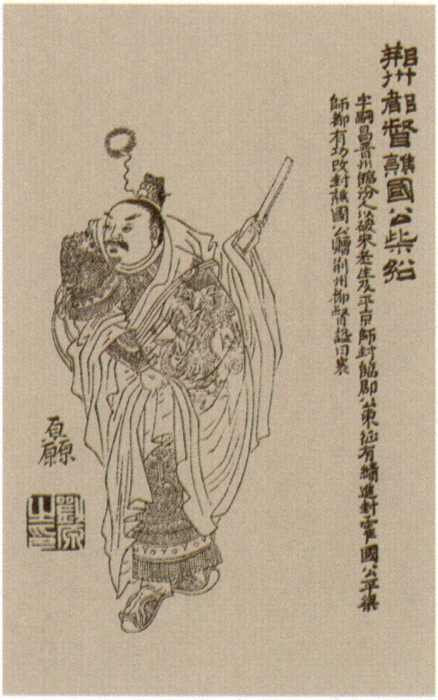

荆州都督邳国公长孙顺德像

长孙顺德是李世民的叔岳父。在玄武门之变时，长孙顺德与秦叔宝等负责追杀李建成余党，拥戴有功。贞观年间，因贪污被免官，不久后病死。贞观十三年（639年），被追封为邳国公。

洛州都督郧国公张亮像

张亮，郑州荥阳（今河南郑州惠济区）人。张亮原为李密瓦岗军将领。唐高祖武德元年（618年），跟随李世勣降唐，任郑州刺史。在房玄龄的推荐下，秦王李世民召张亮入天策府，任车骑将军。在李世民与李建成之争中，曾受命到洛阳，秘密为李世民发动政变招募士卒。后来被齐王李元吉告发，李渊派人拷问，张亮誓死不说，后被释放。贞观十一年（637年），被封郧国公。侯君集谋反被杀后，张亮升任为刑部尚书，成为宰相。贞观二十年（646年），因被告发养义子，被唐太宗定为死罪，同年被斩。

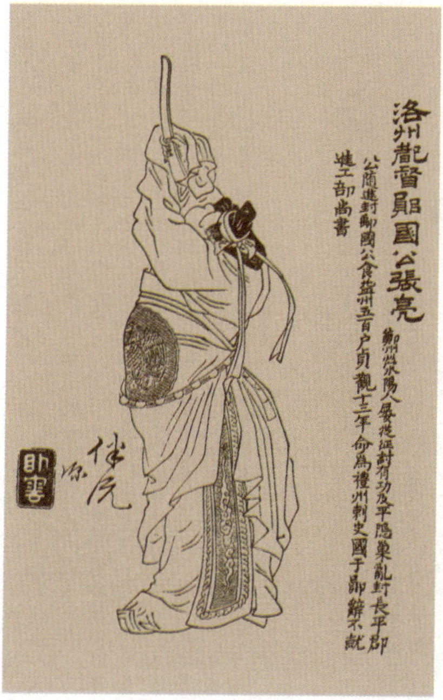

吏部尚书陈国公侯君集像

侯君集，豳州三水（今陕西旬邑）人。侯君集少年时就以勇武著称，隋末入李世民幕府。贞观四年（630年），任兵部尚书，实宰相之位。贞观九年，跟随李靖平吐谷浑，立大功。贞观十一年，改封陈国公。贞观十二年，率军击退吐蕃。贞观十三年冬，率军击败高昌，太宗以高昌故地置西州，但侯君集私吞钱财，且无法约束下属，被人揭发，虽被免罪，却被罢相，对仕途心怀不满。后来，因太子李承乾与魏王李泰争嫡，策划兵变被捕。因此，唐太宗说：『朕因汝从此不登凌烟阁。』

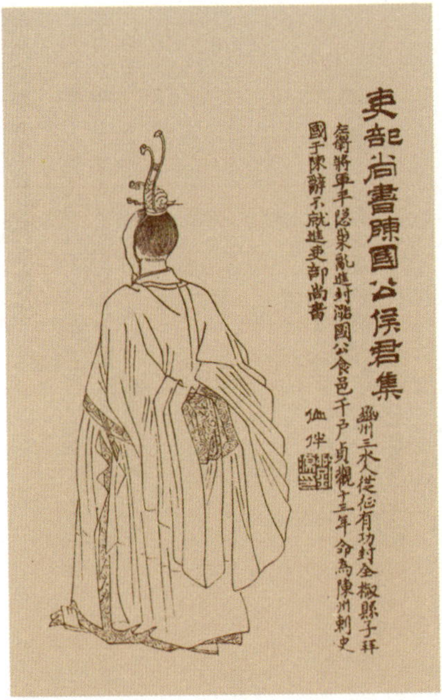

左骁卫大将军郯国公张公谨像

张公谨，字弘慎。玄武门之变时，李世民命人进行占卜以卜吉凶，张公谨将占卜的龟壳夺过来扔在地上，说：『占卜是为了解决疑难的事情，现在迫在眉睫，没什么好犹豫的！难道我们能因占卜结果而改变行动吗？』这坚定了李世民发动政变的决心。在玄武门政变中，太子李建成被杀，其部下赶到，准备报仇。张公谨膂力过人，独自关闭了大门，因此保护了李世民。贞观六年（632年），在任上病死。唐太宗不避辰日而哭，谥曰襄。贞观十三年，追思其旧功，改封郯国公。

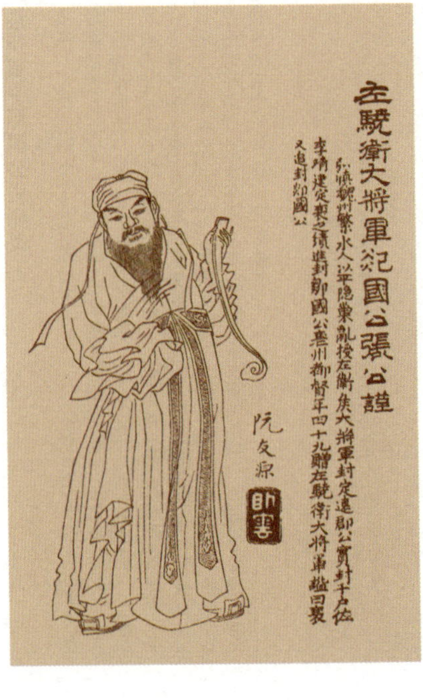

左领军大将军卢国公程知节像

程咬金，济州东阿斑鸠店人（今属山东东平县），原为瓦岗军将领。武德二年（619年），与秦叔宝一起归唐，为李世民立下汗马功劳。唐太宗即位后，封卢国公。麟德二年（665年），程咬金病逝，陪葬昭陵。在《隋唐演义》中，程咬金勇猛的形象深入人心，因『三斧定瓦岗』『单身探地穴』被众人拥立，号为混世魔王。『半路杀出个程咬金』『程咬金的三板斧』等都是对他的称赞。文学作品以及民间故事中，他使用的武器为八卦宣花斧，但历史上，他使用的武器为槊。

礼部尚书永兴郡公虞世南像

虞世南，字伯施。越州余姚（今属浙江省）人。沉静寡欲，博闻强记。贞观八年（634年），进封永兴县公。贞观十二年，授银青光禄大夫。同年卒，年八十一，谥曰文懿，陪葬昭陵。唐太宗称他的德行、忠直、博学、文词、书翰为五绝。

户部尚书渝国公刘政会像

刘政会，滑州胙（zuò）城（今河南延津县胙城乡）人。隋为太原鹰扬府司马，后率兵投靠李渊麾下，留守太原，经营后方，『内辑军士，外和戎狄，远近莫不悦服』。贞观九年（635年）卒，谥曰襄，赠民部尚书。后追封渝国公，与殷开山同配飨高祖庙庭。

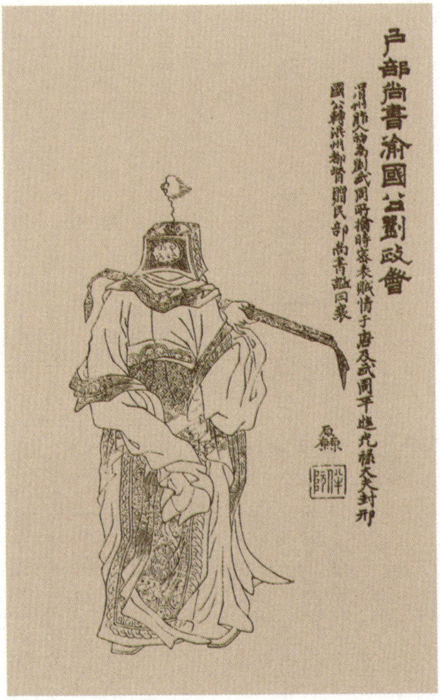

户部尚书莒国公唐俭像

唐俭，并州晋阳（今太原西南晋源镇）人。唐俭从太原起兵时就投靠李渊。唐朝建立后，唐俭被拜为礼部尚书，封莒国公。贞观初年（627年），跟随唐太宗平定突厥时，与李靖配合，说降突厥有功，被授民部尚书。显庆元年（656年）病故，谥曰襄，陪葬昭陵。

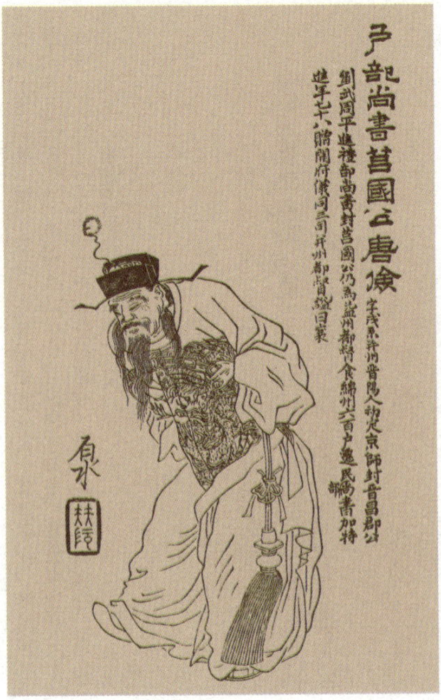

兵部尚书英国公李世勣像

原名徐世勣，字懋功，曹州离狐（今山东菏泽）人。李世勣历事唐高祖、唐太宗、唐高宗三朝，深受重任，先封曹国公，后封英国公。总章二年（669年），李勣卒，谥号贞武，陪葬昭陵。后来，因为其孙徐敬业起事反叛武则天，被族诛，李世勣受牵连，竟被剖棺戮尸。唐中宗即位后，才被昭雪，重新以礼改葬。在《隋唐演义》中，徐世勣被称为徐茂公，是瓦岗寨的军师。

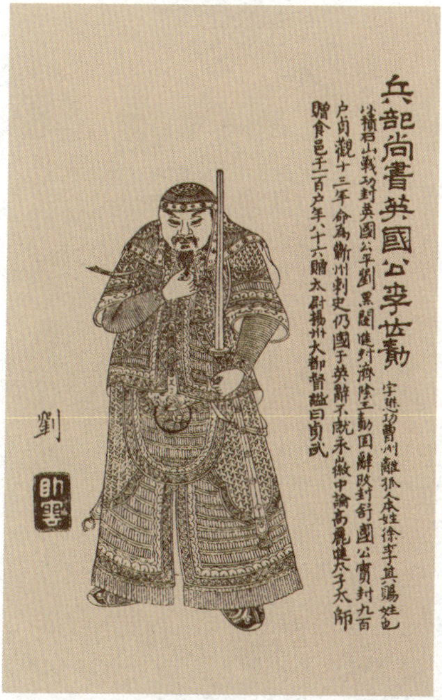

左武卫大将军胡国公秦叔宝像

秦琼，字叔宝，齐州历城（今山东济南历城区）人。初仕隋朝，后来投靠瓦岗军。瓦岗军败亡后，投靠王世充，因王世充为人奸诈，秦叔宝与程咬金等又投靠李世民，屡立战功。贞观十二年（638年），秦琼病逝，谥号为壮，陪葬昭陵。

第四章 武韦之乱

第一节　高宗之立

《诗》曰：赫赫宗周，褒姒灭之。灭周者果褒姒邪？抑别有其人也。

太宗十四子，文德皇后长孙氏所生者三：长子承乾，第四子魏王泰，第九子晋王治是也。承乾立为太子。《旧书·传》曰：先患足，行甚艰难，而泰有美誉，太宗渐爱重之，潜怀夺嫡之计，各树朋党，遂成衅隙。《新书·传》曰：承乾使户奴数十百人习音声，学胡人椎髻，翦采为舞衣，寻橦跳剑，鼓鞞声昼夜不绝。造大铜炉、六熟鼎，招亡奴盗取人牛马，亲视烹焊，召所幸厮养共食之。又好突厥言及所服，选貌类胡者，被以羊裘，辫发。五人建一落，张毡舍，造五狼头纛，分戟为陈，系幡旗，设穹庐自居。使诸部敛羊以烹，抽佩刀割肉相啖。承乾身作可汗死，使众号哭剺面，奔马环临。忽复起，曰："使我有天下，将数万骑到金城。然后解发，委身思摩当一设，顾不快邪？"其辞容有溢恶，然自典午已来，渐胡俗者甚多，唐亦起代北，则此亦理所可有，承乾盖隋房陵王一流人。承乾之恶，又见张玄素、于志宁传。时二人为宫僚，谏诤，承乾皆遣客刺之。魏王虽有夺宗之谋，承乾初非无过也。泰，太宗以其好士爱文学，特令就府别置文学馆，任自引召学士，月给料物，有逾于皇太子。泰乃招驸马都尉柴令武、房遗爱等二十余人，厚加赠遗，寄以腹心。令武，绍子。绍妻，高祖女平阳公主也。令武又尚太宗女巴陵公主。遗爱，见下。黄门侍郎韦挺、工部尚书杜楚客，如晦弟。相继摄泰府事，俱为泰要结朝臣，津通赂遗。其夺宗之谋，亦不下于隋炀帝也。承乾召壮士左副卫率封师进，及刺客张师政、纥干承基，令杀泰，不克。寻与汉王元昌，高祖第七子。兵部尚书侯君集、左屯卫中郎将李安俨、隐太子臣。太子败，安俨为之力战，太宗以为忠，亲任之，使典宿卫。洋州刺史赵昂、洋州，今陕西洋县。昂，高祖女长广公主之子。驸马都尉杜荷如晦子。尚太宗女城阳公主。谋反，将纵兵入西宫。胡三省曰：谓大内。以在东宫西，故称之。贞观十七年（643 年），齐王祐反。祐，太宗第五子。十年授齐州都督。齐州，即齐郡。《旧书·传》曰：其舅尚乘直长阴弘智谓祐曰："王兄弟既多，即上百年之后，须得武士自助。"乃引其妻兄燕弘信谒祐。祐接之甚厚。多赐金帛，令潜募剑士，有昝君谟、梁猛彪者，并以善骑射，得幸于祐。长史权万纪斥逐之。而祐潜遣招延，狎昵愈甚，万纪斥出，不许与祐相见。祐及君谟谋，杀万纪。事泄，万纪悉收系狱，发驿奏闻。诏刑部尚书刘德威往按之，并追祐及万纪入京。祐大惧。俄而万纪奉诏先行，祐遣燕弘信兄弘亮追射杀之。既杀万纪，君谟等劝祐起兵。诏遣李勣与刘德威便道发兵讨之。《通鉴》云：德威按之，事颇有验，及祐反，乃诏勣发兵讨之。未至，兵曹杜行敏执祐送京师，赐死。此事亦如建成时之庐江，无待论也。《承乾传》曰：祐反，承乾谓纥干承基曰：我西畔宫墙，去大内正可二十步来耳。此间大亲近，岂可并齐王乎？言近易为变也。《新书》云：岂与齐州等？会承基亦外连齐王，系狱当死，遂告其事。太宗命长孙无忌等参鞫之，事皆明验。废承乾为庶人，徙黔州。十九年，卒于徙所。元昌赐自尽。侯君集等咸伏诛。王珪少子敬直，以尚主太宗女南平公主。拜驸马都尉，坐与承乾交结，徙于岭外。《魏徵传》：徵尝密荐杜正伦、侯君集有宰相才，徵卒后，正伦以罪黜，君集犯逆伏诛，太宗始疑徵阿党。徵又自录前后谏诤言辞往复，以示史官起居郎褚遂良，太宗知之，愈不悦。先许衡山公主降其长子叔武，于是手诏停婚，《廿二史考异》云：《公主传》：太宗二十一女，无封衡山者，《于志宁传》云：衡山公主既公除，将下嫁长孙氏，则衡山停婚魏氏后，许嫁长孙。《公主传》，下嫁长孙氏者，有新兴、新城两公主，未审何人初封衡山也。顾其家渐衰矣。《新书》云：徵之没，晋王奉诏致祭，帝作文于碑，遂书之，及是，遂仆所为碑。此事论者皆谓太宗纳谏非诚，故积忿至斯而发。然君集固确有反谋。《正伦传》云：行太子左庶子。太宗谓曰："我儿全无令誉，私所引接，多是小人，卿可察之。若教示不得，须来告我。"正伦数谏不纳，乃以太宗语告之。承乾抗表闻奏。太宗谓正伦曰："何故漏泄我语？"对曰："开导不入，故以陛下语吓之，冀其有惧，或当反善。"帝怒，出为谷州刺史。又左授交州都督。后承乾构逆，事与侯君集相连，称遣君集将金带遗正伦，由是配流欢州。《韦挺传》云：承乾多过失，太宗微有废立之意，杜正伦以漏泄禁中语左迁。时挺亦与泰事，太宗谓曰："朕已罪正伦，不忍更置卿于法。"特原之。然则正伦所泄者，乃太宗欲废立之意，非教示不得须来告我之语也；又与侯君集交关；太宗安得不因此而疑及徵？且安知叔武之不为杜荷、王敬直乎？若然，则停其婚者，正所以保全之矣。

承乾既废，泰亦同败，晋王乃获渔人之利焉。《旧书·泰传》曰：承乾败，太宗面加谴让。承乾曰："臣贵为太子，更何所求？但为泰所图，与朝臣谋自安之道，不逞之人，遂教臣为不轨。今若以泰为太子，所谓落其度内。"太宗谓侍臣曰："承乾言亦是。我若立泰，便是储君之位，可经求而得。泰立，承乾、晋王皆不存，晋王立，泰共承乾可无恙也。"乃幽泰于将作监，下诏降封东莱郡王。因谓侍臣曰："自今太子不道，藩王窥伺者，两弃之，传之子孙，以为永制。"寻改封顺阳王，徙居郧乡。今湖北郧县。二十一年（647年），进封濮王。永徽三年（652年），薨于郧乡。《长孙无忌传》曰：承乾得罪，太宗欲立晋王，而限以非次，回惑不决。御两仪殿，群官尽出，独留无忌及房玄龄、李勣。谓曰："我三子一弟，所为如此，我心无憀。"因自投于床，抽佩刀欲自刺。无忌等惊惧，争前扶抱，取佩刀以授晋王。无忌等请太宗所欲。报曰："我欲立晋王。"无忌曰："谨奉诏。有异议者，臣请斩之。"太宗谓晋王曰："汝舅许汝，宜拜谢。"晋王因下拜。太宗谓无忌等曰："公等既符我意，未知物论何如？"无忌曰："晋王仁孝，天下属心久矣。伏乞召问百僚，若不蹈舞同音，臣负陛下万死。"于是建立遂定。寻又欲立吴王恪。无忌密争之，其事遂辍。恪，太宗第三子。太宗次子楚王宽早卒，故承乾、泰废，以嫡当立晋王，以长则恪亦可立。《新书·传》曰：恪善骑射，有文武才；母隋炀帝女，地亲望高；中外所向。帝初以晋王为太子，又欲立恪。长孙无忌固争。帝曰："公岂以非己甥邪？且儿英果类我，若保护舅氏未可知。"无忌曰："晋王仁厚，守文之良主。且举棋不定则败，况储位乎？"帝乃止。故无忌常恶之。永徽中，房遗爱谋反，因遂诛恪，以绝天下望。临刑呼曰："社稷有灵，无忌且族灭。"《泰传》曰：太子败，帝阴许立泰，岑文本、刘洎请遂立泰为太子。长孙无忌固欲立晋王。帝以太原石文有治万吉，复欲从无忌。泰微知之。因语晋王："尔善元昌，得无及乎？"王忧甚。帝怪之。以故对。会召承乾谴勒，承乾言若泰为太子，正使其得计。帝乃幽泰，降王东莱。然犹谓无忌曰："公劝我立雉奴，雉奴仁懦，得无为宗社忧？"夫君臣父子之际，人所难言，《旧书·褚遂良传》曰：魏王为太宗所爱，礼秩如嫡。贞观十五年（641 年），太宗问侍臣："当今国家，何事最急？"遂良进曰："太子诸王，须有定分，陛下宜为万代法，以遗子孙。"太宗曰："此言是也。"因言："公等为朕搜访贤德，以傅储宫，爰及诸王，咸求正士。"又曰："事人岁久，即分义情深，非意窥窬，多由此作。"于是限王府官僚，不得过四考。则当时文武之官，各有托附，亲戚之内，分为朋党，黜泰诏语。太宗亦颇知之，特不审耳。若群臣则岂有不知者？然终莫能为太宗言之。然则当承乾获罪，太宗意未宣露之际，无忌安敢固执欲立晋王？且太宗岂以石文决事者乎？《传》又曰：承乾废，魏王泰入侍，太宗面许立为太子。因谓侍臣曰："昨青雀自投我怀，云臣今日始得与陛下为子，更生之日也。臣惟有一子，臣百年之后，当为陛下杀之，传国晋王。父子之道，故当天性，我见其如此，甚怜之。"遂良进曰："陛下失言。伏愿审思，无令错误也。安有陛下百年后，魏王执权，为天下主，而能杀其爱子，传国晋王者乎？陛下昔立承乾，复宠爱魏王，嫡庶不分，所以至此，殷鉴不远，足为龟镜。今立魏王，伏愿别安置晋王，始得安全耳。"太宗涕泗交下曰："我不能。"即日召长孙无忌、房玄龄、李勣与遂良等定策，立晋王为皇太子。斯言尤野。安有如此诞谩之辞而可欺太宗者？《无忌传》言定策者固无遂良名，而《新书·遂良传》，载其贬爱州后上表云："往者承乾废，岑文本、刘洎奏东宫不可少旷，宜遣濮王居之，臣引义固争，明日仗入，先帝留无忌、玄龄、勣及臣定策，立陛下。”疑其表亦不足信也。太宗废承乾，亦兼废泰，似甚英断，为中主所不及。然果如此，先何得宠泰，使之礼秩如嫡？窃疑是时泰夺宗之谋，亦必大彰露，其事丑恶，史官讳之不书，附会揣测之辞，遂因之而多也。然遂良虽不与定策，而其与长孙无忌如骖之靳，则固不疑矣。

晋王既立，魏王之党，阴谋仍未尝息。《旧书·刘洎传》曰：太宗征辽，令洎与高士廉、马周留辅皇太子定州监国。太宗谓洎曰：“我今远征，使卿辅翼太子，社稷安危之机，所寄尤重，卿宜深识我意。”洎进曰：“愿陛下无忧。大臣有愆失者，臣谨即行诛。”太宗以其妄发，颇怪之。谓曰：“君不密则失臣，臣不密则失身。卿性疏而大健，恐以此取败。深宜戒慎，以保终吉。”十九年（645 年）。太宗辽东还，发定州，在道不康。洎与马周入谒。出，褚遂良传问起居。洎泣曰：“圣体患臃，极可忧惧。”遂良诬奏之曰：“洎云：‘国家之事不足虑。正当傅少主行伊、霍故事，大臣有异志者诛之，自然定矣。’”太宗疾愈，诏问其故。洎以实对，又引马周以自明。太宗问周，周对与洎所陈不异。遂良又执证不已。《通鉴考异》引《实录》云：洎以实对。遂良执证之不已。洎引马周自明。太宗问周。周对与洎所陈不异。帝以诘遂良，遂良又证周讳之，较为明白。《旧书》与《鉴》，所本者同，而辞不完具，且颇失次。乃赐洎自尽。洎临引决，请纸笔欲有所奏。宪司不与，太宗知，怒之，并令属吏。则天临朝，其子弘业上言：“洎被遂良谮而死。”诏令复其官爵。此事之必非如此，无待于言。《唐书》之文，本于《实录》，见《通鉴考异》。《通鉴》不信遂良谮之之说，然又载诏云：“洎与人窃议，窥窬万一，谋执朝衡，自处伊、霍，猜忌大臣，皆欲诛戮，宜赐自尽。”则太宗固信其欲谋危东宫。此时而谋危东宫，谈何容易？洎若怀此志，岂得泄之于褚遂良？疑遂良所以谮之，太宗所以杀之者，其故实别有在，诏语特诬辞也。洎与岑文本同党魏王，文本是时，已从征辽而死，洎之所处，实甚孤危，而犹相龋龁如此，朋党分争之烈，可以想见。史所传太宗属洎之语，虽不足信，而其尝有所属，则似无可疑。岂既立晋王，又虑长孙无忌威权过重，而特以魏王之党参之邪？

贞观二十三年（649年）五月，太宗崩。治立，是为高宗。《新书·张行成传》曰：高宗即位，晋州地震不息，晋州，今山西临汾县。帝问之。对曰："天阳也，君象。地阴也，臣象。君宜动，臣宜静。今静者顾动，恐女谒用事，人臣阴谋。又诸王、公主，参承起居，或伺间隙，宜明设防闲。且晋陛下本封，应不虚发。伏愿深思，以杜未萌。"此时之情势可见。果也，至永徽四年（653年），而有房遗爱之变。遗爱，玄龄次子也，尚太宗女高阳公主。玄龄卒，子遗直嗣。《旧书·传》曰：初主有宠于太宗，故遗爱特承恩遇，与诸主婿礼秩绝异。主既骄恣，谋黜遗直而夺其封爵，诬告遗直无礼于己。高宗令长孙无忌鞫其事，因得主与遗爱谋反状，《通鉴》云：公主使人诬告遗直无礼于己。遗直亦言遗爱及主罪。云罪盈恶稔，恐累臣私门。上令长孙无忌鞫之，更获遗爱及主反状。遗爱伏诛，主赐自尽，诸子配流岭表。遗直以父功，特宥之，除名为庶人。时牵连获罪者：有宁州刺史薛万彻、岚州刺史柴令武，皆主婿也，万彻尚高祖女丹阳公主。伏诛。高祖第六子荆王元景及吴王恪、巴陵公主赐死。左骁卫将军执失思力，亦主婿也，思力突厥酋长，随隋萧后入朝，击薛延陀、平吐谷浑有功。尚高祖女九江公主。配流巂州。侍中宇文节、太常卿江夏王道宗配流桂州。此据《旧书·本纪》。《传》及《新书·传》皆作象州，今广西象县。恪母弟蜀王愔废为庶人。令封兄哲威徙岭南，盖文武各有托附，亲戚分为朋党之祸，至斯毕作矣。高宗之党，是时可谓全胜，然不旋踵而毙于武后。螳螂捕蝉，黄雀又随其后。世事之变幻可胜慨哉！唐起代北，骄淫矜夸之习，积之已久，势不能无所发泄。太宗之后，承乾倘获继位，未必不为齐文宣，泰而获遂所求，亦未必不为隋炀帝。然大化迁流，往事终不可以复演也。天乃又易一局，使庸懦者承之。以牝鸡司晨，肆其淫暴而极之于天宝，而唐遂终以自毙矣。发泄之途不同，而有所蕴者，终必一肆其毒而后已，不亦重可惧乎？然灭周者果褒姒邪？抑别有其人也。

第二节 武后得政代唐

武后，并州文水人。今山西文水县。父士彟。大业末，为鹰扬府队正。唐兵起，从平京城。贞观中，累迁工部尚书、荆州都督。后年十四，太宗闻其美容止，召入宫，立为才人。太宗崩，为尼，居感业寺。高宗于寺见之，复召入宫，拜昭仪。皇后王氏、良娣萧氏与昭仪争宠，互谗毁之，帝皆不纳。《旧书·后纪》。《纪》又云：进号宸妃。《通鉴》云：唐因隋制，后宫有贵妃、淑妃、德妃、贤妃，皆视一品。上欲特置宸妃，以武昭仪为之。韩瑗、来济谏，以为故事无之，乃止。《考异》曰：《唐历》云：瑗、济谏帝不从。按立武后诏书犹云昭仪武氏，则未尝为宸妃也。今从《会要》。《新书·后传》云：高宗为太子时入侍，悦之。王皇后久无子，萧淑妃方幸，后阴不悦。他日，帝过佛庐，才人见且泣，帝感动。后廉知状，引纳后宫，以挠妃宠。武后之入宫，未知其在何年。《旧书·高宗本纪》：永徽三年（652年）七月，立陈王忠为皇太子。《忠传》曰：王皇后无子，其舅中书令柳奭说后，谋立忠为太子，以忠母贱，冀其亲己。后然之。奭与尚书右仆射褚遂良、侍中韩瑗讽太尉长孙无忌、右仆射于志宁等固请立忠为储后。高宗许之。案，高宗在位三十四年，崩年五十有六，则其即位之三年，年仅二十有五，中宫无子，理宜待之，而亟亟于立庶者？武后长子弘生于是年，《旧书·忠传》云：王皇后被废，武昭仪所生皇子弘年三岁，案，弘薨于上元二年（675年），年二十四，新、旧《书》同，则永徽六年，年当四岁。盖古人计年，有如今人以虚年计者，亦有如西俗，周岁然后增年者。《弘传》所云，以虚年计，《忠传》所云，以足岁计也。然则弘实生于永徽三年。盖虑其以有子而夺嫡？则是时王后之位，已颇危矣。然建储之谋，卒不能戢易后之议。六年六月，昭仪诬后与其母柳氏共为厌胜。敕禁柳氏入宫。奭亦贬谪。时中书舍人李义府，为长孙无忌所恶，左迁。诏未下，义府阴知之。问计于同僚王德俭。德俭教以建策立昭仪。义府于是复留，且超拜中书侍郎，参知政事。德俭者，许敬宗之甥。敬宗时为卫尉卿。敬宗为后党，而义府问计于其甥，知后与朝臣，久有交关矣。易后之说既起，高宗召无忌、遂良、志宁及李勣问焉。勣称疾不入。志宁无言，以持两端。惟遂良争之甚力。韩瑗及中书侍郎来济亦力谏。他日，勣入，帝问之。勣曰："此陛下家事，何必问外人？"许敬宗亦宣言于朝曰："田舍子剩获十斛麦，尚欲更故妇，况天子邪？"乃贬遂良为潭州都督。今湖南长沙县。下诏云：王皇后、萧淑妃谋行鸩毒，废为庶人。后母、兄及淑妃兄弟皆流岭南，而立昭仪为后。时十一月也。后与淑妃，皆为武后所杀。《旧书·后妃传》云：废后及萧良娣皆为庶人，囚之别院。武昭仪令人皆缢杀之。又云：初囚，高宗念之，间行至其所。见其室封闭极密，惟开一窍通食器出入。高宗恻然，呼曰："皇后、淑妃安在？"庶人泣而对曰："妾等得罪，废弃为宫婢，何得更有尊称？”又曰：“今至尊思及畴昔，使妾等再见日月，出入院中，望改此院为回心院，妾等再生之年。”高宗曰：“朕即有处置。”武后知之，令人杖庶人及萧氏各一百，截去手足，投于酒瓮中，曰：“令此二妪骨醉。”数日而卒。二说自相违异，盖古人著书，信以传信，疑以传疑，并存其说，以待后人之抉择，原不谓其必可信也。武后语不足信者极多，举此一事，以例其余，不再一一致辩。萧淑妃亦作萧良娣者，《通鉴考异》曰：“新、旧《唐书》或作萧淑妃，或作萧良娣。《实录》皆作良娣。废皇后诏亦曰良娣萧氏。当时后宫位号，无良娣名，惟汉世太子宫有良娣，疑高宗在东宫时，萧为良娣，及即位拜淑妃也。”案，废后诏亦曰良娣者，或史所传诏书未必皆元文，唐人史笔尚不甚谨严也。然则以立后诏称昭仪，而谓武后未尝为宸妃，亦难遽断矣。明年，为显庆元年（656年），正月，废太子，立后子代王弘。二年三月，遂良改桂州都督。八月，许敬宗、李义府奏韩瑗、来济与遂良潜谋不轨，以桂州用武之地，以授遂良，欲以为外援。乃贬瑗为振州，今广东崖县。济为台州，今浙江临海县。遂良为爱州刺史。柳奭亦自荣州再贬象州。新、旧《书》皆作爱州。《通鉴考异》云误，从《实录》作象州。荣州，今四川荣县。四年，洛阳人李奉节告太子洗马韦季方、监察御史李巢朋党。敕侍中许敬宗、辛茂将鞫之。季方自刺不死。敬宗因奏季方欲与无忌构陷忠臣近戚，使权归无忌，伺隙谋反。于是削无忌太尉，以为扬州都督，今江苏江都县。于黔州安置。敬宗又奏无忌谋逆，由褚遂良、柳奭、韩瑗构扇；奭仍潜通宫掖，谋行鸩毒。时遂良已卒，追削官爵。奭与瑗并除名。于志宁亦以党附无忌免官。遣使发道次兵援送无忌诣黔州。诸子皆流岭表。遂良二子流爱州，于道杀之。无忌族弟俭，尚太宗女新城公主，其女兄，韩瑗妻也，俭坐流巂州。至流所，县令希旨杖杀之。俭甥赵持满，善骑射，喜任侠，时为凉州长史，敬宗亦诬其与无忌谋反，杀之。命御史往高州追无忌族弟恩，象州追柳奭，振州追韩瑗，并枷锁诣京师。旋又命许敬宗等覆按无忌事。敬宗遣人诣黔州逼令自缢。诏柳奭、韩瑗所至斩决。奭死于象州。瑗已死，发验而还。长孙恩流檀州。今河北密云县。籍没三家，近亲皆流岭表为奴婢。明年，徙来济庭州。龙朔二年（662 年），西突厥入寇，济赴敌死焉。此事为唐初一大狱。懿戚、旧臣，相继就戮，非极暴虐无忌惮者，不敢出此。高宗听武后为之而不能止，可见其昏庸异于寻常矣。长孙无忌、褚遂良等非必正人，然太宗之政，究有典型，使任此等旧人，必不能遽大坏，永徽之治，史称其有贞观遗风，由此也。至险诐侥幸者竞进，而朝局不可问矣。当时乱政最甚者为李义府。后立之岁，即以中书侍郎同平章事。显庆三年（658 年），复为中书令。性既贪冒，母、妻、诸子、女婿，又皆卖官鬻狱，其门如市。虽不久而败，而四年八月，复同三品。至龙朔三年，乃以典选卖官流巂州。武后时贪夫竞进，淫刑以逞，实皆自太帝时已然矣。

高宗八子：长废太子忠。次原王孝，早薨。麟德元年（664 年）。次泽王上金。次许王素节。素节母，萧淑妃也。次弘，次贤，次哲，即中宗。初名显，封周王。仪凤二年（677 年），徙封英王，改名哲。武后圣历元年（698 年），召还东都，立为皇太子，依旧名显。次旦，即睿宗。初名旭轮，封殷王。乾封元年（666 年），徙封豫王。总章二年（669 年），徙封冀王。去旭字。上元二年（675 年），徙封相王。仪凤三年，改名旦。徙封豫王，降为皇嗣，依旧名轮。中宗为太子，封为相王，又改名旦。皆武后所生。忠之废，封为梁王，为梁州都督。今陕西南郑县。后徙房州。今湖北房县。显庆五年（660 年），废为庶人。徙黔州，因于承乾故宅。帝自显庆以后，多苦风疾，百司表奏，皆委后详决。《旧书·后纪》。后因牵制帝，专威福。帝不能堪。《新书·上官仪传》。麟德元年（664 年），后召方士郭行真入禁中为蛊祝。宦人王伏胜发之。上密召西台侍郎上官仪谋废后。左右驰告后。后诣帝上诉。帝羞缩，待之如初。《新书·后传》。仪先为陈王谘议，与伏胜俱事忠，于是许敬宗奏仪、伏胜与忠谋大逆。仪、伏胜皆被杀。忠亦赐死。上元元年八月，帝称天皇，后称天后。自诛上官仪后，上每视朝，后垂帘于御坐后，政事大小，皆与闻之，内外称为二圣。帝欲下诏令后摄国政，中书侍郎郝处俊谏止之。《旧书·高宗纪》上元二年。又《李义琰传》，义琰亦谏止帝。后乃更为太平文治事，大集诸儒内禁殿，撰定《列女传》《臣轨》《百寮新诫》《乐书》等。因令学士密裁可奏议，分宰相权。后自立后即与政事，至是二十年矣。是岁，太子弘卒。新、旧《书·弘传》皆云：弘以萧淑妃女义阳、宣城二公主幽掖庭，年逾三十，请即出降，忤后意。惟《旧书》不云弘被害，《新书》则云遇鸩，《本纪》又径书天后杀皇太子。《通鉴考异》云：《实录》亦不言弘遇害，《唐历》则云请嫁二公主，不以寿终，而李泌对肃宗，亦有天后图临朝鸩杀弘之语。案，请降二公主，何至一怒而欲杀？武后是时欲图临朝，岂复弘所能沮？则谓后杀弘殆不足信也。弘既死，乃立贤为太子。永隆元年（680 年），又废之。新、旧《书》皆云：有明崇俨者，以左道事后，言英王类太宗而相王贵，贤闻恶之。宫人或传贤为后姊韩国夫人所生。贤闻之，益自疑。调露中，天子在东都，崇俨为盗所杀，后疑贤谋，遣人发其阴事。诏中书侍郎薛元超、黄门侍郎裴炎、御史大夫高智周与法官杂治之。于东宫马坊搜得皂甲数百领。乃焚甲于天津桥，而废贤为庶人。开耀元年（681 年），徙巴州。今四川巴中县。及武后废中宗，命丘神勣往巴州检校贤宅，神勣逼令自杀。太宗子曹王明，先坐与贤通谋，降封零陵王，徙于黔州，都督谢祐胁令自杀。贤好声色，与户奴狎昵，事见《旧书·韦思谦传》，则其人确有失德，然罪不至废。至于焚甲天津桥，则所以示舆人耳。贤在是时，岂能为武后之害？武后虽残，亦未闻自杀其子，然则谓贤为韩国所生，其事或不诬也。贤既死，乃立哲为太子。弘道元年（683年）十二月，高宗崩，哲立，是为中宗。

中宗之立，太后临朝称制。明年，中宗嗣圣。武后废立，改元文明。九月，又改为光宅。二月，废帝为庐陵王，而立豫王旦。后仍临朝。九月，李勣孙敬业及其弟敬猷、唐之奇、骆宾王、杜求仁等起兵扬州。敬业为眉州刺史，坐事贬柳州司马。敬猷为盩厔令，免官。之奇为给事中，贬括苍令。宾王为长安主簿，贬临海丞。求仁为詹事司直，贬黟令。又魏思温，尝为御史被黜，是时为盩厔尉。皆不得志之徒也。眉州，今四川眉山县。柳州，今广西马平县。盩厔，今陕西盩厔县。括苍，今浙江丽水县。临海郡，即台州。黟，今安徽黟县。太后遣淮安王神通孙孝逸讨之。敬业党魏思温劝其直指东都，而薛璋欲先取常、润。常州，今江苏武进县。润州，今江苏镇江县。敬业从璋计，渡江取润州。还兵拒孝逸于高邮。败，走润州。欲入海，为其下所杀。《旧书·裴炎传》曰：中宗既立，欲以后父韦玄贞为侍中，又欲与乳母五品。炎固争以为不可。中宗不悦，谓左右曰："我让国与玄贞岂不得？何为惜侍中邪？"炎惧，乃与则天定策废立。炎与中书侍郎刘祎之、羽林将军程务挺、张虔勖等勒兵入内，宣太后令，扶帝下殿。徐敬业构逆，太后召炎议事，炎奏曰："皇帝年长，未俾亲政，乃致猾竖有辞。若太后返政，则此贼不讨而解矣。"御史崔察闻而奏炎有异图，炎遂见杀。凤阁侍郎胡元范明炎不反，流死琼州。今广东琼山县。纳言刘齐贤、吏部侍郎郭待举皆坐救炎贬。程务挺时为安抚大使，督兵以御突厥。炎下狱，务挺密表申理，由是忤旨。务挺素与唐之奇、杜求仁友善，或构其与裴炎、徐敬业皆潜相应接，武后遣就军斩之。夏州都督王方翼，王后从祖兄也，有边功，与务挺亲善，征下狱，流死崖州。在今琼山县境。《新书·炎传》曰：豫王虽为帝，未尝省天下事。炎谋乘太后出游龙门，即伊阙。在洛阳南。以兵执之，还政天子。会久雨，太后不出而止。《刘仁轨传》曰：裴炎下狱，仁轨方留守京师。郎将姜嗣宗以使来，因语炎事，且曰："炎异于常久矣。"仁轨曰："使人知邪？"曰："知。"及还，表嗣宗知炎反状不告。太后怒，拉杀之。观此二事，炎似确有意于兵谏。然亦不过欲返政睿宗而已，未尝欲复中宗也。《旧书·刘祎之传》：祎之尝窃语凤阁舍人贾大隐曰："太后既能废昏立明，何用临朝称制？不如返政以安天下之心。"其意正与炎同。是则废立之举，当时舆论，并不以为不然，可见中宗之不克负荷。《炎传》论云：惟虑中宗之过失，不见太后之包藏，自是当时实况，然则敬业等之举动，谓其非叛焉不可也。至救炎者之骈死，则自出于猜忌。李孝逸虽有功，既为唐之宗室，自亦不能免矣。垂拱二年（686 年）二月，左迁施州刺史。今湖北恩施县。三年十一月，《新书·本纪》，事在天授二年（691 年），《通鉴》从《旧传》及《实录》在此月。复被构流儋州，死。今广东儋县。

武后之废中宗，非遂有意于革命也，然其为人也，贪于权势而不知止，而导谀贡媚之徒，复不惜为矫诬以逢迎之，则推波助澜，不知所止矣。垂拱二年正月，太后下诏复政，睿宗知其非情，固让，后仍临朝称制。四年二月，毁乾元殿，就其地造明堂。四月，兄子承嗣，伪造瑞石，文云圣母临人，永昌帝业。令雍州人唐同泰雍州，后改为京兆府，今陕西长安县。表称获之洛水。太后大悦，号其石为宝图。五月，后加尊号曰圣母神皇。七月，大赦天下，改宝图曰天授圣图。封洛水神为显圣，加位特进，并立庙，就水侧置永昌县，变革之机肇矣。时高祖之子在者，尚有韩王元嘉、第十一。霍王元轨、第十四。舒王元召、第十八。鲁王灵夔；第十九。太宗之子在者，有越王贞、第八。纪王慎。第十。后之称制，贞与元嘉、元轨、灵夔，及元嘉子黄国公撰，元轨子江都王绪，灵夔子范阳王蔼，及贞长子琅琊王冲等，密有匡复之志。后以明堂成，将行大享之礼，追皇宗赴集。元嘉等递相语曰："大享之际，神皇必遣人告诸王密，因大行诛戮，皇家子弟，无遗种矣。"于是撰诈为皇帝玺书与冲曰："朕被幽系，王等宜各救拔我也。"冲又伪为玺书，云神皇欲移国祚。冲时为博州刺史，今山东聊城县。遂起兵。贞亦自蔡州应之。今河南汝南县。太后遣丘神勣讨冲，麹崇裕、岑长倩讨贞。冲攻武水，县，在今聊城西南。不克，还走州，为守门者所杀。神勣未至，乱已平矣。贞子规，逆官军而败，与贞俱自杀。于是收韩、鲁二王及黄公诛之。霍王废徙黔州，行至陈仓县，后改名宝鸡，今陕西宝鸡县。而死。江都王戮于市。范阳王知越王必败，发其谋，得不诛，后亦为酷吏所杀。冲弟常山公倩，坐与父兄连谋诛。温，以前告流岭南，寻卒。东莞公融，高祖子虢王凤之子也，为申州刺史。今河南信阳县。得越王书，仓促不能应，为僚吏所逼，奏之，得擢授，寻为支党所引，仍被诛。寿州刺史赵瑰，妻高祖女常乐长公主也。越王将起兵，作书告之，瑰许率兵相应；公主对使者，复有激励诸王之语；皆伏诛。济州刺史薛顗，济州，在今山东茌平县西南。太宗女城阳长公主子也，及弟绪、绍，皆与琅琊王通谋，顗、绪皆诛，绍以尚武后女太平公主，死于狱。于是海内更无与后抗者，变革之机益亟。是岁十二月，神皇拜洛受图。《天授圣图》。明堂成。明年正月，亲享。大赦天下。改元曰永昌。十一月，依周制改为建子，以是月为正月。改元延载。至久视元年（700 年），乃复夏正。自以曌字为名。读如照。改诏书曰制书，避嫌名也。有沙门十人，伪撰《大云经》表上之，盛言神皇受命之事，制颁于天下。九月九日，遂革唐命，改国号为周。武氏自托于周，谓周平王少子，生而有文在手曰武，遂以为氏，故其自王，追尊周文王为始祖文皇帝，而谥所谓平王少子者曰睿祖康皇帝。改元天授。加尊号曰圣神皇

自東金撻擊金鼓

一婦人代
金冠坐殿
上手擎一
鸚鵡一手
擊金鼓

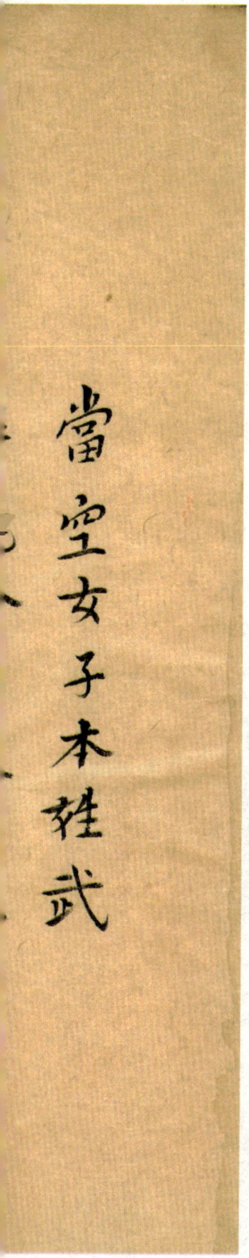
當空女子本姓武

帝。降皇帝为皇嗣，赐姓武氏。

武后以一女主，而易姓革命，开旷古未有之局，论者多以为奇，其实无足异也。专制之世，政权谁属，人民本不过问；天泽之分既严，称兵废置，往往有反叛之嫌，苟非握大权，拥强兵，自度全国莫能与抗者，亦多不敢为是；此历代篡夺之主，所以获安其位也。母后临朝，有帝王之实者，本自不乏，特未尝居其名耳。武后在高宗时，盗窃政柄，已余二十年，其形势，又非他临朝摄政者比，实既至矣，易其名何难？特视其欲不欲耳。武后为纵恣而无忌惮之人，有以旷古未有之局歆之者，自将试为之，而革命之局成矣。若谓皇帝之名，本无足歆，居之，徒足招人讥议，且授人以攻击之柄而自蹈危机，何必为是？则试问至二十世纪，皇帝之名，更何足歆？袁世凯何以犹冒不韪而为之，以致身败名裂乎？从来居权势之地者，多无学识，亦罕能深思远虑，不能以读史者之见衡之，求之深而反失之也。

▲《推背图》清抄本
（元）刘伯温/署名　收藏于美国哈佛大学图书馆

《推背图》中第三象预测武则天的崛起，让人不禁感叹古人智慧的深邃与古籍的魅力。《推背图》第三象：『当空女子本姓武，手执金符坐中土。身着霞冠五彩衣，自秉金挞击金鼓。』

第三节 武后政治

武后何如主？曰：暴主也。然亦暴主之一耳，谓其暴有特甚于他暴主之处，亦不其然。

后诒毒最甚者，为其淫刑以逞。杀人既多，即亲族亦不得免，后自杀其子，残害武氏亲属。又中宗妃赵氏，睿宗妃刘氏、窦氏，亦皆

武则天像

选自《芥子园画传》（清）王概等/编绘

贞观十一年（637年），武则天被唐太宗纳入宫中，封为五品才人，赐号『武媚』，后世讹称『武媚娘』。入宫前，曾向寡居的母亲杨氏告别：『侍奉圣明天子，岂知非福，为何还要哭哭啼啼，作儿女之态呢？』贞观十七年（643年），太子李治与武才人相识相爱。唐太宗驾崩，武才人依唐后宫之例，入感业寺削发为尼。永徽二年（651年）五月，王皇后为了打击萧淑妃，主动向高宗请求将武氏纳入宫。永徽六年（655年），在中书舍人李义府等人的推动下，经过多次斗争，武昭仪终于成为皇后。显庆五年（660年），高宗头疾，武则天开始代理朝政。麟德元年（664年），唐高宗看到武则天的势力日益壮大，便与宰相上官仪商议，准备废掉武氏皇后之位，未果。上官仪也因此被满门抄斩。上元元年(674年)秋八月，武后与高宗并称『二圣』。弘道元年（683年）十二月，唐高宗病逝，武后被尊为皇太后。光宅元年（684年）二月，武后废唐中宗为庐陵王，立第四子豫王李旦为帝，是为唐睿宗。九月，武后临朝称制，自专朝政。

为后所杀，见《新书·后妃传》。论者因谓其残酷有过寻常。考后之任刑，实自废中宗时始，《通鉴》：中宗废后，有飞骑十余人，饮于坊曲。一人言："乡知别无勋赏，不若奉庐陵。"一人起出，诣北门告之。坐未散，皆捕得。系羽林狱。言者斩，余以知反不告绞，告者除五品官。告密之端，自此兴矣。至徐敬业叛而益甚。乃置匭朝堂，以受密奏。事在垂拱二年（686年）三月。有告密者，皆给公乘，州县护送至阙下，廪之宾馆，称旨者则授之爵赏以诱之。《旧书·酷吏传》文。酷吏遂乘时而起。后时酷吏，见于《旧书》列传者十一人，曰来俊臣，曰周兴，曰傅游艺，曰丘神勣，曰索元礼，曰侯思止，曰万国俊，曰来子珣，曰王弘义，曰郭霸，曰吉项。此特其事之有传于后者耳，非谓其为最酷者也。中宗神龙元年（705年）三月，尝列举当时酷吏已死者及未死者，加以惩处，凡二十七人。玄宗开元十三年（725年）三月，御史大夫程行谌，又就此二十七人，加以区别，其中二十三人罪较重，子孙不许与官，四人罪较轻，但不许近仕而已。见《本纪》及《酷吏传》。丘神勣即在较轻之四人中也。此二十七人，盖当时为虐最甚者，其余尚难悉数。如《刑法志》及《来俊臣传》，尚有康暐、卫遂忠、彭先觉是也。又《旧书·崔元综传》，言其每受制鞫狱，必披毛求疵，陷于重辟；《外戚传》言武懿宗自天授已来，常受中旨推鞫制狱。王公大臣，多被陷成其罪，亦皆是。其时平恕之吏，首推徐有功，次则杜景俭、裴守真、李日知、严善思等。然区区补救，不能戢其凶焰也。景俭，《新书》作景

狄梁公像

选自《历代圣贤半身像》 （清）佚名 收藏于中国台北故宫博物院

狄仁杰，字怀英，号德英。狄仁杰善于断案，曾经任大理寺丞，一年内判决大量积案，无一错判。狄仁杰好诤谏，深得女皇武则天信重，常呼他『国老』。圣历元年（698年），武承嗣、武三思谋求当太子，几次使人对女皇说：『自古天子未有以异姓为嗣者。』狄仁杰对女皇说：『姑侄之与母子，哪个比较亲近？陛下立子，则千秋万岁后，祭祖于太庙；立侄则未闻侄为天子祭姑于太庙者。』女皇最终立庐陵王为皇太子。《旧唐书》记载，女皇对狄仁杰说：『朕梦大鹦鹉两翅皆折，何也？』狄仁杰回答说：『武者，陛下之姓；两翼，二子也。陛下起二子，则两翼振矣。』女皇『由是无立承嗣、三思之意』。狄仁杰举荐张柬之、桓彦范、姚崇等数十位中兴之臣。有人对他说：『天下桃李，悉在公门矣。』狄仁杰回答：『举贤为国，非为私也。』圣历三年（700年），狄仁杰病故，朝野凄恸，女皇泣曰：『朝堂空矣！』常叹：『天夺吾国老何太早邪！』唐睿宗追封他为梁国公。

佺，今从《旧书》。《通鉴》云：《实录》同。后乃置诏狱，《旧书·刑法志》云：周兴、来俊臣等相次受制推究大狱，乃于都城丽景门内别置推事使院，时人谓之新开狱。《新书·酷吏传》作新开门。又云：武后欲因大狱去异己者，索元礼揣旨，即上书言急变召对，擢游击将军，为推使。即洛州牧院为制狱。洛州，后改为河南府。令单车专断于外。《通鉴》：天授二年（691年），御史中丞知大夫事李嗣真上疏曰：比日狱官，单车奉使，推鞫既定，法家依断，不令重推；或临时专决，不复闻奏。又长寿元年（692年），万年主簿徐坚上疏曰：比有敕，推按反者，令使者得实，即行斩决。诸酷吏则招集无赖，共为罗织；又使诸囚互相牵引，而多作非刑以求之。详见新、旧《书·酷吏传》。非徒酷吏然也，即武后亦自用之。如郝处俊孙象贤，垂拱中为太子通事舍人，坐事诛，临刑言多不顺，后大怒，令斩讫仍支解其体，发其父母坟墓，焚爇尸体，处俊亦坐斫棺毁柩。又如阎知微，为突厥所立，此实出迫胁，而朝廷以为卖国，夷其族。知微不知，逃还。后以业已然，乃曰："恶臣疾子，赐百官甘心焉。"于是骨断脔分，非要职者不能得。此尚有人理邪？虽后所亲任者，亦时构其祸。如魏元忠，尝为后监李孝逸军讨徐敬业，然寻为周兴所陷，免死配流贵州。后起用，复为来俊臣、侯思止所陷，流岭表。召还。复为张易之、昌宗所陷，下诏狱。又如元万顷、范履冰、苗神客、周思茂、胡楚宾，皆高宗时以修撰为名，在禁中助后参决政事者。后时，神客、楚宾前卒。万顷、履冰、思茂，相次为酷吏所杀。李昭德最为后所信，亦为来俊臣诬以谋逆。俊臣虽败，昭德仍与同日诛。贵州，今广西贵县。非借告变不得免焉。狄仁杰为武后相，长寿元年（692年），来俊臣诬以谋反，仁杰承反。俊臣小宽之。仁杰乃书冤苦置绵衣中，请付家人去其绵。子光远持之称变。得召见。凤阁侍郎乐思晦，先一年被族诛，男年八九岁，宜隶司农，亦上变得召见。言俊臣苛毒，愿陛下假条反状以付之，无大小皆如状矣。后意少解。乃召见仁杰曰："卿承反何也？"曰："不承，已死于枷棓矣。"曰："何为作谢表？"曰："无之。"以表示之，乃知其代署也。仁杰乃得免。详见《旧书·酷吏传》。此其残酷，诚罕伦比。然后所杀戮最甚者，为唐之宗戚，韩、鲁诸王诛后，高祖之子存者，仍有舒王元名。太宗子存者有纪王慎，高宗子存者有泽王上金、许王素节。诸王之叛也，慎独不与谋，亦系狱，临刑放免，流于巴州，行及蒲州而卒。时永昌元年（689年）七月也。明年七月，元名为丘神勣所陷，迁于和州、杀其子豫章王亶。时上金为随州刺史，素节为舒州刺史，武承嗣使周兴诬告其谋反，追赴都。素节至都城南，被杀。上金闻之，亦自缢。子七人，六人流死。素节子死者九人，四人以幼长禁雷州。诸王子孙，亦多诛死，幼者咸配流岭外。又诛其亲党数百家。其幸存者，如章怀太子贤幼子守礼，与睿宗诸子同处宫中，至圣历元年（698年），睿宗封相王，许出外邸，始与其诸子居于外。中宗遗诏封守礼为邠王。玄宗时，积阴累日，守礼白诸王曰欲晴，果晴。愆阳涉旬，守礼曰即雨，果连澍。岐王等奏之，云邠哥有术。守礼曰："臣无术也。则天时幽闭宫中十余年，每岁被敕杖数顿。见瘢痕甚厚。欲雨，臣脊上即沉闷，欲晴即轻健，臣以此知之，非有术也。"因涕泗沾襟。玄宗亦悯然。唐宗室之遭酷虐，可云甚矣。然自来有天下者，谁不欲自除其逼？此岂武后一人为然？《旧书·韩休传》：休伯父大敏，仕武后为凤阁舍人。梁州都督李行褒为部人诬告，云有逆谋，诏大敏就州推究。或谓曰："行褒诸李近属，太后意欲除之。"大敏竟奏雪之。则天俄命御史重复，遂构成其罪。大敏坐推反失情，与知反不告得罪，赐死于家。似武后之于诸李，无所纵舍矣。然如濮王泰子千里，褊躁无才，复数进献符瑞，则终后世无恙。又如太祖玄孙思训，后时为江都令，以后多杀宗室，弃官去，亦不闻后之追戮也。公主见害者亦多，然太宗女千金公主，以巧媚善进奉，抗疏请以则天为母，反承恩宠。改邑号，为延安大长公主，加实封，赐姓武氏，以其子娶武承嗣女。则后之所除，亦其逼己者而已，此岂后之所独哉？蒲州，今山西永济县。和州，今安徽和县。随州，今湖北随县。舒州，今安徽潜江县。雷州，今广东海康县。江都，扬州所治。次则大臣，因及一时豪杰，《新书·徐有功传》曰：武后僭位，畏唐大臣谋己，于是周兴、来俊臣、丘神勣、王弘义等，揣识后指，置总监、牧院诸狱，捕将相，俾相钩连，又污引天下豪杰，驰使者，即按一切以反论。此后兴大狱之本旨也。《旧书·酷吏传》曰：朝士多因入朝，默遭掩袭，以至于族，与其家无复音息，每入朝，必与其家诀，曰："不知重相见不？"其意之所在可见。狄仁杰、魏元忠等，受后信任，不为不厚，仍不免时遭诬陷者以此。且如魏玄同，年已七十有三，尚何能为？亦何所求？而为周兴所诬，竟至赐死，则以兴谓其言太后老当复皇嗣，正触后之所忌也。裴寂，开国时功臣也，而其孙承先；魏徵，太宗时名臣也，而其子叔璘；刘仁轨，高宗时名将也，且尽心于武后，而其子濬；皆为酷吏所陷。泉男生子献诚，受父命以一国降，黑齿常之以蕃将有功，杀之何以慰绝域、劝来者？而皆不得免，后之所忌，亦可见矣。其事皆在变革之前。《旧书·酷吏传》言：载初元年（690年）十月，左台御史周矩上疏，诏狱稍息，时正初变革时也。其后杀戮最甚者：一为长寿二年（693年）之杀六道流人，一为神功元年（697年）綦连耀之狱，亦皆防其欲图己而已。后既革命，改元天授。其明年，丘神勣、周兴皆败。索元礼之死，《通鉴》亦系是年。又明年，为长寿元年（692年），来子珣配流。二年，有上封事言岭表流人有阴谋逆者，后遣司刑平事万国俊摄监察御史就按之。国俊至广州，遍召流人，矫制赐自尽。并号哭称冤，国俊拥就水曲，杀三百余人。然后锻炼，曲成反状。更诬奏云：诸道流人，咸有怨望。若不推究，为变不遥。后乃更遣五使，分往诸道，各杀数百人，远年杂犯，亦枉受祸。然国俊等亦相继窜死。明年，为延载元年（694年），王弘义死。来俊臣亦贬。阅三年，为神功元年（697年），洛州录事参军綦连耀有反谋，来俊臣时为合宫尉，明堂尉吉项告之，俊臣上变。太后使武懿宗推之。懿宗令其广引朝士，凡破三十六家，坐流窜者千余人。俊臣因此复用，项亦以进。然俊臣不久即败，久视元年（700年），项亦流岭表。明堂县，高宗分万年县置。合宫县，武后以东都河南县改。此固历代开创之主所同。后之杀唐宗室，亦岂甚于隋文帝之杀宇文氏哉？故曰：后特暴主之一，谓其暴有特甚于他暴主之处，实不然也。然刑之不祥，终不免滥及平民，如越王贞之败，缘坐者六七百人，籍没者五千口。赖狄仁杰出为豫州，密表申理，乃得配流丰州。丘神勣兵未至，琅琊已败，神勣至州，官吏素服来迎，神勣尽杀之，破千余家。契丹乱后，武懿宗安抚河北，胁从来归者，以为同反，尽杀之。甚至王弘义游赵、贝，见闾里耆老作邑斋，告其谋反，杀二百余人。此岂能为患者邪？丰州，今五原县。豪猾或转漏网，裴炎从子伷先，炎死，坐流岭南，上变求面陈得失。后召见。言宜还太子东宫，罢诸武权。后怒，命曳出，杖之朝堂，长流瀼州。岁余逃归，为吏迹捕，流北廷。无复名检，专居贿，至数千万，娶降胡女为妻。妻有黄金、骏马、牛羊，以财自雄，养客数百人。自北廷属京师多其客。诇候朝廷事，闻知十常七八。时补阙李秦授为后谋曰："谶言代武者刘，刘无强姓，殆流人乎？今大臣流放者数万族，使其协乱，社稷忧也。"后谓然，夜拜秦授考功员外，分走使者，赐墨诏慰安流人，实命杀之，伷先前知，以橐驰载金币宾客奔突厥。行未远，都护遣兵追之，与格斗，为所执，械系狱，以状闻。会武后度流人已诛，更遣使者安抚十道，流人存者，一切纵还，伷先得不死。如伷先者，正后所惧，欲连污一网尽之者也，而卒不能杀。当时如伷先者，岂止一二人哉？亦幸而天下之势，未至土崩瓦解耳. 不则敌可尽乎？瀼州，今广西上思县。甚且身所信任者，即怀异志焉。《新书·来俊臣传》云：俊臣知群臣不敢异己，乃有异图。常自比石勒。欲告皇嗣及庐陵王与南北衙谋反，因得逞志。其党卫遂忠发其谋。初俊臣屡掎摭诸武、太平公主、张昌宗等过咎，后不发。至是，诸武怨，共证其罪，有诏斩于西市。谓俊臣欲干大位，似近于诬，然自来酷吏，为人多近狂易，亦难保其必无此事也。则又百世之鉴矣。

纵侈为后之大恶，亦非自后始也。唐起代北，又世贵戚，其宫廷本无轨范。自太宗即有意于封禅，至高宗卒行之。事在乾封元年（666年）。又欲立明堂，以岁饥未果。总章二年（669年）。据《旧书·礼仪志》，封禅之举，天后实密赞之。祭地祇及梁父，皆以后为亚献。后又屡劝帝封中岳。高宗尝三下诏欲封中岳。一在仪凤元年（676 年），以吐蕃犯塞停。一在调露元年（679 年），以突厥温傅、奉职二部叛停。一在其崩年。初诏以十一月有事，以不豫改来年正月。十一月疾甚，乃诏罢之。十二月，遂崩矣。自其入宫，逮于专政，所习见者如是，一朝得志，安得不肆然行之？后之得宝图也，既命洛水为永昌，亦改嵩山为神岳。万岁通天元年（696 年），遂封焉。明堂之作，以僧怀义为使，后之外嬖也。凡役数万人。号曰万象神宫。又于明堂后造天堂，以安佛象。高百余尺。始起建构，为大风吹倒，俄又重营。其功未毕，而御医沈南璆得幸，怀义心愠，密烧之。延及明堂皆尽。事在证圣元年（695 年）。重营之。仍以怀义为使。万岁登封元年（696 年）成。其高二百九十四尺，东西南北广三百尺。又铸铜为九州鼎，置于明堂庭前。神功元年（697 年）成。神都鼎高丈八尺，受千八百石；余八州各高丈四尺，受千二百石。都用铜五十六万七百一十二斤。时又欲造大仪钟，敛天下三品金，功竟不成。武三思劝率诸蕃酋长，奏请征敛东都铜、铁，造天枢于端门外，端门，皇城正南门。立颂

唐代三彩马球仕女俑
收藏于中国台北故宫博物院

唐三彩，因唐代彩陶釉色主要以黄、绿、白（或绿、赭、蓝）三种颜色为主，故名。唐三彩也泛指唐代彩陶。唐三彩主要用于陪葬，种类主要有人物、动物和器物三种。

以纪功业。延载元年（694 年）。以姚璹为督作使。无虑用铜、铁五万斤，至敛天下农器以铸。其高四百有五尺，八面面别五尺，冶铁象山为趾，员周四百七十尺。太后自书其榜曰大周万国颂德天枢。天册万岁元年（695 年）。其变革实借沙门之造《大云经》，故命诸州各置大云寺，凡度僧千人。其明年，又令释教在道法之上，僧、尼处道士、女冠之前。久视元年（700 年），欲造大象，使天下僧、尼人日出一钱以助之，以狄仁杰谏而止。长安末，复将建之白司马坂，在北邙山上。李峤谏，不纳。张廷珪又以为言，乃罢。后迄居东都，后惟长安元年（701 年）十月至京师，三年十月还洛，居西京者两年，其余迄在东都。后死，至神龙二年（706 年），中宗乃还长安。春秋高，厌居宫中。武三思欲因此市权，乃诱胁群不肖，建三阳宫于嵩山，事在久视元年，见《旧纪》。兴泰宫于寿安县之万安山。事在大足四年（704 年），亦见《旧纪》。寿安，今河南宜阳县。请后岁临幸，己与二张易之、昌宗。扈侍驰骋，窃威福自私焉。工役巨万万，百姓愁叹。《新书·外戚传》。后之纵侈，视前世可谓加厉矣，然溯其源，则皆自高祖以来开之也。

史颇称后能用人，误也。陆贽之告德宗也，曰："往者则天太后，践阼临朝，欲收人心，尤务拔擢弘委任之意，开汲引之门。进用不疑，求访无倦。非但人得荐士，亦许自举其才。所荐必行，所举辄试。其于选士之道，岂不伤于容易哉？而课责既严，进退皆速，不肖者旋黜，才能者骤升。是以当世谓知人之明，累朝赖多士之用。"此乃激厉德宗，极言求才贵广，考课贵精耳。其实武后所用，皆昧死要利，知进而不知退之徒，如狄仁杰、魏元忠即是。次焉者益之以忿戾，如李昭德即是。下焉者谀媚容悦，以全其躯，如姚璹、娄师德、苏味道、杨再思之徒皆是。璹等皆武后相。璹为夏官侍郎，坐从父弟敬节同徐敬业之乱，贬桂州都督府长史。访诸山川、草树，名号有武字者，皆以为上应国姓，列奏其事。则天大悦。召拜天官侍郎。天枢之作，璹为督作使，已见前。明堂灾，则天欲责躬避正殿，璹止之。重造明堂，又充使督作。娄师德，弟守代州，辞之官，教之耐事。弟曰：“人有唾面，洁之乃已。”师德曰：“未也。洁之是逢其怒，正使自干耳。”苏味道尝谓人曰：“处事不欲明。决断明白，若有错误，必诒咎谴，但模棱以持两端可矣。”时人号为苏模棱。杨再思，恭慎畏葸，未尝忤物。或谓曰：“公名高位重，何必屈折如此？”再思曰：“世路艰难，直者受祸，苟不如此，何以全身？”当时苟免之徒，皆此类也。最下者，则如和逢尧之负鼎，阎朝隐之为牺，不复知有人间羞耻事矣。《新书·逢尧传》：武后时，负鼎诣阙下，上书自言，愿助天子和饪百度。有司让曰：“昔桀不道，伊尹负鼎于汤，今天子圣明，百司以和，尚何所调？”逢尧不能答，流庄州。又《文艺传》：阎朝隐，累迁给事中，仗内供奉。后有疾，令往祷少室山。乃沐浴，伏身俎盘为牺牲，请代后疾。还奏，会后亦愈，大见褒赐。此安足以云得才？后喜谀媚，鲠直者多遭害。如载初中，新丰因风雪山移，乃改县名为庆山，四方毕贺。江陵人俞文俊，诣阙上书，言“地气不和而堆阜出。今陛下以女主处阳位，反易刚柔，故地气隔塞，而山变为灾”。则天大怒，流于岭外，后为六道使所杀。即其一事也。见《旧书·忠义传》。江陵，今湖北江陵县。其擢授之滥，后世斜封墨敕之原实开焉。《通鉴》：后革命后，命史务滋等十人巡抚诸道。长寿元年一月，引见存抚使所举人，悉加擢用。高者试凤阁舍人、给事中，次试员外郎、侍御史、补阙、拾遗、校书郎。试官自此始。时人为之语曰：“补阙连车载，拾遗平斗量，欔推侍御史，碗脱校书郎。”进退之速，正所谓加膝坠渊，适见其赏罚之无章，又安足语于课责也？乃《新书·后传》，亦从而称之。其文曰：“太后不惜爵位，以笼四方豪杰自为助。虽妄男子，言有所合，辄不次官之，至不称职，废诛不少纵，务取实材真贤。”此则唐世士务进取，变世之后，忘其戮辱之酷，而羡其升进之易，乃相率为是言耳。

武后非徒不能用人也，又多嬖幸。其始有僧怀义。怀义，鄠人，本姓冯，名小宝，因千金公主以进。后欲使出入禁中，乃度为僧，名怀义。又使与薛绍合族，命绍以季父事之。怀义之造明堂，其厉民已如上述。又多畜恶少年，纵横犯法，至于殴辱御史。后以宠移，言多不顺，后乃选宫人有力者，执而杀之。其寺僧徒，皆流远恶处。戈矛伏于衽席之间，亦危矣。其后则有张易之、昌宗兄弟。为置控鹤府，以易之为监。圣历二年（699年）。后又改为奉宸府，用为令。久视元年（700年）。多引词人，以为供奉。又令选美少年。右补阙朱敬则谏曰：“嗜欲之情，愚智皆同，贤者能节之，不使过度，则前圣格言也。陛下内宠，已有薛怀义、张易之、昌宗，固应足矣。近闻上舍奉御柳模，自言子良宾洁白美须眉；左监门卫长史侯祥云：阳道壮伟，过于薛怀义；专欲自进，堪奉宸内供奉。无礼无仪，溢于朝听。臣愚职在谏诤，不敢不奏。”以如此亵渎之辞，形诸奏牍，实为古今所罕闻。后顾劳之曰：“非卿直言，朕不知此。”赐采百段。《旧书·张易之昌宗传》，附《张行成传》后。此似能受直言，然此说可信与否，尚未可知，且后仍加昌宗司仆卿，易之麟台令，俄又改昌宗为吏部侍郎，政事多委之，而祸机不可逭矣。

大慈恩寺

选自《关中胜迹图志》清刻本

（清）毕沅／绘著

无漏寺始建于隋，唐贞观二十一年（647年），太子李治扩建，以此追念母亲文德皇后，并更名为大慈恩寺。后来，玄奘移居此地，翻译佛经。永徽三年（652年）三月，玄奘法师在唐高宗的支持下，在大慈恩寺端门之阳建造大雁塔。玄奘逝世后，其弟子慧立、彦悰编纂成《大慈恩寺三藏法师传》，成为后世《西游记》的源头。

第四节　中宗复位

武后以女主革命，为前世所无，身没之后，将传诸子，复以周为唐乎？抑虽传诸子，而不易其赐姓，不改其国号，遂以唐为周乎？又或传诸武氏之子乎？此本无成法可循。以当时事势论，自以传诸子，复以周为唐，为较洽乎人心；即后亦未必欲舍其子而传诸武氏之子也。然行险侥幸者，则何所不至？于是有武承嗣觊觎储位之事。

后父士彟，有兄三人：曰士稜、士让、士逸。士彟娶于相里氏，生子曰元庆、元爽。又娶杨氏，生三女：长适贺兰越石，次即后，次适郭孝慎，前死。后既立，杨氏封代国夫人，改荣国。越石妻封韩国夫人。士彟卒后，士让子惟良、怀运及元爽等遇荣国无礼，荣国憾焉，讽后抗疏请出元庆等为外职。于是元庆自宗正少卿出为龙州刺史，今四川平武县。元爽自少府监出为濠州，今安徽凤阳县。惟良自卫尉少卿出为始州。后改为剑州，今四川剑阁县。元庆至州，病卒。乾封元年（666年），怀运为淄州刺史，与惟良以岳牧例集泰山下。时韩国夫人女贺兰氏在宫中，颇承恩宠，《新书·后传》云：韩国出入禁中，一女国妹，帝皆宠之。韩国卒，女封魏国夫人，欲以备嫔职，难于后，未决。后意欲除之。讽高宗幸其母宅。因惟良等献食，密令人以毒药贮贺兰氏食中。贺兰氏食之，暴卒。乃归罪于惟良、怀运，诛之。元爽等缘坐，配流岭外而死。以韩国子敏之为士彟嗣。恃宠多愆犯，配流雷州。行至韶州，今广东曲江县。以马缰自缢死。乃召元爽子承嗣还袭祖爵。周国公。后革命，封为魏王。承嗣弟承业前死，赠陈王。承嗣以子延晖嗣焉。元庆子三思封梁王。承嗣子延基、延秀，三思子崇训、崇烈，惟良子攸宜、攸绪，其弟怀道子攸宁、攸暨，怀运子攸归、攸止、攸望，士逸孙懿宗、嗣宗、重规、载德，皆封为王。兼据《新书·宰相世系表》及《外戚传》。后族中惟攸绪远于权利，弃官隐嵩山。载德子平一，亦隐嵩山，修浮屠法。余多随俗浮沉，或冒进竞利，甚有觊觎非分如承嗣者，然皆无德无才，不足以干大位也。

中宗之为庐陵王也，迁于均州，今湖北均县。又迁于房州。是岁，徐敬业起兵，以匡复为名。垂拱三年（687 年）九月，复有虢州人杨初成，虢州，在今河南灵宝县南。自称郎将，募州人欲迎王，不果，见杀。天授二年（691 年），凤阁舍人张嘉福，与洛阳人王庆之等上表，请立武承嗣为太子。时相岑长倩、格辅元不肯署名，仍奏请切责。长倩、辅元，因此为诸武所陷而死，然庆之亦为李昭德所杖杀。据《旧书·长倩传》《昭德传》云：张嘉福令王庆之率轻薄恶少数百人，诣阙上表。则天不许。庆之固请不已。则天令昭德诘责之令散。昭德使杖杀庆之，余众乃息。《新书》亦云：昭德笞杀庆之，余众散走。合恶少上表，无缘邀宰相署名，盖嘉福使庆之等请之于前，已又邀百官继之于后也。《通鉴》云：庆之见太后。太后曰："皇嗣我子，奈何废之？"庆之对曰："神不歆非类，民不祀非族。今谁有天下，而以李氏为嗣乎？"太后谕遣之。庆之伏地以死泣请。太后乃以印纸遗之，曰："欲见我，以此示门者。"自是庆之屡求见。太后颇怒之。命凤阁侍郎李昭德赐庆之杖。昭德引出光政门外，以示朝士，曰："此贼欲废我皇嗣，立武承嗣。"命扑之。耳目皆血出，然后杖杀之。其党乃散。此等举动，甚似近世雇用无赖，使自称某某代表请愿者。如此谋位，岂有成理？可知武氏之无能为也。长寿元年（692 年），复以昭德言罢承嗣政事。二年，少府监裴匪躬、内侍范云仙坐私谒皇嗣要斩，自此公卿已下，皆不得见。惟太常工人安金藏等得在左右。或告皇嗣潜有异谋。命来俊臣穷状。金藏剖胸以明之，乃命停推。圣历元年（698 年）三月，召庐陵王还神都。光宅元年（684 年），改东都曰神都。是岁八月，武承嗣死。延基袭，避父名，称继魏王。后以议张易之见杀。复以承嗣次子延义为继魏王。九月，皇嗣逊位，庐陵王复为太子。明年正月，赐姓武氏。中宗之获还储位，史谓狄仁杰、李昭德、吉顼、王及善、李嗣真、齐浣、王琳有力焉。然仁杰之匡维，事近后人增饰。诸臣即使有言，亦未必能回后意。盖后本无立侄之意，诸臣实潜窥其旨，而后敢于有言也。扶翼中宗之功，当以吉顼为最大。《旧书·顼传》云：中宗未立为太子时，张易之、昌宗尝密问顼以自安之策。顼说以请建立庐陵及相王。易之然其言，遂承间奏请。则天知顼首谋，召而问之。顼曰："庐陵、相王，皆陛下之子，先帝顾托，当有主意，惟陛下裁之。"则天意乃定。顼既得罪，时无知者。睿宗即位，左右发明其事，乃下诏赠左御史台大夫。此事之信而有征者也。《李昭德传》云：昭德既杖杀王庆之，因奏曰："臣闻文、武之道，布在方策，岂有侄为天子，而为姑立庙乎？"此亦差可征信者。《仁杰传》云：中宗在房陵，吉顼、李昭德，皆有匡复谠言，则天无复辟意。惟仁杰从容奏对，每以母子恩情为言，则天亦渐有悟，竟召还中宗，复为储贰。夫为天下者不顾家，岂徒母子恩情，所能感动，其说殊不近情。《传》又云：仁杰前后匡复奏对凡万言。开元中，北海太守李邕撰为《梁公别传》，备载其辞。其书，《通鉴考异》谓其辞鄙诞，非邕所为。而《新书·仁杰传》且改易之、昌宗问计于吉顼为问计于仁杰，可谓信史乎？《旧传》称其举张柬之之功，其事亦无可征也。《王及善传》：为内史，则天将追庐陵王，立为太子，及善赞成其计。及太子立，又请太子出外朝，以慰人心，则天从之。《新书·李嗣真传》云：武后尝问嗣真储贰事。对曰："程婴、杵臼，存赵氏孤，古人嘉之。"后悟，中宗乃安。《齐浣传》云：中宗在庐陵，浣上言请抑诸武，迎太子东宫，不报。及太子还，武后召浣宴同明殿，谕曰："朕母子如初，卿与有力焉，方不次待尔。"浣辞母老，不忍远离，赏而罢。又《王綝传》赞曰：李德裕著书，称方庆为相时，子为眉州司士参军，武后曰："君在相位，何子之远？"对曰："庐陵是陛下爱子，今尚在远，臣之子庸敢相近。"建言不斥太子名，以动群臣，示中兴之渐。此等皆可谓有匡复之辞者，然谓武后之还中宗由此，恐未必然也。《旧书·忠义传》：苏安恒投匦上书，请禅位东宫，黜武氏诸王为公侯，太后召见，赐食，慰谕而遣之。明年，安恒复上疏，以传位为言，后亦不之罪也。其意之所在可知矣。王綝，字方庆，以字显。中宗既还，后虑其与诸武不相容，命与相王、太平公主及诸武誓于明堂，为文以告天地，铭之铁券，藏于史馆。其思患豫防，不过如此，可见其神明已衰，无力把持政柄矣。其时盗弄政权者为张易之、昌宗，乃嬖幸而非权奸，自更不能操纵朝局。于是朝臣树党相攻，后既就衰，漫无别白，事势相激，而兵戈起矣。

中宗嫡长子重润，高宗时曾立为皇太孙，中宗失位，贬为庶人，别囚之。及还为太子，重润立为邵王。妹永泰郡主，嫁后兄孙延基。大足元年（701 年），三人窃言二张专政。易之诉之太后，后皆杀之。《旧书·武延基传》云：咸令自杀。《易之传》云：付太子自鞫问处置，太子并自缢杀之。《新书》本传云：后怒，杖杀之。《延基传》云：得罪缢死。御史大夫魏元忠尝奏二张之罪，易之惧不自安，乃诬奏元忠与司礼丞高戬云："天子老矣，当挟太子为耐久朋。"而引凤阁舍人张说为证。说同寮宋璟激厉说，说乃显言其诬，然仍贬元忠为高要尉，今广东高要县。戬、说皆流岭表。长安四年（704年）十二月，后卧疾长生院，宰臣希得进见，惟易之兄弟侍侧。屡有人为飞书及榜其书于通衢者，云："易之兄弟谋反。"太后皆不问。许州人杨元嗣，许州，今河南许昌县。告昌宗尝召术士李弘泰占相，弘泰言昌宗有天子相，劝于定州造佛寺，则天下归心。太后命凤阁侍郎韦承庆、司刑卿崔神庆、御史中丞宋璟鞫之。承庆、神庆奏言昌宗款称弘泰之语，寻已奏闻，准法首原，弘泰妖言，请收行法。璟与大理丞封全桢奏：虽云奏闻，终是包藏祸心，请收付狱。太后不听。寻敕璟外州推按，又敕副李峤安抚陇、蜀，璟皆不肯行。司刑少卿桓彦范，鸾台侍郎崔玄晖亦以为言。璟复奏收昌宗下狱。太后乃可其奏。旋遣中使召昌宗，特敕赦之。后是时既不能去易之、昌宗，又不能罪攻易之、昌宗者，纷争久而不决，则人心愈摇，而乘之者起矣。

张柬之者，久仕武后之朝。是年十月，以姚元之荐同平章事，年几八十矣。与同官崔玄晖、中台右丞敬晖、司刑少卿桓彦范、相王府司马袁恕己密谋拥立中宗。结右羽林卫大将军李多祚，《新书》云：其先为靺鞨酋长，号黄头都督。后入中国，世系湮远。黄头为室韦部名，多祚之先，盖室韦黄头部长，与靺鞨杂居者也。《旧书》云：多祚前后掌禁兵，北门宿卫，二十余年。多祚许诺。初柬之代杨玄琰为荆州长史，相与泛江中流，知其有匡复之意，乃引为羽林将军，又用晖、彦范及右散骑侍郎李湛，义府少子。皆为左右羽林将军。时太子每于北门起居。晖、彦范因得谒见，密陈其策。太子许之。明年，中宗神龙元年（705年）。柬之、玄暐、晖、彦范帅左右羽林兵五百余人，使多祚、湛及王同皎迎太子。同皎者，尚太子女定安郡主，时行太子典膳郎。又使恕己从相王，统南牙兵，以备非常。太子不肯出，同皎强之乃可，至玄武门，斩关而入，时太后寝疾迎仙宫。柬之等斩张易之、昌宗于庑下。后乃传位于太子，时正月乙巳也。丁未，后徙于上阳宫。上尊号为则天大圣皇帝。二月甲寅，复国号为唐。十一月，则天崩，年八十三。遗制去帝号，称则天大圣皇后。

第五章 开元天宝治乱

第一节　玄宗政治

开元、天宝，世皆以为有唐盛衰治乱之界，其实非也。传曰：拨乱世，反之正，欲言拨乱，则必举致乱之原而尽去之，玄宗则安能？彼其放纵淫乱之习，一切无异于前人，特即位之初，承极乱之后，不得不稍事整顿耳。积习既深，终难自拔，则阅时不久，复蹈前人之覆辙矣。

国于天地，必有与立。专制之世，所恃为桢干者，士大夫之气节也，而唐世则最阙于是。长孙无忌、褚遂良等，号称正人，校其所为，亦何莫非植党死权？而武、韦之朝，更不必论矣。玄宗之起，扶翼之者，亦多倾险之士。《旧书·崔日用传》：日用尝语人曰：“吾一生行事，皆临时制变，不专守始谋，每一念之，不觉芒刺之在背也。”当时如此者，岂独一日用而已？帝于此辈，能速去之，如刘幽求、钟绍京、王琚等，皆暂用即斥。郭元振旧有勋劳，且有讨萧、岑之功，帝于骊山讲武，顾以军容不振，坐诸纛下，欲斩之，盖亦所以挫折之也。姜皎藩邸之旧，即位拜殿中少监，与诛韦氏之谋，迁太常卿，出入卧内，亲宠无比；弟晦，亦历御史中丞、吏部侍郎，宋璟请抑损之，亦即放归田园。而用姚崇、宋璟，崇以开元元年（713 年）相，璟以四年相。史称崇善应变，承权戚干政之后，罢冗职，修制度，择百官；璟善持正，务清政刑，使官人皆任职；此其所以获致一时之治也，然为时初不久。开元九年（721年），张说相，导帝以行封禅，而骄盈之志萌矣。

帝于诸王，外示敦睦，实则禁约甚严。驸马都尉裴虚己，坐与岐王范即隆范，避帝讳去隆字。游燕，配徙岭外，并离其妻睿宗女霍国公主。万年尉刘庭琦，大祝张谔，皆坐与范饮酒赋诗见黜。开元十三年，帝不豫，薛王业即隆业。妃弟内直郎韦宾与殿中监皇甫恂私议休咎，事发，宾杖杀，恂左迁。此等事似乎过当，然前三年，开元十年。尚书左领军兵曹权楚璧，尚与其党李齐损等作乱，立楚璧兄子，诈称为襄王重茂之子。见《通鉴》。则知承置君如弈棋之后，人心不免浮动，帝之禁约诸王，不令与外人交结，亦有所不得已也。

武韦之世，奢侈之风，可谓荡焉无复纲纪。宗楚客败，太平公主观其第，叹曰："见其居处，吾辈乃虚生耳。"即此一事，可概其余。睿宗正位，初未能少拯

唐玄宗像
选自《历代帝王半身像》册　佚名
收藏于中国台北故宫博物院
唐玄宗李隆基在位初期，励精图治，以姚崇、宋璟、张九龄等为相，革除弊政，发展农业，提倡节俭，整顿军事，维护边防，使得社会安定，经济发展，文化繁荣，国势强盛，成就『开元盛世』。但在位后期，唐玄宗开始荒于朝政，疏远贤臣，贪图享乐，导致安禄山叛乱，为唐朝由盛转衰埋下伏笔。

《五王醉归图》
（元）任仁发 收藏于上海苏宁艺术馆
图中为唐玄宗为临淄王时，与兄弟宋王李成器、申王李成礼、岐王李范、薛王李业宴罢，各自归院场景。

其敝。睿宗先天元年（712 年）正月，幸安福门观酺，三日夜。七月，幸安福门观乐，三日乃止。二年正月，上元日，御安福门，出内人连袂踏歌，纵百僚观之，一夜方罢。二月，初有僧虔婆陀请夜开门，燃灯百千炬，三日三夜。皇帝御延喜门，观灯纵乐，凡三日夜，左拾遗严挺之上疏谏，乃止。睿宗女金仙、玉真两公主，皆为道士，筑观京师。公主以方士史崇玄为师，观之筑，即由崇玄护作，日役万人。而佛寺之兴造尤盛。玄宗立，乃思矫之。开元二年（714 年）正月，姚崇上言，请检责天下僧尼，以伪滥还俗者，二万余人。《旧书·本纪》。敕所在毋得创建佛寺，旧寺颓坏应葺者，诣有司陈牒，检视然后听之。《通鉴》。六月，内出珠玉、锦绣、服玩。《旧书·本纪》。《纪》云：又令于殿前焚之，此即下引七月乙未敕，纪终言之耳。七月，乙未，制乘舆服御；金银器玩，宜令有司销

毁，以供军国之用。其珠玉、锦绣，焚于殿前，后妃已下，皆毋得服。戊戌，敕百官所服带及酒器、马衔镫，三品已上，听饰以玉，四品以金，五品以银，自余皆禁之。妇人服饰，从其夫子。其旧成锦绣，听染为皂。自今天下更毋得采珠玉、织锦绣等物。罢两京织锦坊。《通鉴》。此等禁令，未知其效如何，要胜于坐视其流荡也。

然唐之宫廷，夸毗之习深矣，帝初非拔俗之流，其安能久自振饬？帝以开元十三年（725 年）封泰山，历汴、宋、许，车骑数万，王公、妃主、四夷君长马、橐驰亦数万，所顿弥数十里焉。《新书·齐浣传》。名曰登封，实游观也。先是已祠后土于汾阴。开元十一年。汾阴，汉县，唐改曰宝鼎，在今山西荣河县北。后又欲封西岳，而西岳庙适灾，天又久旱，乃止。天宝九载（750 年）。帝屡幸东都及骊山，于西京、东都往来之路作行宫千余间。《通鉴》开元二十二年。广温泉宫为华清宫，环宫所置百官区署。《新书·房琯传》。华清宫，在今陕西临潼县南。选乐工数百人自教之，号皇帝弟子。以置院近禁苑之黎园，又云黎园弟子。见《旧书·音乐志》。尝在东都酺五凤楼下，命三百里内县令、刺史，各以声乐集。《新书·元德秀传》。此何异于隋炀帝之所为邪？帝即位之初，吴兢上言：比见上封事者，言有可采，但赐束帛，未尝蒙召见，被拔擢，其忤旨则朝堂决杖，传送本州，或死于流贬。此睿宗之败德，殊不闻帝能干蛊，而谀媚之风大开。《旧书·本纪》：开元二十五年（737 年），大理少卿徐岵奏天下断死刑五十八，鸟巢狱上。亦见《刑法志》。二十八年，又书频岁丰稔，京师米斛不满二百，天下乂安，虽行万里，不持兵刃；与贞观史官之娇诬，如出一辙。

唐之亡也，以禁军及宦官，启之者帝也。帝之任用王毛仲、李宜德。即位之后，毛仲至为大将军，封公，持节充朔方道防御大使。从东封，加开府仪同三司。自帝即位已来，得此者，后父王同皎及姚崇、宋璟而已。毛仲子娶葛福顺女，及宜德等数十人，皆倚之为不法。至开元十九年（731 年），乃皆远贬。毛仲于道见杀。《旧书·文苑·齐浣传》：浣为吏部侍郎，乘间论毛仲等曰："福顺典兵马，与毛仲婚姻，小人宠极则奸生，若不豫图，恐为后患，惟陛下思之。高力士小心谨慎，又是阉官，便于禁中驱使，腹心之委，何必毛仲？臣闻君不密则失臣，臣不密则失身，惟圣虑密之。"玄宗嘉其诚，谕之曰："卿且出，朕知卿忠义，徐俟其宜。"会大理麻察，坐事出为兴州别驾。兴州，今陕西略阳县。浣与察善，出城饯之，因道禁中谏语。察性嗜沓，遽奏之。玄宗怒。令中书门下鞫问。又召浣于内殿，谓之曰："卿疑朕不密，翻告麻察，何邪？察轻险无行，常游太平之门，卿不知邪？"浣免冠顿首谢。乃贬高州良德丞，又贬察为浔州皇化尉。良德，在今广东茂名县东。浔州，今广西桂平县。皇化在其东。此事在开元十七年。《通鉴》。北门诸将，几于尾大不掉矣。帝于刘幽求、王琚等，皆去之如振槁，独于毛仲等豢之至于如此，岂不由其欲倚为腹心邪？齐浣知论此，而必以高力士易毛仲，知帝之所信，在中宫，不在外廷也。此岂有君人之量邪？史言诸将中惟陈玄礼淳朴自守，然他日马嵬之变，唱六军而作难者又

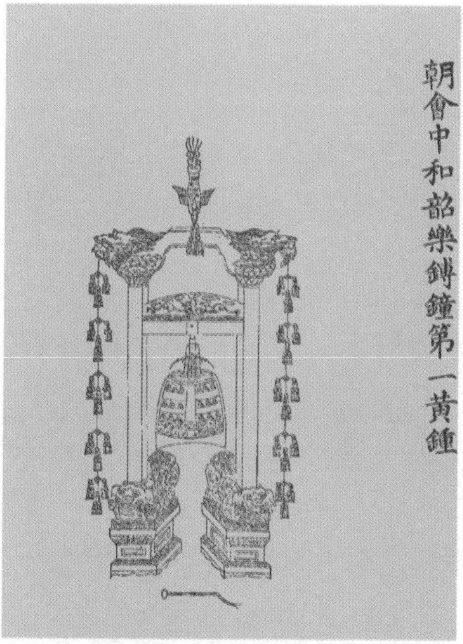

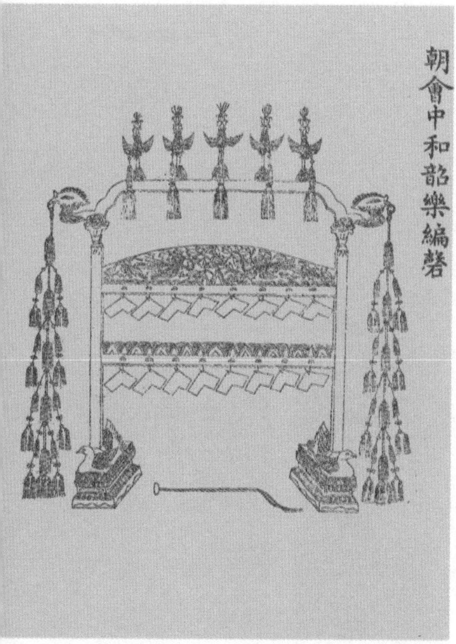

乐器图（节选）

选自《皇朝礼器图式》清刻本　（清）允禄等—编撰　收藏于北京故宫博物院

这是一部以乐舞为主，并绘有散乐、杂技百戏的古图，从中可以看到唐代乐人的情况。

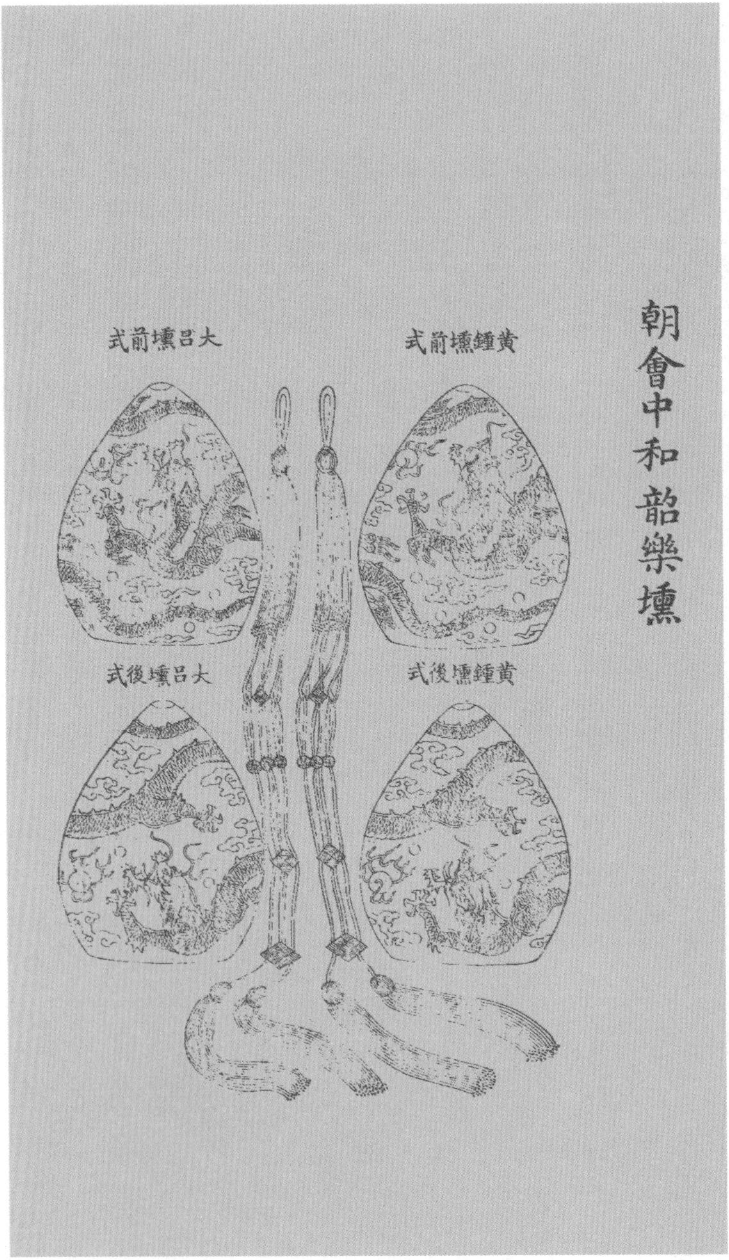
朝會中和韶樂壎
大呂壎前式
黃鍾壎前式
大呂壎後式
黃鍾壎後式

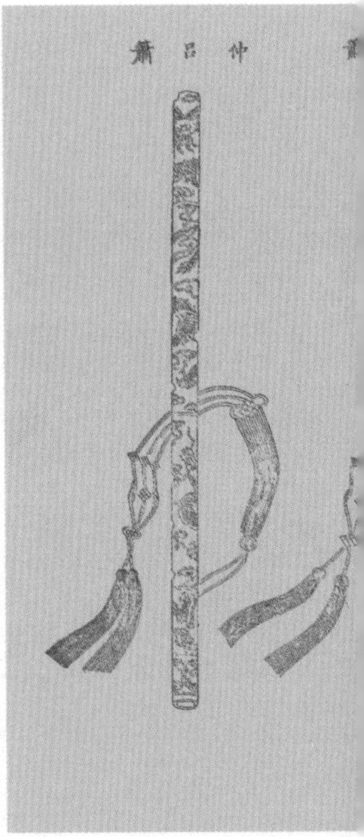
仲呂簫

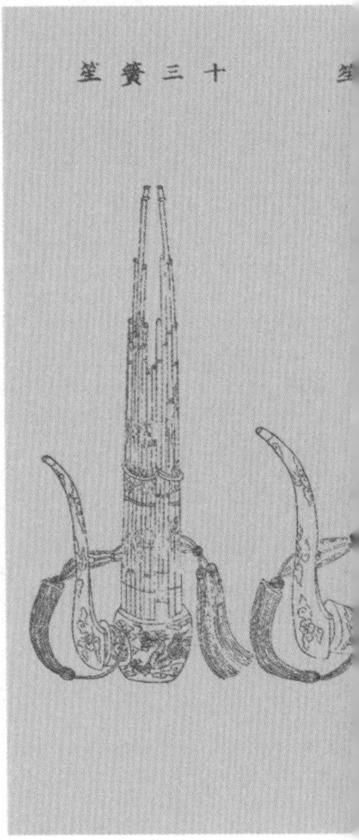
十三簧笙

朝會中和韶樂瑟

朝會中和韶樂排簫

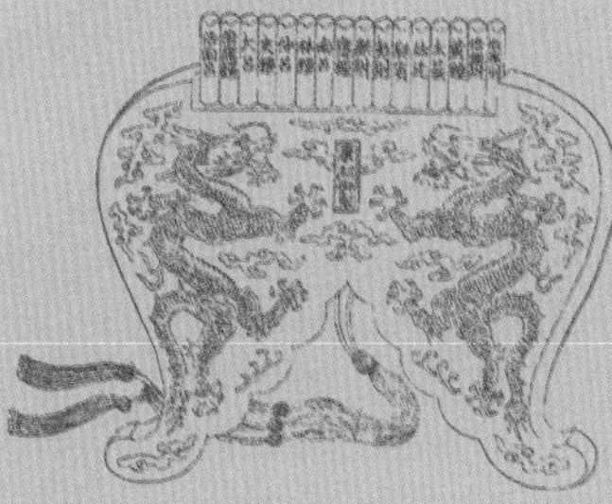

朝會中和韶樂簫

姑洗簫　　仲呂簫

朝會中和韶樂笛

姑洗笛

仲呂笛

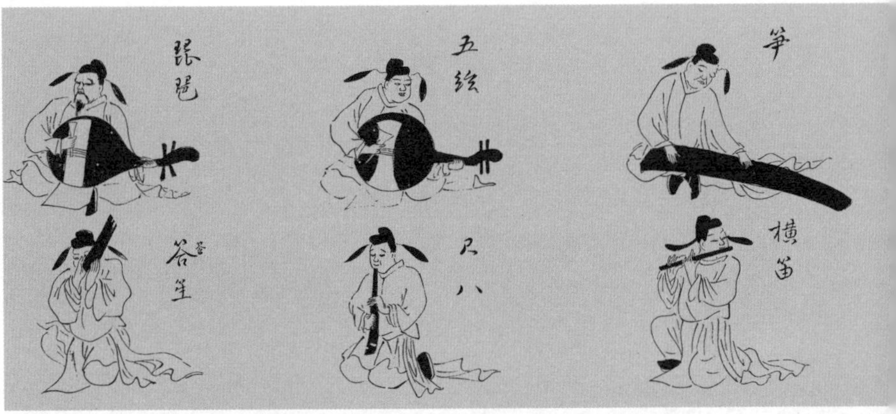
琵琶
五絃
箏
尺八
横笛

皇帝破陣樂

打毬樂
秦王破陣樂

乐人

选自《信西古乐图》　［日］信西

唐太宗平高昌时，将高昌乐引入中原，形成十部乐：燕乐、清商乐、西凉乐、天竺乐、高丽乐、龟兹乐、安国乐、疏勒乐、康国乐、高昌乐。十部乐衰落后，乐舞兴起。后来，唐玄宗将十部乐分为坐部伎和立部伎，号为『皇帝梨园弟子』，后来戏班被称为『梨园』也是来源于此。在『皇帝梨园弟子』中，李龟年和永新娘子分别是有名的音乐家和舞蹈家。唐玄宗还经常在台上扮演丑角，所以，戏班主通常扮演丑角。唐玄宗擅长作曲，作有《霓裳羽衣曲》《小破阵乐》《春光好》《秋风高》等百余首乐曲。杨贵妃『善歌舞，通音律』，两人经常轻歌曼舞，通宵达旦。

何人？然则虽去葛福顺等，禁军之患，又曷尝能弭也？《通鉴》：开元二十年（732年），渤海帅海贼寇登州，命右领军将军葛福顺发兵讨之。胡三省曰：去年春，葛福顺以党附王毛仲贬，今则仍为宿卫，盖毛仲既诛，福顺等复叙用也。案，此事亦见新、旧《书·本纪》，《旧书》作左领军将军盖福顺，《新书》作盖福慎，与葛福顺似非一人。胡说恐误。登州，今山东蓬莱县。

高力士者，潘州人，潘州，今广东茂名县。冯盎曾孙，而内侍高延福之养子也。初太宗定制，内侍省不置三品官。则天称制，二十年间，差增员位。神龙中，宦者三千余人，超授七品已上员外官者千余人，然衣朱紫者尚寡。玄宗在位既久，中官稍称旨者，即授三品左右监门卫将军。开元、天宝中，长安大内、大明、兴庆三宫，皇子十宅院，皇孙百孙院，开元时，皇子幼多居禁内，既长，诏附苑城为大宫，分院而处，号十王宅，举全数也。既诸孙多，又于宅外更置百孙院。东都大内、上阳两宫，大率宫女四万人，品官黄衣已上三千人，朱紫者千余人。杨思勖持节讨伐，黎敬仁、林招隐奉使宣传，尹凤祥主书院，而力士知内侍省事。四方文表，必先呈然后进御，小事便决之。史言宇文融、李林甫、李适之、盖嘉运、韦坚、杨慎矜、王铁、杨国忠、安禄山、安思顺、高仙芝，皆因之而取将相高位，其余职不可胜纪。《旧书》本传。《新书》略同，惟无李适之。宦官之监军者权过节度，出使者列郡辟易，郡县丰赡者，一至军则所冀千万计，修功德，市鸟兽，诣一处则不啻千贯，皆在力士可否云。力士谨慎无显过，然其实权之大，则历代宦寺所罕也。

帝之败德，尤在好色。帝后王氏无宠。次子瑛，母赵丽妃，本伎人，帝在潞州时得幸，帝景龙二年（708年），为潞州别驾，四年乃入朝。潞州，今山西长治县。开元二年（714年），立为太子。武惠妃者，攸止女，即位后得幸。生夏悼王一，怀哀王敏，皆襁褓不育。后又生寿王瑁第十八。及盛王琦。第二十一。十一年（723 年），王皇后以符厌废，将遂立惠妃为后，已而不果。《新书·后妃传》云：御史潘好礼疏谏，并载其疏辞。《通鉴考异》谓其疏不足信。见开元十四年。帝在藩邸，鄂王瑶。第五。母皇甫德仪，光王琚。第八。母刘才人，亦皆有宠，及惠妃宠幸，亦渐疏。瑛于内第，与二王等常有怨望。惠妃女咸宜公主，出降杨洄，洄日求其短，谮于惠妃，惠妃泣诉于帝，谓太子结党，将害妾母子，亦指斥至尊。玄宗谋于宰相，意将废黜，张九龄不可，事且寝，而李林甫代九龄为中书令。二十五年四月，杨洄又构于惠妃，言瑛兄弟三人，与太子妃兄薛锈，常构异谋。玄宗召宰相筹之。林甫曰："此陛下家事，臣不合参知。"玄宗意乃决。使中官宣诏于宫中，并废为庶人。锈配流，俄赐死于城东驿。瑛、瑶、琚寻亦遇害。十二月，惠妃薨。明年六月，立忠王玙为皇太子。第三。后改名绍，二十七年九月。又改名亨。天宝三载（744 年）。《旧书·李林甫传》言：林甫因中官句惠妃，愿保护寿王，惠妃阴助之，因此得为相。太子废，林甫请立寿王。玄宗曰："忠王仁孝，年又居长，当守器东宫。"乃立为皇太子。自是林甫惧，巧求阴事，以倾太子。《新书·高力士传》曰：太子瑛废，武惠妃方嬖，李林甫等皆属寿王。帝以肃宗长，意未决。居忽忽不食。力士曰："大家不食，亦膳羞不具邪？"帝曰："尔我家老，揣我何为而然？"力士曰："嗣君未定邪？推长而立，孰敢争？"帝曰："尔言是也。"储位遂定。盖瑛废而惠妃旋死，故力士敢言之，而林甫亦不复坚持也。然异时大狱，潜伏于此矣。

武惠妃死而杨妃宠，其纵侈，乃十倍于惠妃。杨妃者，父曰玄琰，始为寿王妃。惠妃死，后庭无当帝意者，或言妃姿质天挺，遂召纳禁中。为出自妃意者，丐籍女官，号太真。《新书》本传。《通鉴》：开

《太白醉酒图》

（清）苏六朋　收藏于上海博物馆

李白，字太白，号青莲居士。有『诗仙』『谪仙人』等称呼。天宝元年（742年），李白为供奉翰林。据说，李白因写《清平调词》得罪杨贵妃而离开翰林院。《清平调词》共有三首，主要写的是杨贵妃的美艳与受到唐玄宗的宠爱。李白醉酒时，曾经让高力士帮忙脱过靴，高力士对此耿耿于怀，以《清平调词》中『可怜飞燕倚新妆』来向杨贵妃构陷李白，说李白是用赵飞燕的纤瘦来嘲讽杨贵妃的肥胖。杨贵妃因此向唐玄宗进谗言，将李白逐出翰林院。安史之乱爆发后，李白曾做永王李璘的幕僚。永王触怒唐肃宗被杀后，李白也获罪入狱。在郭子仪的力保下，被流放到夜郎。不过，在途经巫山时被赦。李白晚年在江南一带漂泊，后投奔族叔李阳冰。上元三年（762年），李白病逝于寓所，终年61岁，葬当涂龙山。关于李白的死有多种说法：李阳冰说李白是病死的；皮日休说李白是患『腐胁疾』而死；《旧唐书》记载他因饮酒过度而死；另有传说李白在舟中赏月，因下水捞月而死。因此，李白被奉为『水仙王』之一。李白流传至今的诗歌作品共有九百多首，如《蜀道难》《行路难》《将进酒》《静夜思》等，有《李太白集》。

元二十三年（735年）十二月。册故蜀州司户杨玄琰女为寿王妃。《考异》曰:《实录》载册文云玄璬长女。按陈鸿《长恨歌传》云：诏高力士潜搜外宫，得杨玄琰女于寿邸。《旧·贵妃传》云：玄琰女，早孤，养于叔父玄璬。又云：玄琰女容色冠代，宜蒙召见，时妃衣道士服，号太真。旧史盖讳之耳。蜀州，今四川崇庆县。天宝四载（745年）八月，册为贵妃。姊三人，并封国夫人。韩国、虢国之封，事在七载十月，见《旧书·本纪》。《国忠传》云：三夫人同日拜命。叔玄珪，为光禄卿。再从兄铦，鸿胪卿；锜，侍御史，尚武惠妃女太华公主。杨国忠者，妃之从祖兄，本名钊。蒱博无行，为宗党所鄙，乃发愤从蜀军。蜀大豪鲜于仲通颇资给之。玄琰死蜀州，国忠护视其家，因与妹通。虢国。剑南节度使治益州。章仇兼琼与李林甫不平，闻妃新有宠，思结纳之，使仲通之长安，仲通辞，而以国忠见。兼琼表为推官，使部春贡长安，与以蜀货百万。国忠至京师，见群女弟，致赠遗，诸杨日为兼琼誉，而言国忠善樗蒱。玄宗引见，稍入供奉，累迁监察御史，擢兼度支员外郎，领使五十余。子暄，尚延和郡主。昢，尚万春公主。玄宗女。妃弟鉴，尚承荣郡主。韩国夫人婿秘书少监崔峋，女为代宗妃；虢国男裴徽，尚代宗女延安公主。《旧书·后妃传》。《新书·公主传》：肃宗女郜国公主，始封延光，下嫁裴徽，《旧书》恐误。女嫁让帝男。让帝，即宋王成器。后更名宪。以让储位于玄宗追谥。秦国夫人婿柳澄，先死。男钧，尚长清县主。澄弟潭，尚肃宗女和政公主。韩、虢、秦三夫人与铦、锜等五家，每有请托，府县承迎，峻如诏敕。四方赂遗，其门如市。甲第洞开，僭拟宫掖。车马仆御，照耀京邑，递相夸尚。每构一堂，费逾千万，见制度宏壮于己者，即彻而复造，土木之工，不舍昼夜。玄宗颁赐，及四方献遗，五家如一，中使不绝。玄宗凡有游幸，贵妃无不随侍。乘马则高力士执辔授鞭。宫中供贵妃院织锦、刺绣之工，凡七百

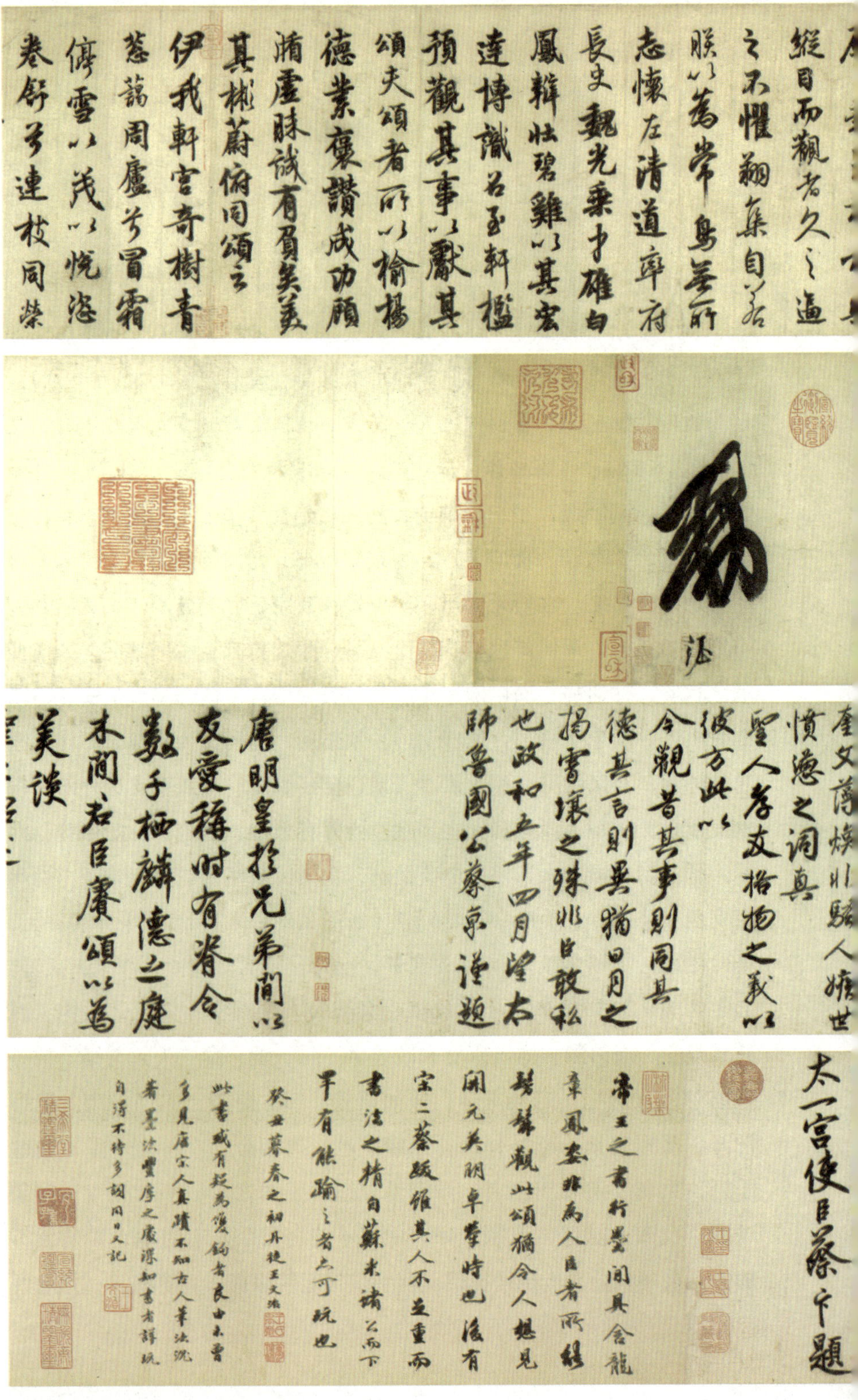
縱目而觀者久之遍之不懼翔集自若朕以爲常鳥善所志懷左清道率府長史魏光乘才雄白鳳辯壯碧雞以其宏達博識召至軒檻預觀其事以獻其頌夫頌者所以揄揚德業褒贊成功顧循虛昧誠有負矣美其彬蔚俯同頌云伊我軒宮奇樹青蔥藹周廬冒霜停雪以茂以悅恣卷舒連枝同榮
奎文蔚焕川騷人嫉世憤懣之詞真聖人孝友格物之義以彼方此以今觀昔其事則同其德其言則異猶日月之揭霄壤之殊非臣敢私也政和五年四月望太師魯國公蔡京謹題
唐明皇於兄弟間以友愛稱時有脊令數千棲麟德之庭木間右臣賫頌以爲美談
太一宮使臣蔡卞題
帝王之書行墨間具含龍章鳳姿非爲人臣者所能髣髴觀此頌猶令人想見開元英明卓犖時也後有宋二蔡跋雖其人不足重而書法之精自蘇米諸公而下罕有能踰之者亦可玩也
癸丑暮春之初丹徒王文治
此書或有疑爲雙鈎者良由未曾多見唐宋人真蹟不知古人筆法沉著墨法豐厚之處深知書者詳玩自得不待多詞同日又記

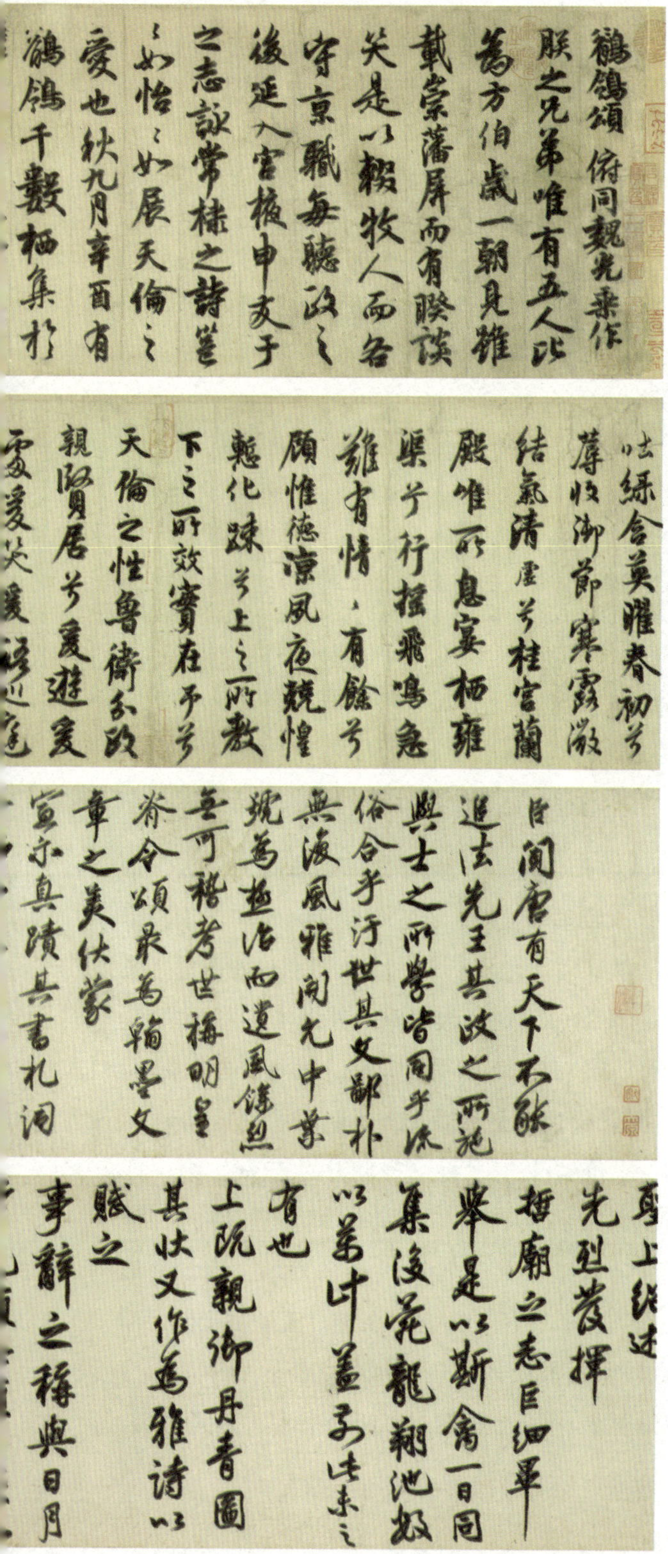

《鹡鸰颂》卷

（唐）李隆基　收藏于中国台北故宫博物院

唐开元七年（719年），有约千只鹡鸰飞翔而来，集于宫殿，唐玄宗看见它们飞鸣行摇，不害怕人，因此联想到当年的兄弟相聚之乐，便命左清道率府长史魏光乘作颂文，唐玄宗又亲自用行书写成，即为《鹡鸰颂》卷。这可能是唐玄宗仅传的墨迹。鹡鸰有『飞则鸣』『行则摇』的习性，被古人喻为『兄弟既在急难而相救』的兄弟情谊。唐玄宗即位之初，家族中纷争不断，他想借此来笼络兄弟，希望他们能互相照应，不要夺权争利。

姚崇像

选自《历代圣贤半身像》（清）佚名　收藏于中国台北故宫博物院

姚崇，原名姚元崇，因避『开元』年号之讳，改名姚崇。因与宋璟合力造就开元盛世，被世人称为『姚宋』。

人，雕刻、镕造，又数百人。扬、益、岭表刺史，必求良工，造作奇器、异服，以奉贵妃献贺，因致擢居显位。玄宗每年十月幸华清宫，国忠姊妹五家扈从，每家为一队，着一色衣，五家合队，照映如百花之焕发。而遗钿、坠舄、瑟瑟，珠翠，璨烂芳馥于路。其纵侈，盖又轶武、韦之世矣。《新书·后妃传》云：铦、秦国早死，韩、虢与国忠贵最久。

所以能如是其侈者，则计臣之聚敛实为之。《新书·食货志》云：玄宗时，海内富实。米斗之价钱十三，青、齐间斗才三钱。绢一匹钱二百。道路列肆，具酒食以待行人，店有驿驴，行千里不持尺兵。天下岁入之物：租钱二百余万缗，粟千九百八十余万斛，庸、调绢七百四十万匹，绵百八十余万屯，布千三十五万余端。天子骄于佚乐而用不知节，大抵用物之数，常过其所入，于是钱谷之臣，始事朘刻。《旧书·食货志》云：掌财赋者，开元已前，事归尚书省；开元已后，权移他官。开元中，有御史宇文融，献策括籍外剩田，色役伪滥及逃户，许归首免五年征赋，每年量税一千五百钱。置摄御史，分路检括隐审，得户八十余万，田亦称是。得钱数百万贯。事在开元九年（721年）。《旧书》本传曰：奏置劝农判官十人，并摄御史，分往天下。《新书》及《通典》并云二十九人，《通典》且列其姓名，则《旧书》误也。《旧书》又云：所括皆虚张其数，亦有以实户为客者。玄宗以为能，数年间，拔为御史中丞、户部侍郎。事在开元十二年。《旧书》本传曰：融乃驰传巡历天下，事无大小，先牒上劝农使而后申中书，省司亦待指按而后决断，其侵官如此。杨崇礼为太府卿，清严善句剥，分寸锱铢，躬亲不厌。转输纳欠，折估渍损，必令征送，天下州县征财帛，四时不止。崇礼正道子。《旧书》事见其子慎矜传，云为大府卿二十年，公清如一，其人实一畜聚之臣，不能以其事侈欲之主，而并没其才守也。及老病致仕，事在开元二十一年，时崇礼年九十余矣。以其子慎矜为御史，专知大府出纳；其弟慎名，又专知京仓；皆以苛刻害人，承主恩而征责。《旧书·慎矜传》曰：诸州纳物，有水渍伤败及色下者，皆令本州征折估钱，转市轻货。此与韦坚同，皆括诸州之财，以归诸中央者也。又有韦坚，规融、慎矜之迹，乃请于江淮转运租米。取州县义仓粟，转市轻货，差富户押船。若迟留损坏，皆征船户。开关中漕渠，凿广运潭，以挽山东之粟，岁四百万石。坚以天宝元年（713年）为陕郡太守，领江淮租庸转运使。于咸阳截灞、浐水，引至长安城东，与渭合，以通长安至关门运渠。陕郡，即陕县。咸阳县，今属陕西。帝以为能，又至贵盛，王𫓹进计，奋身自为户口色役使。事在天宝四载。𫓹，方翼孙。征剥财货，每岁进钱百亿，宝货称是。云非正额租庸，便入百宝大盈库，以供人主燕私赏赐之用。《旧书·杨炎传》曰：旧制：人丁戍边者，蠲其租庸，六岁免归。玄宗方事夷狄，戍者多死不反，边将怙宠而讳不以死申，故其贯籍之名不除。至天宝中，王鉷为户口使，以丁籍且存，丁身焉往？是隐课而不出耳。遂案旧籍，计除六年之外，积征其家三十年租庸。又《陆贽传》：德宗于奉天行在贮贡物于廊下，仍题琼林、大盈二库名。贽谏曰：琼林、大盈，自古悉无其制。传诸耆旧，皆云创自开元。贵臣贪权，饰巧求媚。乃言郡邑贡、赋，所用盍各区分？赋税当委于有司，以给经用，贡献宜归于天子。以奉私求，玄宗悦之，新是二库，荡心侈欲，萌柢于兹。逮乎失邦，终以饵寇。玄宗日益眷之，数年间，亦为御史大夫、京兆尹，带二十余使。又杨国忠，借椒房之势，承恩幸，带四十余使，云经其听览，必数倍弘益，又见宠贵。夫谷帛降贱，适益耕夫织妇生计之艰。货物流衍，更开驵侩豪民并兼之路。若此者，往往外观繁盛，实则贫富愈不均。富者恣其骄奢，贫者耻不逮焉而追随于后，则俗益坏而民益嚣然愁苦，不聊其生。事势如斯，最宜警惕，而唐人转以是称开元为全盛，只见其昧于治体也。国家取民虽薄，利亦或不在民，而归于中饱，搜剔征责，谁曰不宜？然亦视其用之之如何。若竭天下之资财，以供一人之侈欲，则其贤于中饱者几何？而中饱者究犹有所惮也。且搜剔征责者，岂能域于吏而不及于民乎？欲剥民者，不益得所借手乎？故曰：与其有聚敛之臣，宁有盗臣。

玄宗治绩之衰，盖自其相张说时始。开元十四年（726 年），杜暹以安西都护入相，始开边将干进之端，十六年，宇文融继之，又开计臣柄政之路，理财用兵，实当时召乱之两大端也。十七年，张九龄相。九龄虽文人，颇称持正。二十二年，李林甫相。林甫者，高祖从父弟长平王叔良之曾孙，史称其“每事过慎，条理众务，增修纲纪，中外迁除，皆有恒度”，盖亦守成综核之才。玄宗在位岁久，倦于万机，遂一以委成，恣其宴乐。唐人本好党援进取，林甫尤耽宠固权，苟患失之，不惜举国事以为之殉，而朝局不可问矣。牛仙客者，王君㚟河西节度判官。萧嵩代君臭，又以军事委之，竟代为节度，河西节度，治凉州。后改朔方总管。朔方军，治灵州。玄宗欲用为尚书。九龄以其本出使典，不可。玄宗不悦，又以争废太子事忤旨。二十四年（736年），遂罢九龄，相仙客。唯诺而已。天宝元年（742年），仙客卒。林甫复引李适之。适之者，恒山王承乾之孙。雅好宾友，颇有时誉，亦务进取，则其势于林甫为逼，而龋龁之端以开。韦坚妹为太子妃。坚妻，姜皎女，林甫舅子也，初甚昵比，后稍不协。坚又与适之善。四载（745年），林甫乃引为刑部尚书，而罢其诸使，实夺之权也。以杨慎矜代之。陇右节度治鄯州。皇甫惟明，故忠王友。时破吐蕃入献捷，见林甫专权，意不平，微劝上去之。林甫使杨慎矜密伺之。五载，正月望夜，太子出游，与坚相见。坚又与惟明同会景龙观道士之室。慎矜发其事，谓坚戚里，不合与边将狎昵。林甫因奏坚与惟明结谋，欲共立太子，贬坚为缙云太守，今浙江缙云县。惟明为播川太守。播川郡，即播州。李适之惧，自求散地，遂罢知政事。坚弟将作少匠兰，兵部员外郎芝，为兄讼冤，且引太子为言，上益怒。太子惧，表请与妃离昏。坚再贬江夏别驾，今湖北武昌县。兰、芝皆贬岭南。林甫因言坚与李适之等为朋党。坚长流临封，即封州。适之贬宜春太守。坚亲党坐坚流贬者数十人。赞善大夫杜有邻，女为太子良娣。良娣姊为左骁卫兵曹柳勣妻。淄川太守裴敦复，荐勣于北海太守李邕，淄川，今山东淄川县。北海郡，即青州。邕，高祖子虢王凤之孙。勣至京师，又与著作郎王曾等为友，皆当时名士也。勣与妻族不协。为飞语，告有邻妄称图谶，交构东宫，指斥乘舆。林甫令京兆士曹参军吉温与御史鞫之。温者，京兆尹萧炅荐之林甫，与殿中侍御史罗希奭，俱为林甫爪牙，时人谓之罗钳吉网者也。鞫其狱，乃勣首谋。温令勣连引曾等。有邻、勣、曾等皆杖死。别遣希奭往按李邕。六载（747年），邕及裴敦复皆杖死。希奭自北海如岭南，所过杀迁谪者。李适之忧惧，自杀。林甫又奏分遣御史至贬所，杀韦坚兄弟及皇甫惟明。又遣使于循河及江、淮州县求坚罪，收系纲典船夫，溢于牢狱，征剥逋户，延及邻伍，皆裸死公府，至林甫死乃止焉。王忠嗣者，父海宾，与吐蕃战死，忠嗣养于禁中，肃宗在忠邸，与之游处，后为河东、朔方节度使。河东军，治太原。皇甫惟明败，充河西、陇右节度。仍权知朔方、河东，至六载四月乃让还。林甫使人告其欲奉太子。玄宗怒，征入朝，令三司推讯。初玄宗使忠嗣取石堡城，忠嗣不可。边将董延光献策请取之，诏忠嗣分兵应接，忠嗣不为赏格，延光过期无功，诉忠嗣缓师。及是，上曰："吾儿在深宫，安得与外人通谋？此必妄也。"但劾其阻挠军功。三司奏忠嗣罪当死。哥舒翰代为陇右，力言之，乃贬汉阳太守。汉阳郡，即沔州。林甫是时之所为，似专欲危太子者，盖太子之立，本非其意，而林甫专权日久，玄宗春秋高，惧一朝晏驾，新君继世，有不测之祸，故为自全之计耶？玄宗意既不回，杨慎矜稍避事防患，因与王𫟹有隙。《旧书·杨国忠传》。此为林甫与𫟹构陷慎矜真相，盖其谋实有不可告人者在也。𫟹构其规复隋室，蓄异书，与凶人来往，说国家休咎。林甫使人发之。遂与兄慎余、弟慎名同赐自尽。𫟹兼京兆尹，威权转盛。子准既骄恣，弟銲尤凶险不法。十一载（752 年），銲所善邢縡与右龙武军、万骑谋作乱，杀宰相及杨国忠。事泄，伏诛。銲杖死。𫟹赐自尽。准与弟备流岭南，道杀之。初林甫以杨国忠怙宠敢言，援之为党，以按韦坚。于京城别置推院。连岁大狱，追捕挤陷，皆国忠发之。及国忠骤迁领五十余使，林甫始恶之。复相贼。王𫟹获罪，国忠代为御史大夫，权京兆尹。初突厥默啜政衰，九姓首领阿布思来降，上宠之，赐姓名为李献忠。十载，禄山讨契丹，败绩。十一载，出兵将以报怨，请阿布思俱行。阿布思素与禄山不协，惧，叛归漠北。国忠乃穷竟邢縡狱，令引林甫交𫟹、銲、阿布思事状。南诏侵蜀，国忠遥领剑南节度，蜀人请其赴镇，林甫奏遣之。将辞，泣陈必为林甫所排。帝怜之，不数月，召还。会林甫卒，十一月。遂代为右相。时安禄山方宠，国忠使人说之，禄山乃使阿布思部落降者诣阙，诬告林甫与阿布思约为父子。上信之，下吏按问。林甫婿谏议大夫杨齐宣惧累，附国忠证之。乃削林甫官爵。剖棺，抉取含珠，褫金紫，更以庶人礼葬。子孙有官者，皆除名流岭南、黔中。近亲党与坐贬者五十余人。朝局之鼎沸如此，益以边将之骄横，而乱迫眉睫矣。

唐长安城

唐朝中期国力强盛，经济繁荣，对外交往活跃。首都长安城在当时已经是一个拥有百万人口的国际性都市，各民族、肤色的人群熙熙攘攘，热闹非常。唐长安城面积达 83.1 平方公里，布局为中轴对称，由外郭城、宫城和皇城组成。外郭城墙上开十二座城门，南面的明德门为正门。宫城位于郭城北部正中，有皇宫太极宫，皇城位于宫城以南，分布着中央官署和太庙、社稷等祭祀建筑。外郭城内有大街 22 条，纵横交错的街道将外郭城分为 110 坊（隋称“里”），坊间遍布佛寺和道观。全城的居住区共建 106 坊，各坊间形成东西大街 14 条，南北大街 11 条。街道宽阔，道旁植树成荫。坊呈长方形，结构划一，布列匀整。宋敏求在《长安志》记载说：“棋布栉比，街衢绳直，自古帝京未之有也。”

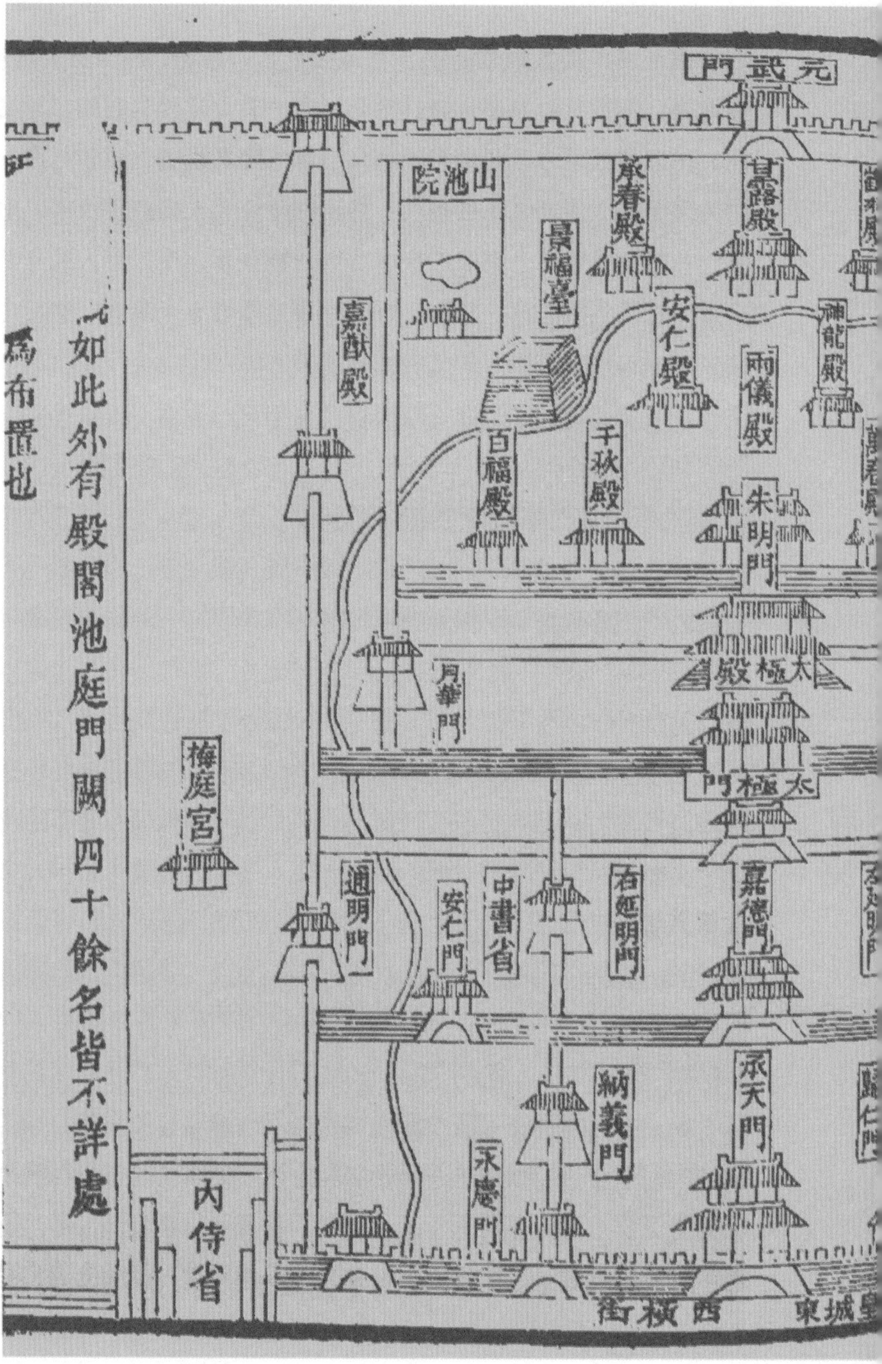
元武門
山池院
承春殿
甘露殿
景福臺
嘉猷殿
安仁殿
兩儀殿
神龍殿
百福殿
千秋殿
朱明門
太極殿
月華門
太極門
梅庭宮
通明門
安仁門
中書省
右延明門
嘉德門
納義門
承天門
永慶門
內侍省
皇城東
西橫街
如此外有殿閣池庭門闕四十餘名皆不詳處
爲布置也

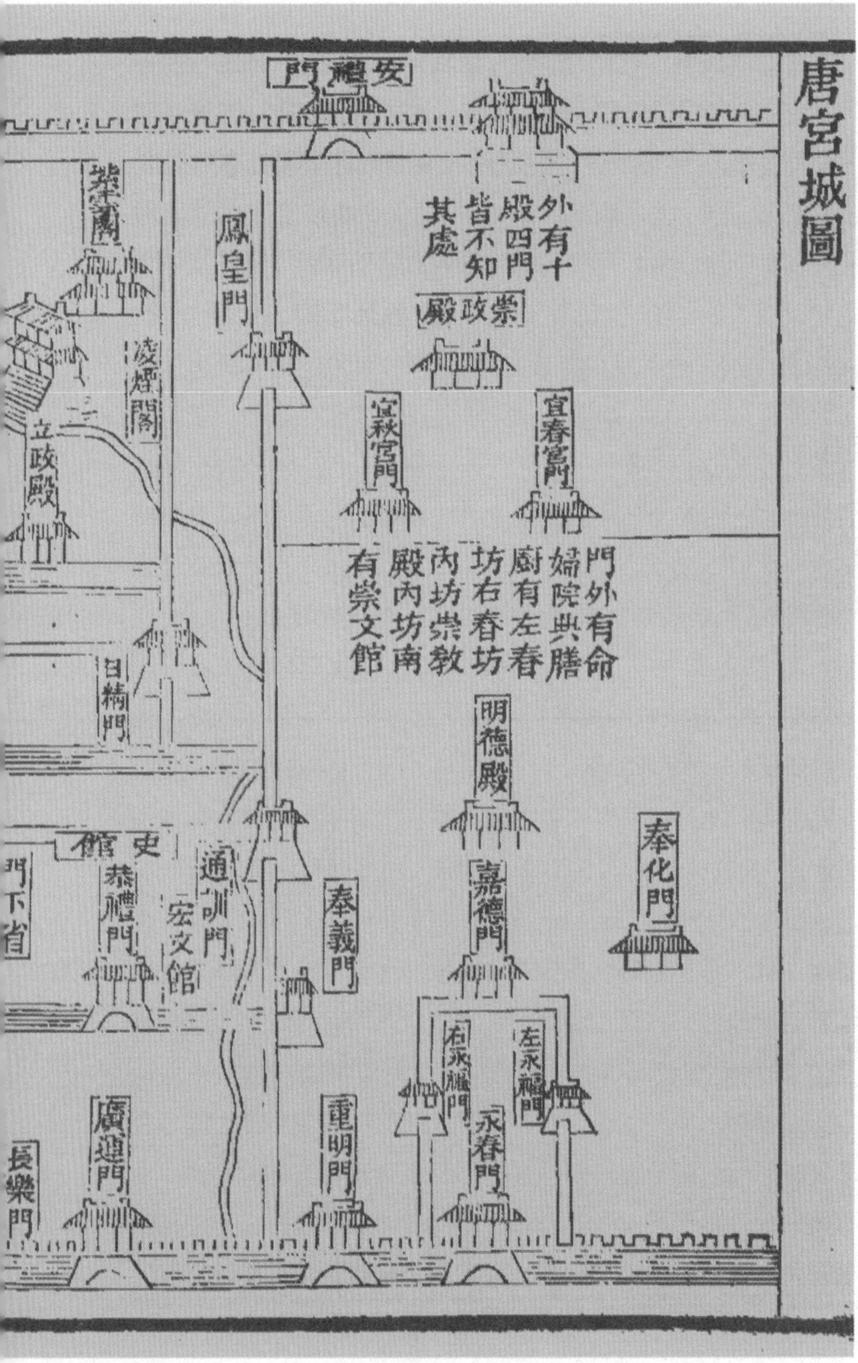

唐宫城

选自《长安志》清刊本　（北宋）宋敏求／撰　（清）毕沅／校正

唐朝皇宫位于长安城北部中央，宫城由掖庭宫、太极宫、东宫三部分组成。东宫是皇太子居住和办公的地方，掖庭宫是收容犯罪官僚子女的地方。

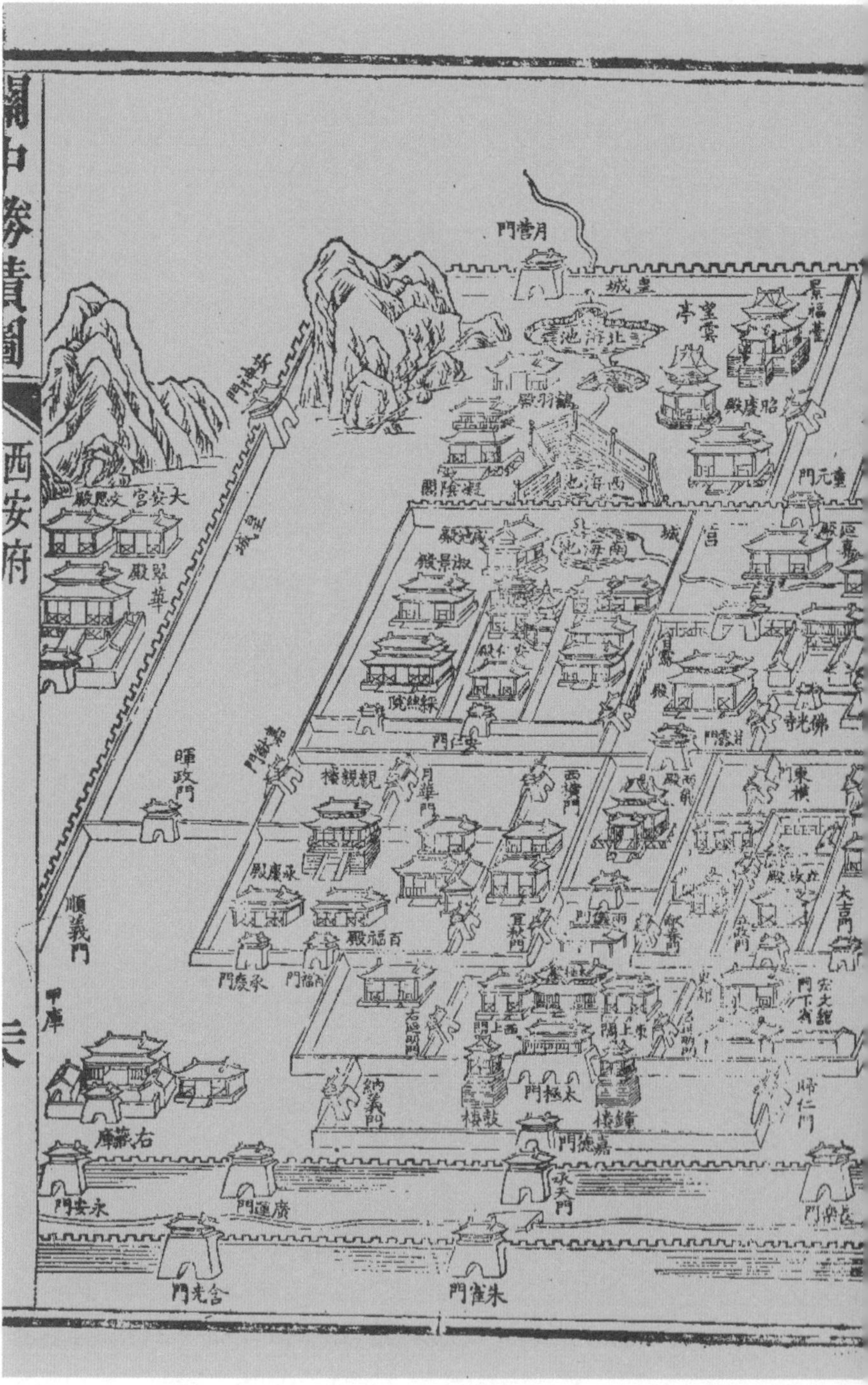
關中勝蹟圖
西安府
月營門
皇城
北海池
望雲亭
景福臺
昭慶殿
西海池
重元門
大安宮
文思殿
翠華殿
南海池
淑景殿
安仁門
暉政門
月華門
承慶殿
百福殿
承慶門
順義門
甲庫
右藏庫
納義門
太極門
鼓樓
鐘樓
承天門
永安門
廣運門
含光門
朱雀門
歸仁門

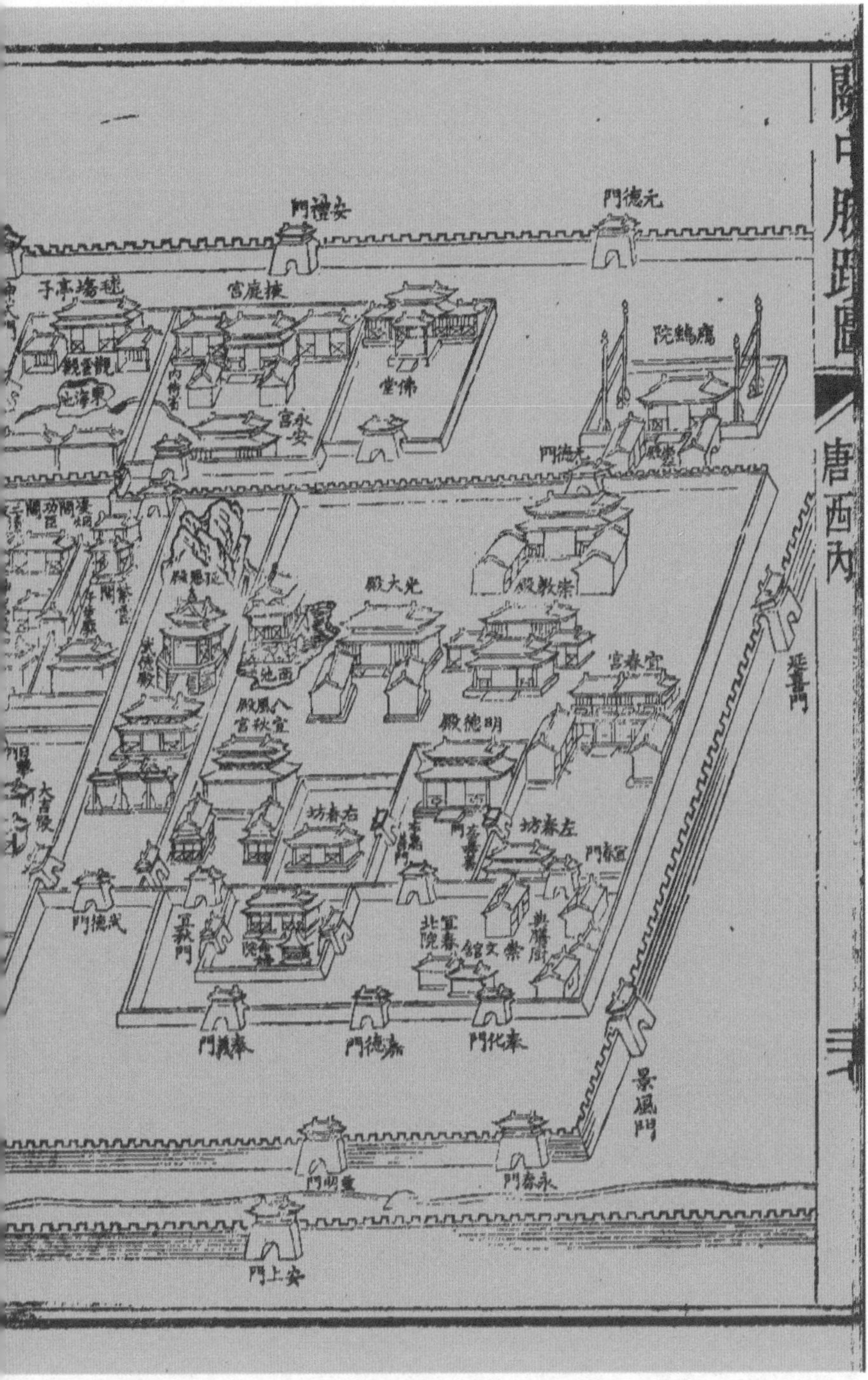

太极宫

选自《关中胜迹图志》清刻本 （清）毕沅／绘著

太极宫因位于大明宫的西边，也称西内，是唐朝皇帝在长安的正宫。

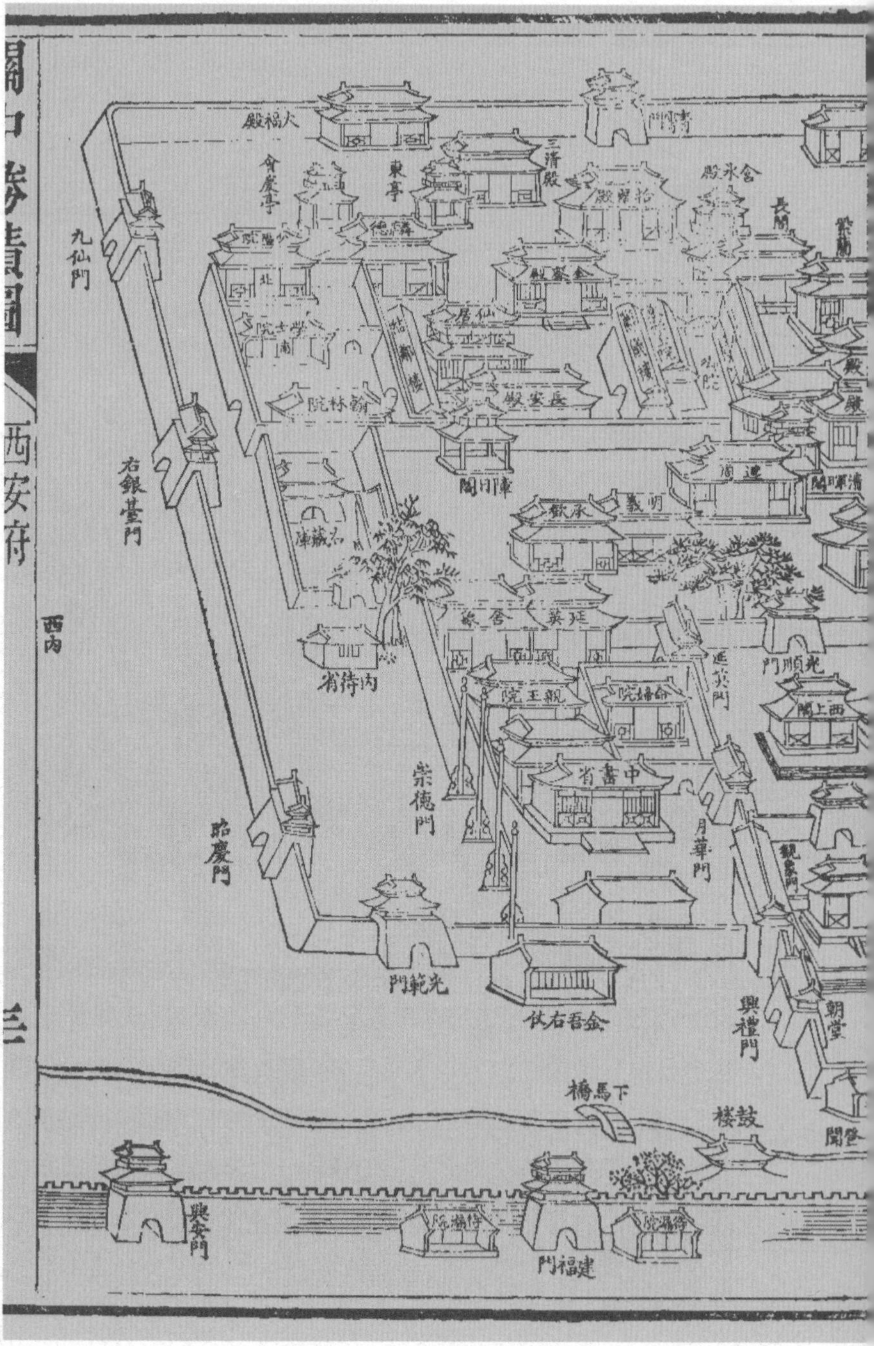
西安府
三
大福殿
青門
三清殿
東亭
會慶亭
含氷殿
九仙門
翰林院
金鑾殿
長安殿
右銀臺門
右藏庫
西內
內侍省
親王院
命婦院
中書省
崇德門
延英門
光順門
西上閤
月華門
昭慶門
光範門
金吾右仗
興禮門
朝堂
下馬橋
鼓樓
興安門
建福門

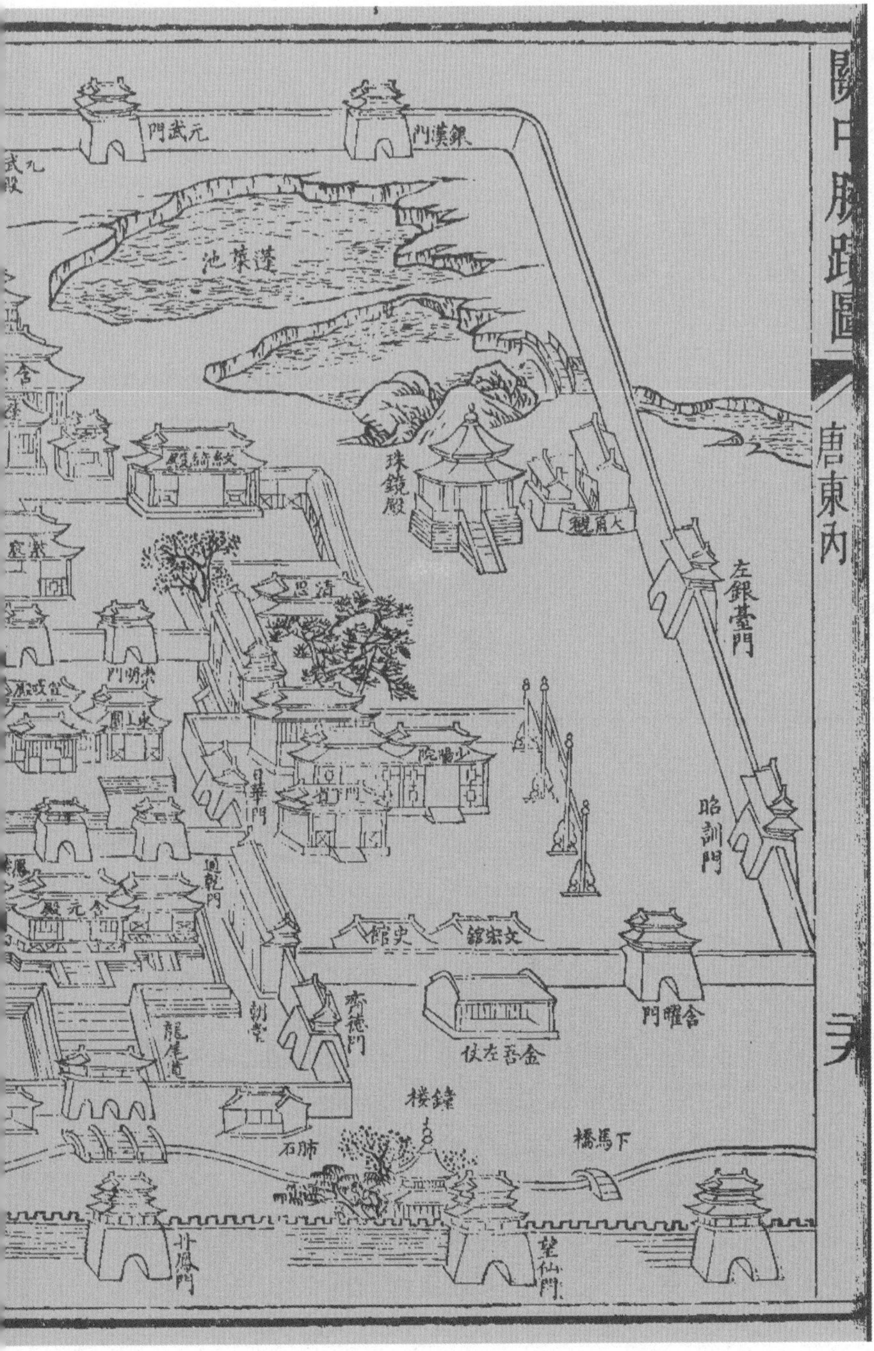

大明宫

选自《关中胜迹图志》清刻本 （清）毕沅／绘著

大明宫是规模最大的宫殿，从唐高宗起，成为唐朝统治中心。就连黄巢也是在此称帝的。唐末，大明宫毁于兵火。

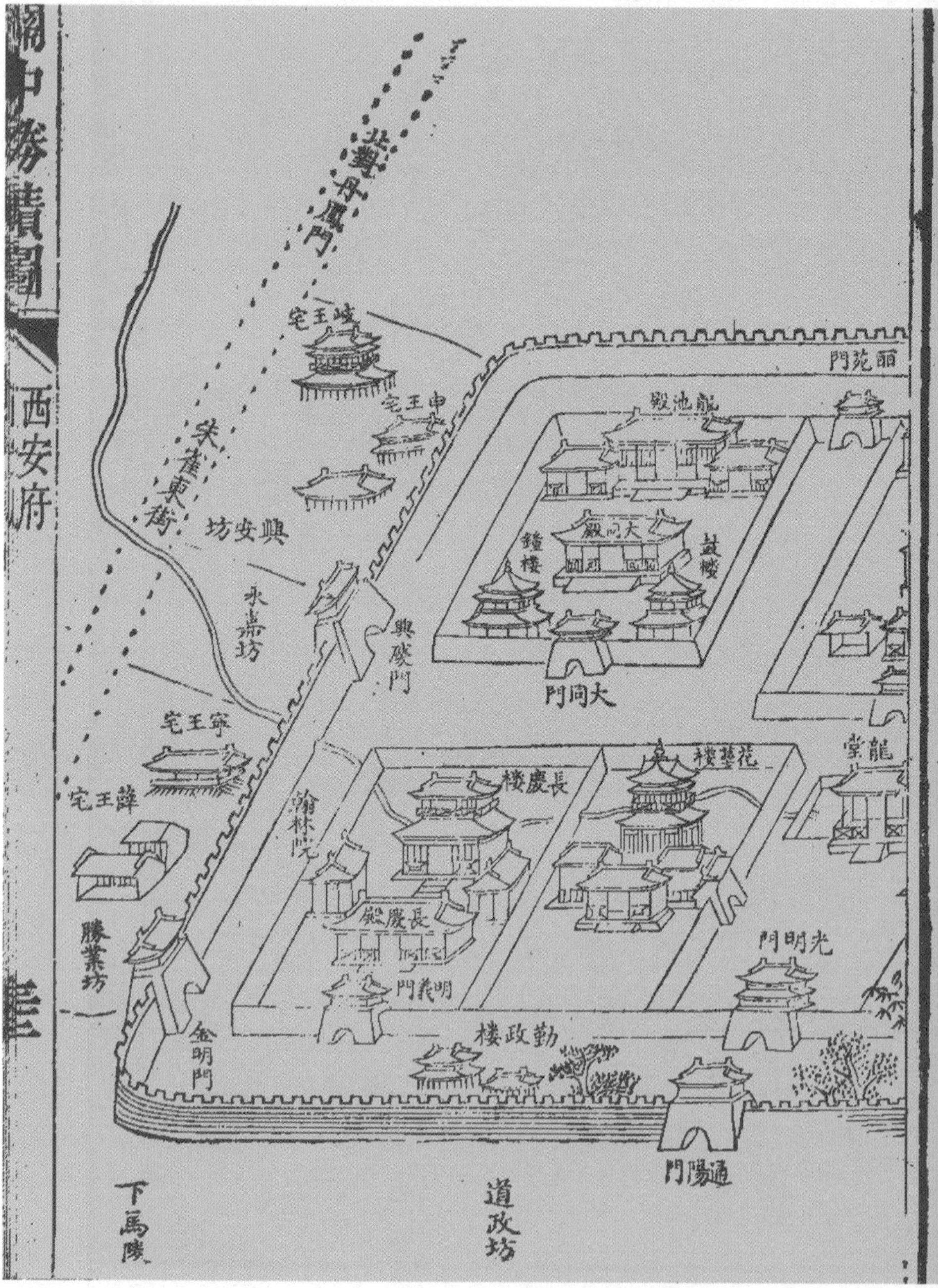

中勝蹟圖
西安府
丹鳳門
岐王宅
申王宅
朱雀東街
興安坊
永嘉坊
興慶門
龍池殿
大同殿
鐘樓
鼓樓
大同門
麗苑門
寧王宅
薛王宅
翰林院
長慶樓
長慶殿
花萼樓
龍堂
明義門
光明門
勤政樓
勝業坊
金明門
通陽門
下馬陵
道政坊

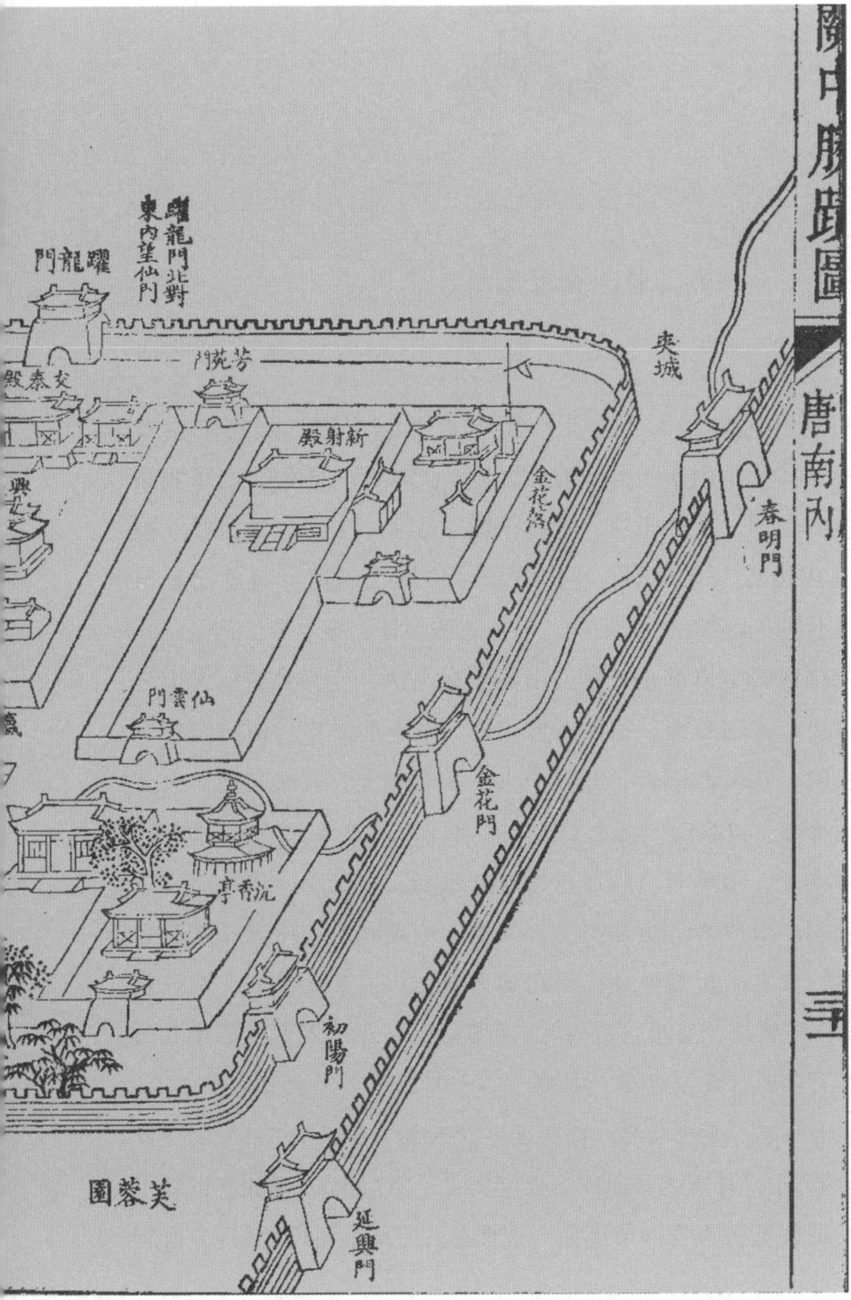

兴庆宫

选自《关中胜迹图志》清刻本 （清）毕沅／绘著

兴庆宫是唐玄宗时期的政治重心，被称为『南内』。李白那首脍炙人口的《清平调》便源于兴庆宫的沉香亭。

第二节　安史之乱（上）

唐初行府兵之制，天下十道，置府六百三十四，而在关内者二百六十一，其势本内重于外。府兵之制，无事时耕于野，有事则命将以出，事解辄罢，兵散于府，将归于朝，故士不失业，而将帅无握兵之重。其戍边者，大曰军，小曰守捉，曰城，曰镇，而总之者曰道，其数初不甚多。高宗、武后时，府兵之法寖坏，至不能给宿卫。开元时，宰相张说乃请以募士充之。由是府兵之法，变为彍骑。天宝已后，彍骑之法，又稍变废，宿卫者皆市人，至不能受甲。而所谓禁军者，禄山反时，从驾西巡者，亦仅千人。其时节度、经略之使，大者凡十。节度使九：曰安西，治龟兹。曰北庭，治北庭都护府。曰河西，治凉州。曰朔方，治灵州。曰河东，治太原府。曰范阳，治幽州。曰平卢，治营州。曰陇右，治鄯州。曰剑南，治成都府。岭南五府经略使，治广州。又有长乐经略使，福州刺史领之。东莱守捉使，莱州刺史领之。东牟守捉使，登州刺史领之。所管兵皆少。大凡镇兵四十九万人，戎马八万余匹。每岁军费：衣赐千二十万匹段，军食百九十万石，大凡千二百十一万。开元以前，每年边用，不过二百万耳。以上据《旧书·地理志》。于是外重之势以成。天宝六载（747 年），高仙芝以破小勃律功，代夫蒙灵詧为安西节度使。《通鉴》记其事而论之曰：“自唐兴以来，边帅皆用忠厚名臣，不久任，不遥领，不兼统。功名著者，往往入为宰相。胡三省曰：如李靖、李勣、刘仁轨、娄师德之类是也。开元以来，薛讷、郭元振、张嘉贞、王晙、张说、杜暹、萧嵩、李适之等，亦皆自边帅入相。其四夷之将，虽才略如阿史那社尔、契苾何力，犹不专大将之任，皆以大臣为使以制之。及开元中，天子有吞四夷之志，为边将者十余年不易，始久任矣。皇子则庆、忠诸王，宰相则萧嵩、牛仙客，始遥领矣。庆王琮，玄宗长子。开元四年（716年），遥领安西大都护，仍充安抚河东、关内、陇右诸蕃大使。十五年，遥领凉州都督，兼河西诸军节度大使。忠王即肃宗。萧嵩入相后，遥领河西。牛仙客入相后，亦遥领朔方。二十六年（738年），仙客又兼领河东，李林甫兼领陇右，又兼领河西。天宝九载（750年），朔方节度使张齐丘左迁。十载，又命林甫遥领，至十一载李献忠叛，乃举安思顺自代。盖嘉运、王忠嗣专制数道，始兼统矣。嘉运本北庭都护，二十七年（739年），平西突厥，入献捷。明年，以为河西、陇右节度。忠嗣初镇朔方，天宝四载（745年），兼领河东，五载，皇甫惟明败，又兼河西、陇右，至六载，乃辞朔方、河东。李林甫欲杜边帅入相之路，以胡人不知书，乃奏言文臣为将，怯当矢石，不若用寒畯、胡人，胡人则勇决习战，寒族则孤立无党。上悦其言，始用安禄山，至是诸道节度，尽用胡人，《通鉴》此条，颇同《旧书·李林甫传》，但言之较详耳。《旧书》此节，系因林甫用安思顺而及云："十载（751年），林甫兼安西大都

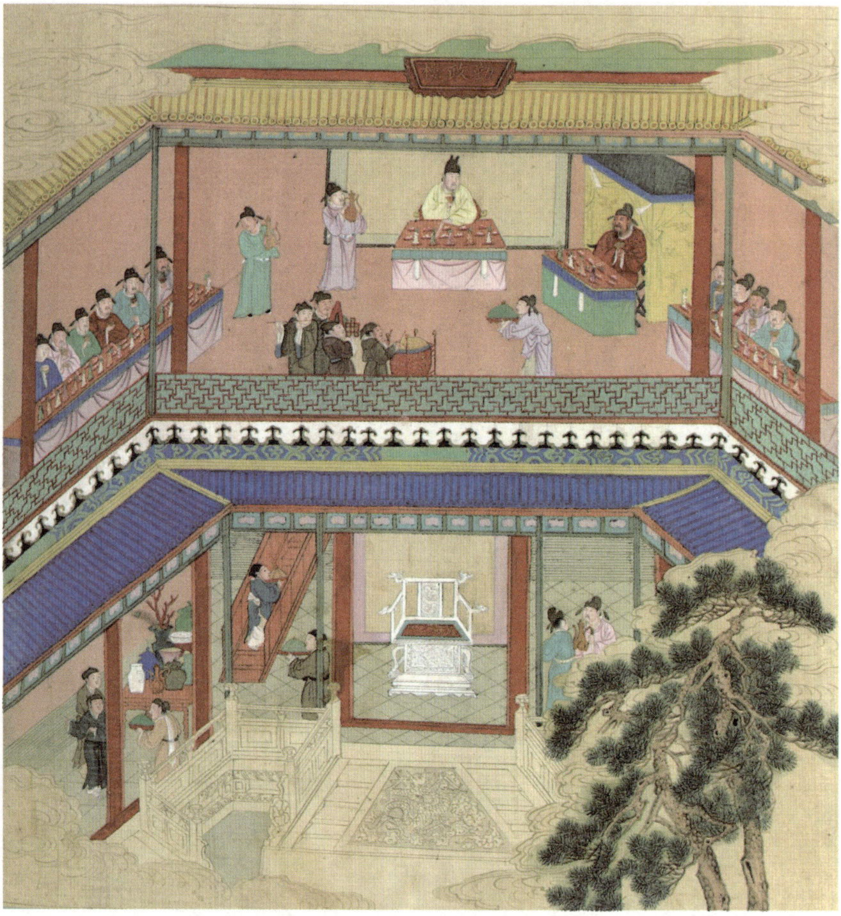

宠幸番将

选自《帝鉴图说》法文外销绘本（明）张居正／编撰　收藏于法国国家图书馆

图为唐玄宗在勤政楼宴请安禄山的情景。安禄山（703—757年），字轧荦山，营州柳城（今辽宁朝阳）人，粟特族。安禄山出身西域康国，原本姓康，但因其父早逝，其母改嫁安延偃，才改姓安。安禄山天资聪颖，语言天赋极高，能精通西域六蕃语言。历任平卢军兵马使、营州都督、三镇（平卢、范阳、河东）节度使等。天宝十四载（755年），唐玄宗两次招安禄山回京，都被安禄山称病推辞了。如此频繁的召见，让安禄山深感不安。同年十一月，安禄山以诛杀宰相杨国忠为名，在范阳起兵叛乱，向西进发，一路势如破竹，很快就攻破了洛阳和长安两京。唐玄宗不得不在禁军的保护下带着杨贵妃仓皇入蜀避难。占据洛阳城的第二年，安禄山自称雄武皇帝，国号大燕，年号圣武。有狼父必有狼子，至德二年（757年），安禄山被他的嫡次子安庆绪指使宦官李猪儿杀害。可笑的是，史思明杀死安庆绪篡位大燕皇帝后，也为自己的儿子史朝义所杀。

护、朔方节度。俄兼单于副大都护。十一载，以朔方副使李献忠叛，让节度，举安思顺自代。”下述林甫告玄宗语，云：“帝以为然，乃用思顺代林甫领使。自是高仙芝、哥舒翰，皆专任大将。”其说较允。当时胡人任大将者，禄山而外，不过思顺、仙芝、翰三人而已。云诸道节度，尽用胡人，似欠审谛。仙芝，高丽人。翰，突骑施哥舒部之裔。王忠嗣之贬，思顺代为河西，翰代为陇右。张齐丘左迁，尝命思顺权知朔方。十载，乃命林甫遥领。是岁，仙芝自安西入朝，以为河西，代思顺。思顺讽群胡割耳剺面留己，乃已。至林甫举以自代，乃之朔方。禄山反，乃以郭子仪代之。天下之势偏重。卒使禄山倾覆天下，皆出于林甫专宠固位之谋也。昔人论天宝之乱源如此。平心论之，中国政俗皆尚和平，承平之时，武备不得不弛，初无关于法制。自“五胡乱华”以来，以汉人任耕，而以降附之外族任战，其策亦迄未尝变。故唐初虽有府兵，出征实多用蕃兵、蕃将，此实非玄宗一人之咎，归狱林甫，尤近深文。惟天宝之时，偏重之势太甚，君相不早为之计，而徒荒淫纵恣，耽宠怙权，则神州陸沉，固不得不任其责耳。

当时天下兵力，实以西北二边为重，以唐所视为大敌者，实为突厥与吐蕃也。然以重之之故，其制驭之亦较严；朔方、河、陇，多以宰臣遥领，或将相出入迭为之。而所用胡人，如高仙芝、哥舒翰等，亦不过贪功生事之徒，故未有他患。东北去中枢较远，奚、契丹虽桀骜，尚非突厥、吐蕃之比，故唐人视之较轻，所用节将，惟张守珪出于精选，亦仅武夫，不知远虑，而安禄山遂乘之，盗窃兵柄矣。禄山者，营州柳城胡。《新书》云本姓康，《旧书》云无姓氏，名轧荦山。母阿史德氏，为突厥巫师。禄山少孤，随母在突厥中，将军安波至兄延偃妻其母。开元初，偃携以归国。与将军安道买男偕来。道买次男安节德堰，约两家子为兄弟，乃冒姓安，更名禄山。史思明者，本名窣干，营州宁夷州突

贵妃醉酒
年画

《贵妃醉酒》，又名《百花亭》。讲述的是，杨贵妃与唐明皇约好在百花亭筵饮，但杨贵妃久候，还不见唐明皇来，便命宫女密探，得知唐明皇已幸江妃。杨贵妃恼怒交加，愁绪万分，便令高力士、裴力士斟酒，大醉而归。此剧经过梅兰芳改编和排演后，成为『梅派』经典。图中坐着的是唐明皇，此处有误，按剧情，唐明皇不应该出现；边上端着酒杯的是裴力士，此为戏剧虚构人物；架着杨贵妃的为高力士。

厥杂种胡人。宁夷州，未详。《旧传》云：与禄山同乡里，则亦当置于柳城。与禄山同乡里。先禄山一日生。《通鉴考异》曰：《旧传》云：思明除日生。禄山元日生。按《禄山事迹》，天宝十载（751 年），正月二十日，上及贵妃为禄山作生日，今不取。今按作生日不必定在其生日，此不能断《旧传》之诬也。及长，相善，俱以骁勇闻。又俱解六蕃语，同为互市郎。张守珪为幽州节度，使二人同捉生，拔禄山为偏将，遂养为子。开元二十七年（739 年），守珪以罪去。明年，禄山为平卢兵马使。又明年，授营州都督、平卢军使。天宝元年（742 年），以平卢为节度，禄山为使。三载（744 年），遂代裴宽节度范阳，而

《华清出浴图》

（清）康涛　收藏于天津艺术博物馆

白居易《长恨歌》写道：『春寒赐浴华清池，温泉水滑洗凝脂。侍儿扶起娇无力，始是新承恩泽时。』华清池里面专供杨贵妃洗浴的池汤为『海棠汤』，每年唐玄宗都要带着杨贵妃到此过冬沐浴和赏景。

平卢等使如故。九载，兼河北道采访处置使。十载，拜云中太守，即云州。河东节度使，一身兼制三镇，其势遂不可制矣。玄宗信任禄山，史所传多野言。如《新书》本传云：令见皇太子，不拜。左右擿语之。禄山曰："臣不识朝廷仪，皇太子何官也？"帝曰："吾百岁后付以位。"谢曰："臣愚，知陛下不知太子，罪万死。"乃再拜。时杨贵妃有宠，禄山请为妃养儿，帝许之。其拜必先妃后帝。帝怪之。答曰："蕃人先母后父。"帝大悦。此等皆不直一笑。《旧书》本传云：禄山性巧黠，人多誉之。又厚赂往来者，乞为好言，玄宗益信乡。采访使张利贞，尝受其赂；黜陟使席建侯，又言其公直无私；裴宽受代，李林甫顺旨，并言其美；数公皆信臣，故玄宗意益坚，其说当近于实。盖时于东北，不甚措意，故于无意之中，使成尾大之势也。禄山性悖戾，非他蕃将仅邀战功、利官爵者比，遂畜逆谋。更筑垒范阳北，号雄武城，峙兵积谷，养同罗、奚、契丹八千人为假子。畜单于护真大马三万，牛羊五万。潜遣贾胡行诸道，岁输财百万。十一载（752 年），攻契丹，败绩。将出兵以报怨，表请阿布思自助。阿布思之来降也，玄宗宠之，赐姓名曰李献忠。李林甫遥领朔方，用为副使。及是，诏以兵与禄山会。献忠素与禄山不协，叛归碛北，为边患。诏北庭都护程千里讨之。献忠为回纥所掠，奔葛逻禄。葛逻禄缚送之，俘于京师，斩之，而其众皆为禄山所有，阿布思事，见新、旧《书·本纪》天宝十一载至十三载，及李林甫、程千里、安禄山诸《传》。愈偃肆。《新书》云：皇太子及宰相屡言禄山反。帝不信。杨国忠建言追还朝，以验厥状。禄山揣得其谋，乃驰入谒，帝意遂安，凡国忠所陈无入者。十三载，来谒华清宫，对帝泣曰：臣蕃人，不识文字，陛下擢以不次，国忠必欲杀臣以甘心。帝慰解之，拜尚书左仆射，诏还领。又请为闲厩、陇右群牧等使，表吉温以自副。温时附禄山。禄山加河东节度使，奏为副使，知留后事。复奏为魏郡太守。杨国忠为相，追温入为御史中丞，盖欲止其狼狈也。然《旧书·传》言其至西京，朝廷动静，辄报禄山。观安岱、李方来之事，则知禄山谋逆，用间谍颇多，温亦难保非其一，酷吏之不可信如此。魏郡，在今河北大名县东。还，疾驱去。既总闲牧，因择良马内范阳，又夺张文俨马牧。反状明白。人告言者，帝必缚与之。明年，国忠谋授禄山同中书门下平章事，召还朝。制未下，帝使中官辅璆琳赐大柑，因察非常，禄山厚赂之，还言无他，帝遂不召。未几，事泄，帝托他罪杀之。自是始疑。帝赐禄山长子庆宗娶宗室女，手诏禄山观礼。辞疾甚。帝赐书曰："为卿别治一汤，可会十月，朕待卿华清宫。"唐是时，盖明知禄山之必反，而无如之何，乃思以计饵之，使某入都，以消弭战祸，其策可谓无俚。然谓玄宗犹信之，杨国忠与之不协，乃思激其速反，则其诬亦显而易见矣。去冬吉温以事贬岭外，是岁死于狱，杨国忠又使客擿禄山阴事，讽京兆尹捕其第，得安岱、李方来与禄山反状，缢杀之。见《新书·李岘传》。至是，则其反谋无可掩饰，兵祸亦无可消弭矣。十一月，禄山遂反于范阳。

禄山之反，其众凡十五万。河北皆禄山统内，望风瓦解。又遣骑入太原，杀尹杨光翙。时安西节度使封常清入朝，帝以为范阳、平卢节度使，乘驿诣东京募兵以御之。得六万人，皆白徒，不习战。又以荣王琬玄宗第六子。为元帅，高仙芝副之。率飞骑、彍骑、新募之天武军及朔方、河西、陇右之众屯陕。置河南节度使，领陈留等十三郡。陈留，即汴州。以卫尉卿张介然为之。十二月，禄山度河，陷灵昌。即滑州。遂陷陈留，介然死。进陷荥阳，封常清拒战，败绩，奔陕。禄山遂陷东京。常清告仙芝：陕不可守，且潼关无兵，贼入之，则长安危矣。仙芝乃弃陕奔潼关。禄山使崔乾祐屯陕。常清之败，三表陈贼形势，上皆不见，常清乃自驰诣阙。至渭南，敕削官爵，白衣诣仙芝军自效。时宦者土門既開，凶威大蹙。賊臣不救，孤城圍逼，父陷子死，巢傾卵覆。天不悔禍，誰為荼毒，念爾遘殘，百身何贖。嗚呼哀哉，吾承天澤，移牧河關。泉明比者，再陷常山。攜爾首櫬，及茲同還。撫念摧切，震悼心顏。方俟遠日，卜爾幽宅。魂而有知，無嗟久客。嗚呼哀哉尚饗。

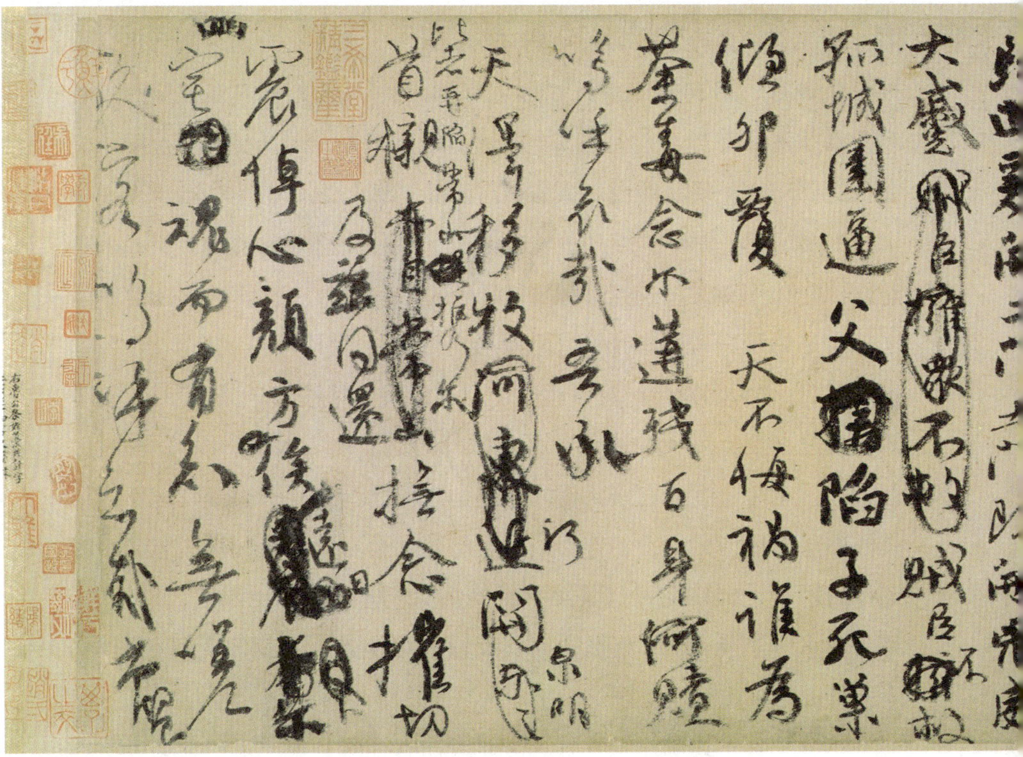

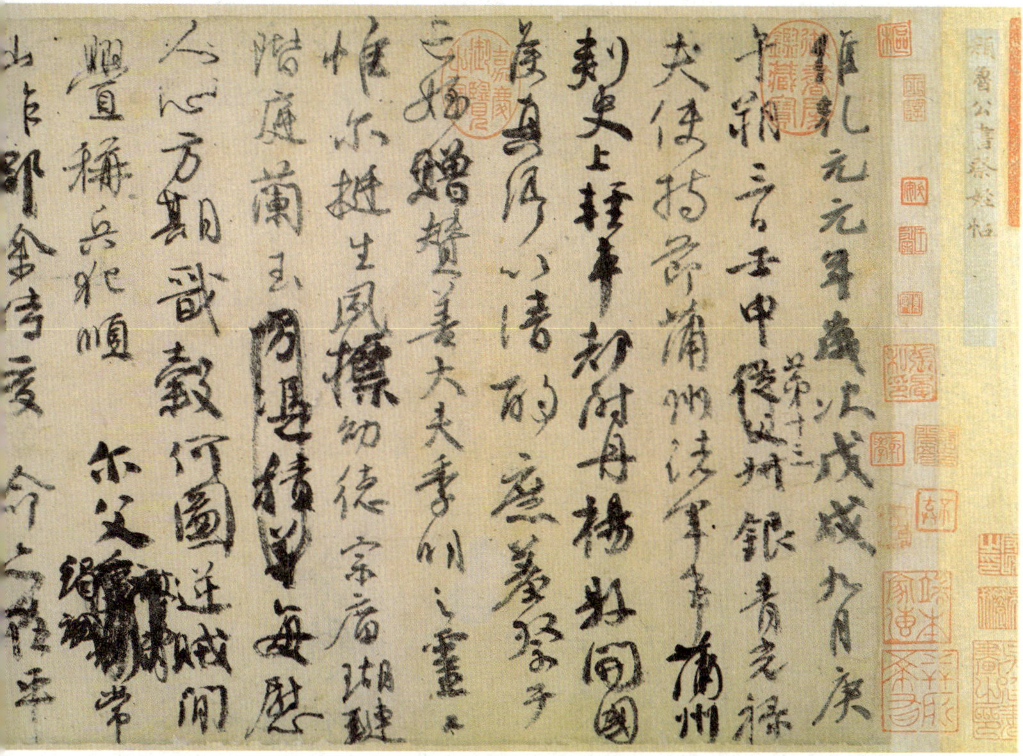

《祭侄文稿》

（唐）颜真卿　收藏于中国台北故宫博物院

颜真卿，字清臣，京兆万年（今陕西西安）人。颜真卿少年时就喜好书法，但家贫买不起纸笔，就用树枝蘸浑水在墙上练习。颜真卿的行书遒劲有力，被称为『颜体』，与柳公权合称『颜柳』，有『颜筋柳骨』之美誉。因楷书成就，颜真卿与欧阳询、柳公权、赵孟頫被合称为『楷书四大家』。天宝十五年（756年），安禄山围攻常山，杀颜真卿的侄子颜季明，颜氏一门三十余口被害。后来，颜真卿命人到河北寻到侄子颜季明头颅，挥泪写下《祭侄文稿》。《祭侄文稿》又名《祭侄赠赞善大夫季明文》，全文情义真切，被誉为『在世颜书第一』。

边令诚监仙芝军，数以事干仙芝不遂，奏言常清张贼势以摇众心，仙芝弃地数百里，且盗减军士粮赐。上使赍敕即军中斩二人。常清具遗表劝上勿轻贼而死。常清既死，令诚索陌刀手百余人自随，宣杀仙芝之命。仙芝曰："我退，罪也，以为减截粮赐则诬。"谓令诚曰："上是天，下是地，兵士皆在，足下岂不知乎？"其召募兵排列在外，素爱仙芝，仙芝呼谓之曰："我若实有此，君辈即言实；若实无之，吾辈当言枉。"兵齐呼曰："枉。"其声殷地，然遂斩之。仙芝、常清，非必大将才，要不失为战将；当时欲御禄山，舍此二人，亦无可用者；乃听宦人之言而诛之，亦可谓暗矣。先是哥舒翰入朝，得风疾，留京师，乃拜为兵马副元帅，将蕃、汉兵，并仙芝旧卒二十万军潼关。翰时疾颇甚，委政于行军司马田良丘，良丘复不敢专断，教令不一，颇无部伍。其将王思礼、李承光又争长不协，人无斗志。然潼关天险，贼亦未能遽进也。

禄山之陷陈留也，使其将李庭望守之。既入东京，又以张通晤为睢阳太守，即宋州。使与陈留太守杨朝宗东略地。郡县望风降服。惟东平太守嗣吴王祇、东平郡，即郓州。祇，太宗子吴王恪之孙。济南太守李随，济南郡，即齐州。皆起兵讨贼。单父尉贾贲单父县，今山东单县。率吏民击通晤，斩之。禄山将尹子奇屯陈留欲东略，至襄邑而还。襄邑县，在今河南睢县西。平原太守颜真卿、平原郡，即德州。常山太守颜杲卿常山郡，即镇州。亦起兵河北响应。使入范阳招副使贾循。循未及发，禄山使人杀之。使史思明、蔡希德攻陷常山，杲卿死。然真卿之兵，进克魏郡，时清河客李萼，为其郡乞师于真卿，说真卿曰："闻朝廷使程千里统十万众自太行东下，将出崞口，为贼所扼。今先伐魏，分兵开崞口之路，出千里之兵，使讨邺、幽陵；平原、清河，合十万众徇洛阳，分兵而制其冲；公坚壁无与战；不数十日，贼必溃而相图矣。"真卿然之。遂合清河、博平兵克魏郡。清河郡，即贝州。崞口，在河北邯郸县西。邺郡，即相州。幽陵，指范阳。博平郡，即博州。禄山又使其将高秀岩寇振武，朔方节度使郭子仪败之。乘胜拔静边军，胡三省曰：当在单于府东北，王忠嗣镇河东所筑也。宋白曰：云中郡西至静边军百八十里。进围云中。上命还朔方，发兵进取东京，别选良将一人，分兵先出井陉，今河北井陉、获鹿二县间。以定河北。子仪荐李光弼，楷落子。上以为河东节度使，子仪分朔方兵万人与之。时河北诸郡惟饶阳未下，史思明围之。闻光弼出井陉，解围与相拒。子仪又自井陉出，连败思明于九门、嘉山。九门县，在今河北藁城县西北。嘉山，在常山郡之东。思明奔博陵。子仪、光弼就围之。河北十余郡，皆杀贼守将而降。渔阳路再绝。胡三省曰：渔阳，即谓范阳也。范阳郡幽州，其后又分置蓟州渔阳郡。唐人于此时，多以范阳、渔阳通言之。前此颜杲卿反正，渔阳路绝矣，杲卿败而复通。今郭、李破史思明，故再绝。蓟州，今蓟县。禄山先在东京僭称燕帝，天宝十五载（756 年），即肃宗至德元载正月。及是，议弃之，还自救。使唐能坚守潼关，长安或未必沦没也。而玄宗及杨国忠促哥舒翰出战，遂至一败涂地。

《旧书·哥舒翰传》云：翰至潼关，或劝翰留兵三万守关，悉以精锐回诛杨国忠。翰心许之，未发。有客泄其谋于国忠。国忠大惧，乃奏言潼关兵众虽盛，而无后殿，请选监牧小儿三千人，于苑中训练。诏从之，遣剑南军将分统焉。又奏召募万人，屯于霸上，在长安东。令其腹心杜乾运将之。翰虑为所图，乃上表请乾运兵隶于潼关。遂召乾运赴潼关计事，因斩之。先是翰数奏禄山虽窃河朔，而不得人心，请持重以敝之。贼将崔乾祐于陕郡潜锋蓄锐，而觇者奏云："贼殊无备。"上然之，命悉众速讨。翰奏曰："禄山久习用兵，必不肯无备，且贼兵远来，利在速战，王师自战其地，利在坚守。若轻出战，是入其算。乞更观事势。"杨国忠恐其谋己，屡奏使出兵。上久处太平，不练军事，既为国忠眩惑，中使相继督责，翰不得已，引兵出关。《王思礼传》谓思礼密语翰：请抗表诛杨国忠。翰不应。复请以三十骑劫之，横驮来潼关杀之。翰曰："此乃翰反，何与禄山事？"《杨国忠传》云：哥舒翰守潼关，诸将以函关距京师三百里，利在守险，不利出攻。国忠以翰持兵，虑反图己，欲其速战，自中督促之。《新书·翰传》云：郭子仪以禄山悉锐兵南破宛、洛，而以余众守幽州，吾直捣之，覆其巢穴，质叛族以招逆徒，禄山之首可致。若师出潼关，变生京师，天下殆矣。乃极言请翰固关无出军，而帝入国忠之言，使使者促战，项背相望也。哥舒翰武人，未尝与闻朝政，又婴废疾，若杀国忠，试问何以善其后？安得然或人之说？王思礼亦安得劝之？果有是意，纵不敢回戈西向，岂复能顺命出关？故谓翰或翰之将士有图国忠之议，必为妄语。翰既不能图国忠，国忠何用忌之？其选练监牧小儿及召募，意或诚为万一之备。使剑南军将统之者，国忠时领剑南节度，麾下固应有亲信之人；抑或已为幸蜀之计也。至哥舒翰之杀杜乾运，或诚以议事不协；或是时翰不能亲治军，麾下乃有此鲁莽之举；要不能以是而谓其有图国忠之意也。促战之举，恐仍由于玄宗之不练军事者居多。玄宗虽好用兵，初未尝亲履行陈，固非太宗之伦。观其杀封常清、高仙芝，可谓绝无思虑，此非特不练军事，且恐益之眊荒，果若此者，其躁急求战，又岂待国忠之眩惑也。国忠不能力谏，则自不待言。且国忠亦非知军机之人，观其征云南之事可知。特谓其虑翰之害己而促之战，则未必然耳。郭子仪请命翰坚守，语出《邠志》，见《通鉴考异》。可信与否，亦难质言，然当日事势，固确是如此。故《国忠传》谓诸将之意皆然，可见询谋之佥同，而玄宗顾以轻躁之心，信谍报而促之战，抑何其老将至而犹有童心也？《旧书·杨国忠传》曰：禄山虽据河洛，其兵锋，东止于梁、宋，南不过宛、邓。李光弼、郭子仪统河朔劲卒，连收恒、定，若崤函固守，兵不妄动，则凶

《仿明皇幸蜀图》轴

（明）仇英（传） 收藏地不详

图中描述的是，潼关陷落，安禄山攻入长安，唐玄宗仓皇携太子、宠妃逃往成都的场景，很是狼狈。

逆之势，不讨自弊。及哥舒翰出师，不数日，乘舆迁幸，朝廷陷没，兵满天下，毒流四海，皆国忠之召祸也。其蔽罪于国忠诬，其论用兵形势则是也。《旧书》多载时人意见，此当时之公论也。《新书·刘子玄传》：子秩，安禄山反，哥舒翰守潼关，杨国忠欲夺其兵。秩上言：翰兵天下成败所系，不可忽。房琯见其书，以比刘更生。则当时知潼关之兵关系之重者，又不独诸将矣。

哥舒翰既出关，与贼战于灵宝，大败。时天宝十五载（756年）六月八日，距李光弼破史思明于嘉山，仅数日耳。明日，翰至关，蕃将火拔归仁执之以降。安庆绪弃东京时杀之。关门不守，杨国忠唱幸蜀之计。十三日，凌晨，帝乃与国忠及宰相韦见素、太子、亲王、贵妃姊妹等出延秋门。至马嵬驿，在今陕西兴平县西。兵士杀杨国忠，又胁上杀贵妃而后行。《旧书·国忠传》曰：至马嵬，军士饥而愤怒。陈玄礼惧乱，先谓军士曰："今天下崩离，万乘震荡，岂不由杨国忠？若不诛之，何以塞四海之怨愤？"众曰："念之久矣。事行身死，固所愿也。"会吐蕃和好使在驿门，遮国忠诉事，军士呼曰："杨国忠与蕃人谋叛。"诸军乃围驿，擒国忠，斩首以徇。并杀其子暄及韩国夫人。国忠妻裴柔，与虢国夫人走陈仓，县令薛景仙追杀之。《玄宗本纪》曰：诸卫顿兵不进，陈玄礼奏请诛国忠，会吐蕃使遮国忠，兵士围驿四合，乃诛国忠。众方退。一族兵犹未解，上令高力士诘之。回奏：诸将既诛国忠，以贵妃在宫，人情恐惧。上即命力士赐贵妃自尽。丁酉，明日。将发，朝臣惟韦见素一人。乃命其子京兆府司录谔为御史中丞，充置顿使，议所向。军士或言河、陇，或言灵武、太原，或言还京为便。谔曰：还京须有捍贼之备，兵马未集，恐非万全。不如且幸扶风，即岐州，徐图所向。上询于众，咸以为然。及行，百姓遮路，乞留皇太子，愿勠力破贼，收复京城。因留太子。案，陈玄礼，《旧书》附《王毛仲传》，云：禄山反，玄礼欲于城中诛杨国忠，事不果，竟于马嵬斩之，其为豫谋可知。《杨贵妃传》云：玄礼密启太子诛国忠父子。《韦见素传》谓玄礼与飞龙马家李护国谋于皇太子，请诛国忠。《肃宗张皇后传》云：百姓遮道请留太子。宦者李靖忠启太子请留，良娣赞成之。张后时为太子良娣。靖忠者，李辅国本名，《宦官传》作静忠，护国则肃宗即位后赐名也。《宦官传》谓其献计太子，请分玄宗麾下兵北趋朔方，以图兴复。又《建宁王传》，谓是谋也，广平、建宁，广平王俶，即代宗。建宁王倓，肃宗第三子。亦赞成之。则驿门之围，遮道之请，东宫皆与其谋可知。《贵妃传》言：河北盗起，玄宗以皇太子为天下兵马元帅，监抚军国事。国忠大惧，诸杨聚哭。贵妃衔土陈请，帝遂不行内禅。其说之信否未可知，然太子与诸杨间隙之深，则可见矣。《后妃传》序云：马嵬涂地，太子不敢西行。玄宗一日而尸三子，为之子者，不亦难乎？盖非徒求福，亦以免祸矣。众怒如火，其可犯乎？全躯入蜀，实为至幸，此又昵于衽席者之深鉴也。

马嵬之难既平，玄宗遂西入蜀。太子北行，至平凉，即原州。朔方留后杜鸿渐使来迎。时河西行军司马裴冕入为御史大夫，之平凉见太子，亦劝之朔方。七月，太子至灵武。冕及鸿渐等劝进，遂即帝位。是为肃宗。而尊玄宗为太上皇。

《长恨歌图·上卷》　［日］狩野山雪

元和元年（806年），白居易任盩厔（今陕西周至）县尉，对当地民间流传唐玄宗与杨贵妃的故事很是有感，便创作了《长恨歌》。《长恨歌》在白居易在世时，就已经广泛流传于社会各阶层，影响了许多后代的文学作品，包括陈鸿唐人传奇的名篇《长恨歌传》。上卷开始于『汉皇重色思倾国』，止于杨贵妃被赐死于马嵬坡。主要描绘的是唐玄宗与杨贵妃的爱情故事。

《长恨歌图·下卷》 ［日］狩野山雪

下卷开始于『君王掩面救不得』，止于『天长地久有时尽，此恨绵绵无绝期』。主要描绘了玄宗对贵妃的思念。

第三节　安史之乱（下）

图恢复者必借兵力。天宝时，兵力萃于西北，而河西、陇右皆较远，肃宗西行，必之朔方者势也。顾朔方兵力，皆在郭、李之手，故潼关不守，光弼遂释博陵之围，与子仪俱入井陉，而河北遂尽为史思明、尹子奇所陷。

玄宗之西行，安禄山不意其如是之速，故潼关陷后，尚驻兵十日，乃遣孙孝哲入长安，以张通儒为西京留守，田乾真为京兆尹，安忠顺屯兵苑中，而使孝哲监关中军。禄山始终未至长安。《新书·传》云："禄山未至长安，士人皆逃入山谷，宫嫔散匿行哭，将相第家，委宝货不赀，群不逞争取之。又剽左藏大盈库，百司帑藏。竭，乃火其余。禄山至，怒，大索三日，民间财赀尽掠之。"误也。孝哲，契丹人，豪侈，果杀戮，又与禄山用事臣严庄不睦；禄山死后，庄夺其使，以与邓季杨。诸将皆慓悍无远略，惟事声色货贿；故此一路，初不足为唐室患。惟阿史那从礼以同罗、仆骨骑五千出塞，诱河曲六州胡，欲迫行在，转成肃宗之近患而已。

其时郭、李而外，河西节度副使李嗣业亦以兵七千至。顾力犹未足，乃使仆固怀恩仆骨酋长歌滥拔延之孙，世袭金微州都督。初事王忠嗣、安思顺，后从郭子仪。与敦煌王承寀邠王守礼之孙。同使回纥结好，且发其兵。时回纥裴罗可汗已卒，子磨延啜立，是为葛勒可汗。以可敦之妹为女妻承宷，遣渠领来和亲。时唐以郭子仪为灵州长史，使李光弼留守北京。太原。可汗乃自将兵，与子仪共平河曲，朔方遂安。至德元年十二月。

其东出之路，则薛景仙取扶风而守之。诏改为凤翔府，以景仙为守。初京兆李泌，天宝中，上书论世务，玄宗召见，令待诏翰林，仍东宫供奉，杨国忠奏其为《感遇诗》讽刺时政，诏于蕲春安置。蕲春郡，即蕲州，今湖北蕲春县。乃潜遁名山。肃宗即位，遣使访召。会泌自嵩、颍间奔赴行在。拜银青光禄大夫，俾掌枢务。时以广平王俶为天下兵马元帅，仍俾掌军司马事。泌劝上且幸彭原，即宁州。俟西北兵将至，进幸扶风以应之，于时庸调亦集，可以赡军。上从之。河南房琯，玄宗时为宪部侍郎，从驾于蜀。时大臣赴难者少，玄宗悦，即日拜文部尚书，同中书门下平章事。与韦见素等奉使灵武，册立肃宗。肃宗以琯素有重名，倾心待之。琯亦以天下为己任，抗疏自请将兵，以诛寇孽，收复京都。许之。至德元载（756 年）十月，琯与禄山将安守忠战于陈陶斜，在今咸阳县东。败绩。是役也，史谓琯以虚名择将吏，以至于败。然琯所将，本非精兵；且意欲持重伺敌，而中使邢延恩督战，遂至仓皇失据；则其败也，犹之哥舒翰潼关之败也。《旧书·高适传》：适上言：监哥舒翰军之李大宜，与将士约为香火，使倡妇弹箜篌、琵琶，以相娱乐，樗蒱、饮酒，不恤军务，宦官之坏军政如此。琯之败，肃宗待之如初，可见其咎不在琯。然此役，与唐之治乱，所关实巨。盖使琯而不败，则兵权不致尽入武人之手，而如朔方军之因循养寇，诸节镇之骄恣自擅，其弊皆可以不作矣。然以是时敌势之炽，岂复一文臣，仓卒受命，用素骄之将，不练之卒所能平？琯之志可钦，而其遇则可悲也。毫毛不拔将寻斧柯，君子是以凛然于积重之势也。

然唐室虽敝，而贼徒亦不能有为。禄山本痴肥，晚岁益甚。叛后目复盲，又患疽，益卞躁。左右给侍，无罪辄死，或箠掠。帐下李猪儿，本降竖，后为阉人，愈亲信，而遭诃辱尤数。严庄最亲倚，亦时遭笞挞。长子庆宗，仕唐为太仆卿，禄山反，被杀。次子庆绪，僭号之后，嬖妾段夫人，爱其子庆恩。庆绪惧不立，庄遂说以行大事，为谕猪儿。至德二载（757 年），正月朔，戕禄山于东京。庆绪即伪位，委政于庄而兄事之。时史思明自博陵，蔡希德自太行，高秀岩自大同，牛庭玠自范阳，合兵十万，以攻太原。李光弼麾下精兵，皆赴朔方，余团练乌合之众，不满万人，其势甚危。会禄山死，庆绪使思明归守范阳，留希德等攻太原。二月，光弼出击，破之，希德遁去。进攻之势乃一挫。

光弼破希德之月，郭子仪亦平河东。河东郡，即蒲州，今山西永济县。遣子旰等攻潼关，败还。时肃宗已至凤翔，江、淮庸调，亦集汉中。四月，以子仪为天下兵马副元帅，使将兵如凤翔，与关内节度王思礼合攻西京。五月，仍为安守忠所败。可见其兵力尚强也。然庆绪徒纵乐饮酒，诸将皆不为用，故唐室卒得进取之机。

九月，回纥可汗使其子叶护将帝德率四千余人来。乃使子仪副广平王，率诸军而东，战香积寺，在长安南。大破之。张通儒等皆走。唐遂复西京。初，上欲速得京师，与回纥约："克城之日，土地士庶归唐，金帛子女皆归回纥。"至是，叶护欲如约。广平王拜于马前，曰："今始得西京，若遽俘掠，则东京之人，皆为贼固守，不可复取矣。愿至东京乃如约。”叶护惊，下马答拜。即与仆固怀恩引回纥、西域之兵，自城南而东。孟子曰：“争地以战，杀人盈野，争城以战，杀人盈城，此所谓率土地而食人肉，罪不容于死，故善战者服上刑。”然善战者亦或有以自解也，曰：吾固欲拯民于水火之中，非杀无以止杀也。行一不义，杀一不辜而得天下不为，陈义虽高，不能行也。好战者之言如是，其实未必然，其心或亦以为如是。至于明目张胆，以金帛、子女易土地及能任赋役之士庶，则诚视天下为其私产矣。岂不异哉？而或犹以此称广平之仁，曰：能隐其民无罪而为奴虏，然则东京之民奚罪焉？岂不异哉？广平留长安三日，复东出。庆绪悉发洛阳兵，使严庄将之，就张通儒等于陕，其数犹十五万。十月，子仪等又败之。庄、通儒等皆走。庆绪亦走河北，庄来降。遂复东京。回纥大掠三日。耆老以缯锦万匹赂之，乃止。此唐政府自为盗贼也。

初贾贲既斩张通晤，李随亦至睢阳，朝以为河南节度使，而以前高要尉许远守睢阳。又于南阳置节度使，南阳郡，即邓州。以太守鲁炅为之。至德元年（756 年）正月。雍丘令令狐潮降敌，雍丘，今河南

《唐肃宗像》

（清）佚名

李亨（711—762年），唐玄宗第三子。天宝十五载（756年），李亨在灵武（今宁夏灵武西南）即位，是为唐肃宗，并尊唐玄宗为太上皇，改元至德。唐肃宗重用郭子仪和李光弼，联合回纥，大规模平定叛军。至德二年（757年），郭子仪收复长安。同年，唐玄宗回到长安，他非常厌恶张皇后和李辅国，常常劝唐肃宗不要宠幸他们。李辅国构陷唐玄宗，说他想复辟。因此，唐肃宗将唐玄宗软禁在甘露殿。宝应元年（762年），唐玄宗和唐肃宗先后因病驾崩。

杞县。敌以为将，使东击淮阳。官兵破之。潮东见李庭坚，所俘淮阳之兵叛于后，潮弃妻子走，贾贲因之入雍丘。真源令张巡，真源，在今河南鹿邑县东。起兵，入雍丘与之合。潮还攻，贲战死，巡代领其众。二月。朝以吴王祗为陈留太守，节度河南，李光弼节度河北，加颜真卿河北采访使。三月。敌将武令珣围南阳，朝征吴王为太仆卿，代以嗣虢王巨。五月。巨，虢王凤之曾孙。巨自蓝田出武关，围乃解。时北海太守贺兰进明亦起兵，颜真卿既克魏郡，以书招之并力。进明渡河屯平原，敕加河北招讨使。史思明、尹子奇再陷河北，遣兵攻平原。真卿度不能守，弃郡走。进明亦诣行在。十月。朝又以代虢王。尹子奇以五千骑略北海，欲南取江淮。会回纥可汗将兵来，遣其将葛逻支以二千骑奄至范阳城下，子奇闻之，遽北归。安庆绪嗣伪位，以子奇为汴州刺史、河南节度使。至德二载正月。子奇进攻睢阳。先是贼将杨朝宗欲袭宁陵，今河南宁陵县。断张巡之后。巡遂拔雍丘，东守宁陵，与许远共击朝宗，破之。及是，远告急于巡。巡乃入睢阳，与之俱守。远以巡才出己上，举战斗之事，一以委之，己但居中应接而已。子奇来攻，巡、远击败之，然攻围不辍。田承嗣亦继武令珣攻南阳。鲁炅走襄阳。五月。敌攻之，不克。时敌欲南侵江、汉，赖炅扼之得全，而睢阳之围益急。初，房琯恶贺兰进明，既以为河南节度兼御史大夫，复以许叔冀为灵昌太守，为进明都知兵马使，亦兼御史大夫以挫之。进明居临淮，临淮郡，即泗州，今安徽泗县。叔冀在谯郡。即亳州，今安徽亳县。虢王之见代，尽将其部曲西行，所留者羸兵数千，劣马数百。叔冀恃部下精锐，又名位相等，不受进明节制。张巡使南霁云乞师，进明遂不敢分兵，睢阳陷，巡死。十月。许远亦死于偃师。张镐者，博州人，廓落有大志，好谈王霸大略。天宝末，杨国忠以声名自高，搜天下奇杰，闻镐名，荐之，自褐衣拜左拾遗。玄宗幸蜀，镐自山谷徒步扈从。肃宗即位，遣赴行在。至凤翔，奏议多有弘益。拜谏议大夫，寻迁中书侍郎，同中书门下平章事。亦房琯之伦也。及是，命兼河南节度使、持节、都统淮南等道诸军事。镐闻睢阳围急，倍道兼进，无所及。然时西京收复，敌大势已败，尹子奇悉众赴陕，《新书·禄山传》。与张通儒同败，陈留人遂杀之以降。初朝廷使来瑱守颍川，事在至德元载四月。敌屡攻之，不能克。及是，田承嗣围之，瑱走，承嗣亦来降，郭子仪应之缓，乃复叛，与武令珣走河北，蔡希德攻上党，即潞州。程千里守，突出欲擒之，还，桥坏，坠堑中，反为所擒。事在至德二载（757年）九月，安庆绪走河北时见杀。千里谕其下坚守，希德卒不能克。张镐率诸节度徇河南、河东郡县，皆下之。惟能元皓据北海，高秀岩据大同而已。《通鉴》至德二载十一月。

安庆绪之走相州也，瘐卒才千余。已而蔡希德、田承嗣、武令珣先后归之，又自召募，众至六万，势复振。庆绪不亲政事，惟缮亭沼楼船，为长夜之饮。其用事之臣高尚等，各不相协。蔡希德兵最锐，性刚直，张通儒谮杀之。此据《旧书》。《新书》云：时密送款者十余人，希德为其一，通儒以他事杀之。庆绪以崔乾祐领中外兵，愎戾好杀，士卒不附。史思明据范阳，骄横。思明于天宝十一载（752年），以平卢兵马使兼北平太守，充卢龙军使。禄山反，使之略定河北，贾循死后，令守范阳。庆绪遣阿史那承庆、安守忠、李立节往议事，共图之。思明杀守忠、立节，囚承庆。十二月，来降。诏以为范阳节度使。其河东节度使高秀岩亦来降。以为云中太守。明年，为乾元元年（758年），二月，其北海节度使能元皓又降。以为河北招讨使。贼势益蹙。

初，乌知义为平卢兵马使，史思明以列将事之。后知义子承恩，为信都太守。信都郡，即冀州，今河北冀县。郭子仪、李光弼入井陉，以郡降于思明。思明亲信之。及是，唐遣其往河北宣慰，列郡多降。光弼因请以为范阳节度副使，使与阿史那承庆图思明。事泄，思明杀之，复叛。时六月也。七月，帝以幼女宁国公主下嫁磨延啜，册为英武威远毗伽可汗。汗以主为可敦，使子骨啜与帝德等率三千骑来助讨贼。九月，诏朔方郭子仪、淮西鲁炅、淮西军，治颍川。兴平李奂、兴平军，治上洛。滑濮许叔冀、北庭行营李嗣业、荆州季广琛、平卢董秦、河东李光弼、关内泽潞王思礼泽州，今山西晋城县。九节度之师攻邺。据《旧书·本纪》。《宝录》同，汾阳家传无李奂，而有河南崔光远，见《通鉴考异》。李嗣业中流矢死，兵马使荔非元礼代统其众。不置元帅，但以鱼朝恩为观军容宣慰处置使。号令不一，久无功。庆绪求救于思明。十二月，思明陷魏州。李光弼请与朔方军往索战，得旷日持久，则邺城必拔矣。鱼朝恩不可。明年二月，思明趋邺。先以兵抄诸军粮运。诸军乏食，人思自溃，思明乃引大军直抵城下。三月，战，官军大败。郭子仪以朔方军断河桥保东京。河桥，在今平原省孟县[1]南。诸节度各溃归本镇。惟李光弼、王思礼全军而归。思明杀庆绪及高尚、孙孝哲、崔乾祐等，留子朝义守邺，自还范阳。四月，僭称燕帝。

唐平安、史，本倚朔方军。然此时，此军业已寖骄，郭子仪军政又不肃。相州之役，子仪卒实先奔。七月，乃召之还京师，以李光弼代为节度。光弼愿得亲王为之副，诏以赵王系为天下兵马元帅，系，肃宗次子，后徙王越。光弼副之。朔方将士，乐子仪之宽，而惮光弼之严。左方兵马使张用济，欲以兵入东京，逐光弼，请子仪，都知兵马使仆固怀恩等不可，乃止。光弼以数千骑至汜水，用济单骑来谒，光弼责以召不时至，斩之。怀恩继至。光弼引坐与语。须臾，阍者白：“蕃浑五百骑

---

〔1〕 平原省孟县：平原省为中华人民共和国原省级行政区名，于 1952 年撤销，1986 年孟县划归河南省焦作市，1996 年孟县撤县建市，设立孟州市，由焦作市代管。——编者加

至矣。”光弼变色。怀恩走出，召麾下将，阳责之曰：“语汝勿来，何得故违？”光弼曰：“士卒随将，亦复何罪？”命给牛酒。盖怀恩成备而见光弼，光弼弗能害也。朔方军情如此，更欲倚之以图克复，亦难矣。八月，以光弼为幽州长史、河北节度使。九月，思明使子朝清守范阳，发兵四道济河会汴州。光弼还东京，使许叔冀守，叔冀战不胜，降之。思明西攻郑州。今河南郑县。光弼弃东京，保河阳。十月，思明来攻，光弼败之。思明又遣兵攻陕。初禄山之叛，神策军使成如璆使兵马使卫伯玉以千人赴难，与鱼朝恩俱屯于陕，及是，败之。明年，为上元元年（760年）。八月，以神策军故地沦没，即诏伯玉军号神策，以伯玉为节度，朝恩为观军容使，监其军，与陕州节度使郭英乂俱屯于陕。十一月，光弼拔怀州，今河南沁阳县。擒其河南节度使安太清。二年二月，上命光弼及怀恩、伯玉进取东京，与思明战于邙山，败绩。光弼、怀恩走闻喜，今山西闻喜县。伯玉、朝恩还保陕。河阳、怀州皆陷。是役也，《旧书·思明传》言其潜遣人反说官军，言洛中将士，皆幽、朔人，思归，可取。鱼朝恩以为然，告光弼、怀恩、伯玉令出兵，光弼等然之。《光弼传》云：朝恩屡言贼可灭之状，朝旨令光弼速收东都。光弼屡表贼锋尚锐，不可轻进。怀恩害光弼之功，潜附朝恩，言贼可灭，由是中使督战，光弼不获已进军。《怀恩传》亦言其心惮光弼而颇不协。《新书·怀恩传》云：安太清妻有色，怀恩子玚劫致于幕。光弼命归之，不听。乃以卒环守，复驰骑趋之，射杀七人，夺妻还太清。怀恩怒曰：“公乃为贼杀官卒邪？”初会军汜水，朔方将张用济后至，斩纛下，怀恩常悒悒不乐。及战邙山，不用令以覆王师。案，光弼若然朝恩之说，无缘与敌久相持；是时合朔方、神策两军，即使未能进取，亦不应至于甚败；则谓怀恩不用命以覆师，似无疑义。相州之役，合九节度之师而不置元帅，史云以郭、李皆元勋，难相统属。夫光弼名位，本出

郭子仪
年画

郭子仪（697—781年），华州郑县（今陕西渭南华州区）人，历事玄、肃、代、德四帝，封汾阳王，世称郭令公。郭子仪是历史上唯一从武状元升到宰相的人。安史之乱爆发后，郭子仪被封为朔方节度使，奉诏讨伐，先后收复河北和长安。后因被猜忌，召还长安，被解除兵权。宝应元年（762年），被封为汾阳王，负责平定太原、绛州的叛乱。但其间又遭到宦官程元振的离间，再次被解除兵权。广德元年（763年），仆固怀恩引吐蕃、回纥入侵河西，直逼长安。唐代宗东奔陕州，急忙起用郭子仪为关内副元帅，前去阻击。郭子仪命令军队白天击鼓张旗，夜晚燃起篝火。吐蕃军不敢轻举妄动，遂撤兵，长安再次光复。代宗回长安，郭子仪到浐水迎接。代宗羞愧说：『用卿不早，故及于此。』

子仪之下；其为河东节度，乃由子仪之荐；况子仪素以宽和闻，谓其不能令众或有之，谓将招致抗拒，无是理也；则何不可相统属之有。子仪既召还京师，翌年正月，以党项不靖，分邠宁置鄜坊节度，邠宁节度，治邠州。鄜坊节度，治坊州，今陕西中部县。鄜州，今陕西鄜县。各置副使，而以子仪兼领两道，留居京师，此仍是投闲之局。九月，或言天下未平，不宜置子仪散地，乃命出镇邠州。旋制：子仪统诸道兵，自朔方取范阳，还定河北。发射生、英武等禁军，及朔方、鄜坊、邠宁、泾原诸道蕃汉兵共七万人，皆受子仪节度。泾原节度，治泾州。史言制下旬日，为朝恩所沮，事竟不行。《通鉴》。盖朝恩自谓知兵，欲要平贼之功，故始于相州之役，不置统帅，而己以观军容使厕其间，俨然王人虽微，序于诸侯之上；继又因此而中思明之反说，牵率光弼以俱行，而不悟朔方军中，又多乖午，以致求荣反辱也。骄将务修私怨，宦竖专秉庙谟，以此克敌，不亦难乎？邙山既败，光弼求自贬，使镇河中，治蒲州。旋改临淮。仍以子仪领朔方行营，而怀恩为之副。此军实权，遂入怀恩之手矣。邙山败后，怀恩入为工部尚书，代宗立，乃复出。

史朝义为思明孽长子，宽厚，下多附者，而朝清喜田猎。戕虐似思明，而淫酗过之。邙山战后，思明遂欲进取，使朝义攻陕，为卫伯玉所败。思明怒，召之，及其将骆悦，欲诛而释之。又言朝义怯，不足成吾事，欲追朝清自副。悦遂说朝义弑思明，又使人杀朝清。幽州乱，张通儒亦战死。事数月乃定。朝义以李怀仙为范阳尹、燕京留守。《新书·思明传》云：朝义阴令向贡、阿史那玉图朝清。贡绐计曰："闻上欲以王为太子，且车驾在远，王宜入侍。"朝清谓然，趣帐下出治装，贡使高久仁、高如震率壮士入牙城。朝清登楼，自射杀数人。阿史那玉伪北，朝清下，被执。与母辛俱死。张通儒不知，引兵战城中，数日，不克，亦死。贡摄军事。未几，玉袭杀之，自为长史。治杀朝清罪，乃枭久仁徇于军。如震惧，拥兵拒守。五日，玉败走武清。朝义使人招之。至东都，凡胡面者，无少长悉诛，以李怀仙为幽州节度使。斩如震，幽州乃定。其说略与《唐实录》《河洛春秋》同。惟《实录》朝清作朝英，《旧传》亦同。见《通鉴考异》。《考异》又引《蓟门纪乱》，则朝清又作朝兴，云系思明太子。高久仁作高鞫仁，云与如震同是朝兴牙将。云：朝义潜勒张通儒及户部尚书康孝忠与鞫仁、如震等谋诛朝兴。通儒潜令孝忠取其马，通儒与鞫仁领兵入其子城。朝兴拒战，被擒，见杀。收其党与悉诛之。思明骁将辛万年，特有宠于朝兴，又与鞫仁、如震友善。通儒敕鞫仁、如震斩万年，鞫仁告之。于是如震、万年领其部曲入子城，斩通儒。推伪中书令阿史那承庆为留守。函通儒等首，使万年送洛阳，诬其欲以蓟城归顺。承庆领蕃兵数十骑至如震宅门，要如震相见。如震驰至，即斩之。入东军，与康孝忠招集蕃羯。鞫仁统麾下军讨之。承庆败，与孝忠出城，收散卒，东保潞县。月余，径诣洛阳，自陈其事。城中蕃军家口，尽逾城相继而去。鞫仁令城中杀胡者皆重赏。于是羯胡俱尽。高鼻类胡而滥死者甚众。朝义以李怀仙为范阳节度，乃诱鞫仁杀之。武清，今河北武清县。潞县，在今河北通县东。于是敌势又顿挫，此亦唐之天幸也。

上元三年（762年）代宗宝应元年。四月，玄宗、肃宗相继崩，代宗立。以子奉节王适即德宗。旋徙王鲁，又徙雍。为天下兵马大元帅。初回纥英武可汗卒，大子叶护，前得罪死。次子移地健立，号牟羽可汗。后加册为登里颉咄登密施含俱录英义建功毗伽可汗。其妻，仆固怀恩女也。始英武为少子请婚，肃宗以妻之，至是，以为可敦。代宗即位，以史朝义未灭，复遣中人刘清潭往结好，且发其兵。比至，回纥已为朝义所訹，曰："唐荐有丧，国无主，且乱，请回纥入收其府库，富不赀。"可汗即引兵南。时八月也。朝廷震惊，遣殿中监药子昂迎劳，

《公孙大娘舞剑图》轴

（清）任颐　收藏于北京故宫博物院

公孙大娘擅长舞剑，舞艺超群，经常在民间献艺，很有盛名，曾多次被召入宫，表演技艺。诗人杜甫有《观公孙大娘弟子舞剑器行·并序》：『昔有佳人公孙氏，一舞剑器动四方。观者如山色沮丧，天地为之久低昂。』杜甫在序中还提到，『草圣』张旭因看公孙大娘《西河剑器》舞后，草书书法大有长进，变得豪放激扬，放荡不羁。《新唐书》记载，张旭喜欢在酒醉之后书写作品，称之为『狂草』。唐文宗李昂深爱张旭书法作品，将其列为『三绝』（李白的诗歌、裴旻的剑舞、张旭的草书）之一。

又命怀恩与会。乃上书请助天子讨贼。于是使雍王东会之。时可汗壁陕州，王往见之。可汗责王不蹈舞，引左厢兵马使药子昂、右厢兵马使魏琚、行军司马李进、元帅判官韦少华榜之百。少华、琚一夕死。乃以怀恩为前锋，郭英乂、鱼朝恩为后殿，与回纥俱东。王留陕州。怀恩与朝义战，败之。朝义东走。回纥入东京，放兵攘剽。人皆遁保圣善、白马二祠浮屠。回纥怒，火浮屠，杀万余人。朔方、神策军亦掠汝、郑间，乡无完庐，皆蔽纸为裳，虐于贼矣。怀恩与回纥可汗留河阳，使子玚逐朝义。于是贼汴州节度使张献诚、相州节度使薛嵩、恒阳节度使张忠志皆来降。恒阳，今河北曲阳县。朝义辗转奔莫州。今河北任丘县。怀恩会兖郓节度使辛云京等围之。兖郓节度，治兖州。田承嗣给朝义还幽州发兵，以城降。朝义至幽州，李怀仙不纳，谋奔两蕃。怀仙复招之，朝义自缢死。怀仙来降，乱平。时广德元年（763 年）正月也。首尾凡八年。

安史之乱，盖以西胡之狡黠，用北族之愚悍，此自足以扰乱中原，然绝不能成大事也。《新书 · 禄山传》言："贼将何千年，劝贼令高秀岩以兵三万出振武，下朔方，诱诸蕃取盐、盐州，在今宁夏盐池县北。夏、鄜、坊；使李归仁、张通儒以兵二万道云中，取太原，团弩七万二千入蒲关，在今山西永济县西。以动关中；劝禄山自将兵梁河阳，取洛阳；使蔡希德、贾循以兵二万绝海收淄、青，以摇江、淮；则天下无复事矣。"此画颇具远见。使禄山用之，其乱决不能如后来之易平，而禄山不能用，徒罄全力以取东京，此所谓"兵屯聚而西，无他奇道"者也。《新书 · 李泌传》言：泌尝劝肃宗"诏李光弼出井陉，郭子仪取冯翊，即同州，今陕西大荔县。入河东，则史思明、张忠志不敢离范阳、常山，安守忠、田乾真不敢离长安。以三地禁其四将，徐命建宁王北并塞，与光弼相掎角，以取范阳。贼失巢窟，当死河南诸将手"。帝然之。会西方兵大集，帝欲速得长安。泌曰："我所恃者，碛西突骑、西北诸戎耳。若先取京师，期必在春，关东早热，马且病，士皆思归，不可以战。贼得休士养徒，必复来南，此危道也。”泌事多出其子繁增饰，此说殊不足信。然论当时用兵形势，则自是如此。盖以禄山当日之凭借，占据中国则不足，扰乱边陲则有余。使其不急取两京，而收率西北诸蕃，以拊关中之背，则唐室岂徒旰食而已。此辽之所以困宋，亦元之所以困金也。然其卒不出此者，何也？《禄山传》又言：其据东京，见宫阙尊雄，锐情僭号，故兵久不西，而诸道兵得稍集。《旧书·史思明传》言：禄山陷西京，常以橐驰运御府珍宝于范阳，不知纪极。此岂有取天下之略者乎？《高尚传》言：尚始与严庄、孙孝哲计划，白禄山以为事必成。及河朔路再绝，河南诸郡皆有防御，潼关有哥舒翰之师，禄山大惧，怒尚等曰：“汝元向我道万全。今四边若此，万全何在？更不须见我。”尚等遂数日不得见。禄山忧闷，不知所为。会田乾真自潼关至，晓谕之曰：“自古帝王，皆有胜败，然后成大事，岂有一举得之者？今四边兵马虽多，皆非精锐，岂我之比？纵事不成，收取数万众，横行天下，为一盗跖，亦十年五岁矣。岂有人能制我？尚、庄等皆佐命元勋，何得隔绝，不与相见？”禄山喜曰：“阿浩，乾真小字。非汝谁能开豁我心里事，今无忧矣。”遂召尚等饮燕作乐，待之如初。以窥窃神器始，而以为盗跖横行十年五岁终，此可谓之有大略乎？《新书》谓其“睹纲纪大乱，计天下可取，逆谋日炽”，殆非实录也。尚本名不危。史言其母老乞食于人，而周游不归侍养。尚，幽州雍奴人。雍奴，今河北武清县也。尝叹息谓汝南周铣曰：汝南郡，即蔡州。“高不危宁当举事而死，终不能咬草根以求活。”所志如此，可与之图天下乎？李泌言：“华人为禄山用者，独周挚、高尚等数人，余皆胁制偷合，天下大计，非所知也。”即此数人者，亦岂足与言天下大计哉？蛮夷起朔垂者，虽歆羡中原子女玉帛之富，初无荐居上国之心，是以中国无如之何。元魏之居平城，势尚如此。逮其入居中国，而又不知持之之方，则其亡不旋踵矣。若禄山得东京而亟思僭号，得西京而徒知辇运珍宝，是以中国自累也。此所谓“离乎夷狄，而未即乎中国”者邪？其败也宜矣。

然苟好武功，而不知天下之大计者，则观于安史之事，亦不可不引为深鉴也。薛讷之欲讨契丹也，姚崇等沮之，玄宗即以讷同三品，群臣乃不敢言。当其即位之初，其愎谏自用即如此。宋庆礼欲复营州，实为绥边之长策，而宋璟固争。郝灵佺传默啜之首，自以为不世之功，而璟深抑其赏，致灵佺自悼而死。夫岂不知默啜为害之久且烈，盖深知玄宗之用兵，近于轻举，将至自焚，不得不深防其渐也。禄山之南下也，封常清之众，多市井之徒，兵交之后，被铁骑唐突，飞矢如雨，皆魂慑色沮，望贼奔散。张介然之众，则闻吹角鼓噪之声而气已夺矣。陈留陷后，两宿及荥阳，荥阳太守崔无诐召募拒之，乘城者自坠如雨，无诐及官吏，遂尽为敌所虏。皆见《旧书·忠义传》。《新书·禄山传》言：时兵暴起，州县发官铠仗，皆穿朽钝折不可用。吏皆弃城匿，或自杀，不则就擒。禁卫皆市井徒，既授甲，不能脱弓襡剑繁。内地之兵备如此，可重边兵以事四裔乎？中国疆域广，腹里距边地远，承平之世，民不能无忌战，此固事势使然，不能为一人咎。然理天下者，贵乎察事势之盈虚，而与之消息。纵不能矫之使正，亦岂可更速其倾？此玄宗之所以为暗也。

弓箭

弓箭是唐军装备的主要远射武器，唐代王琚所著《射经·马射总法》记载“势如追风，目如流电，满开弓，紧放箭”，说明唐军强调强弓劲弩，开满就射，而对精确度的要求并不高。据载，每名唐军士兵行军时都要配弓，包括三条弓弦、三十支箭和一个箭壶（称胡禄）。传说中的“震天弓”便出自唐朝，为大将薛仁贵所用。突厥号称“天山射雕王”的颉利可汗向唐军挑战，薛仁贵持此弓“将军三箭定天山，战士长歌入汉关”。图为《武备志》的射箭图与日本《弓之书》。日本的射击技术来源于唐朝，我们从中可一窥唐朝的弓术。

《武备志》（节选）
（明）茅元仪／辑

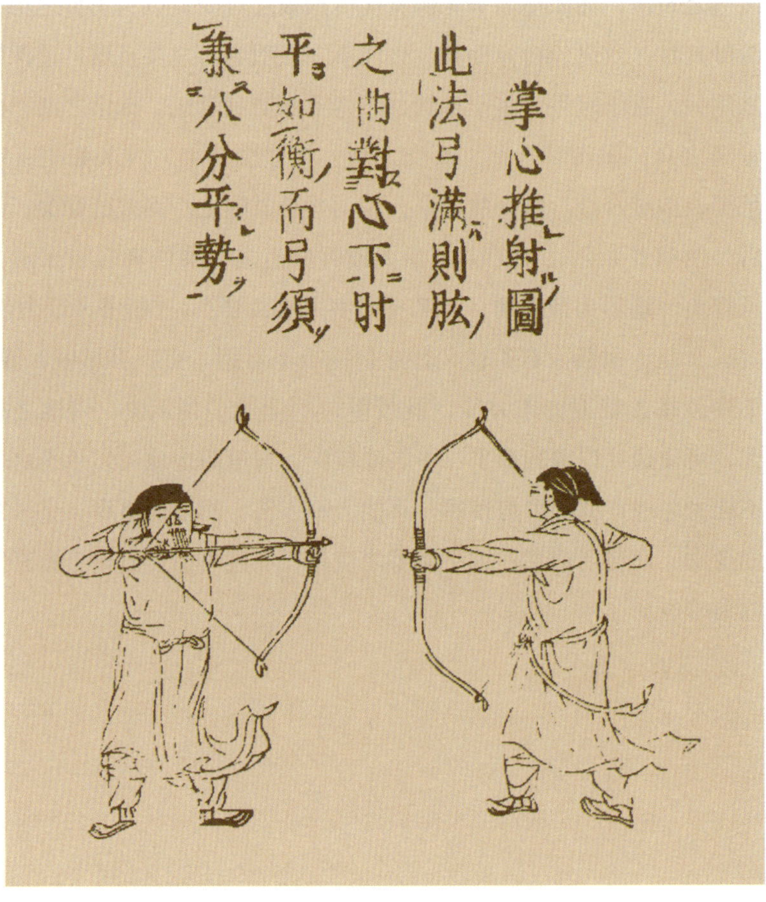

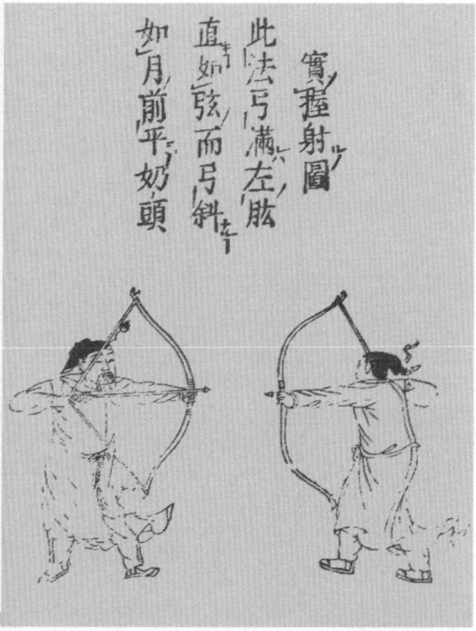
實跮射圖
此法弓滿左肱
直如弦而弓斜
如月前平奶頭

馬箭分騣式

馬箭抹鞦式

馬箭對鐙式

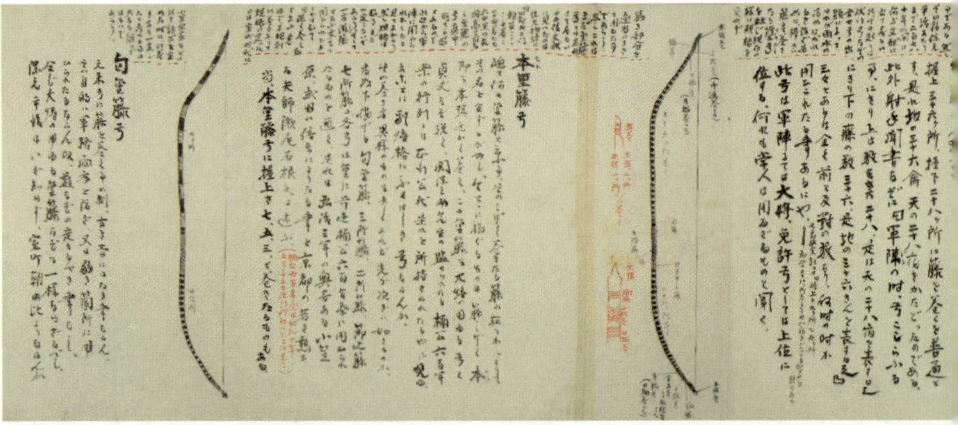
本重籐弓

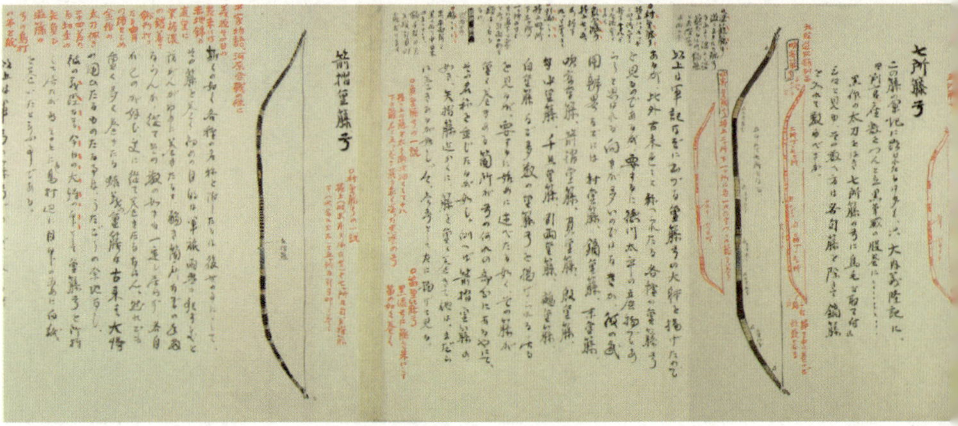
七所籐弓

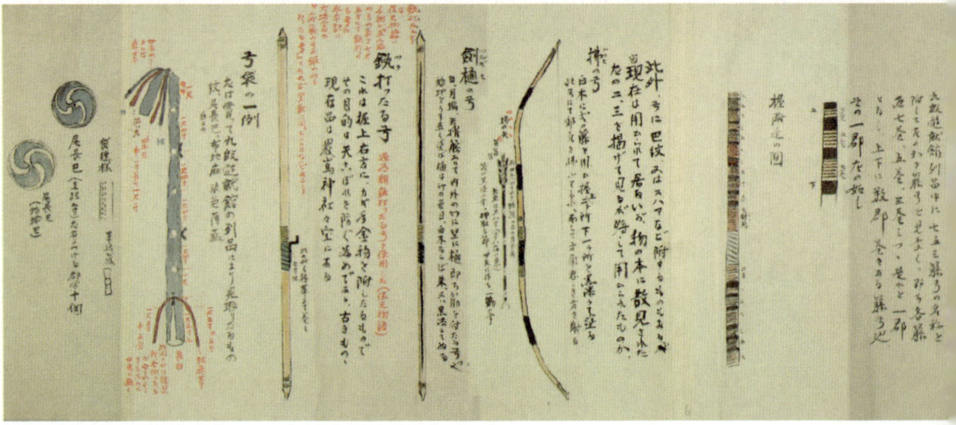
握所巻の図
鉄打ったる弓
弓袋の一例

《弓之书》（节选）　［日］村井五郎／编

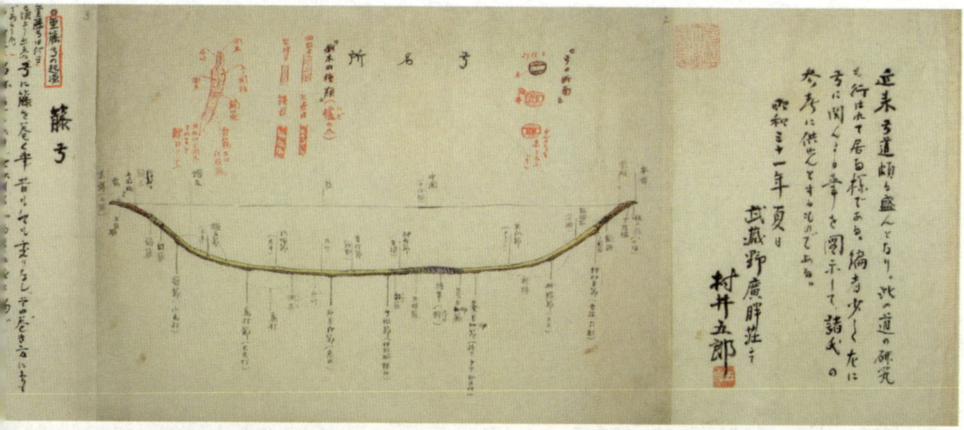

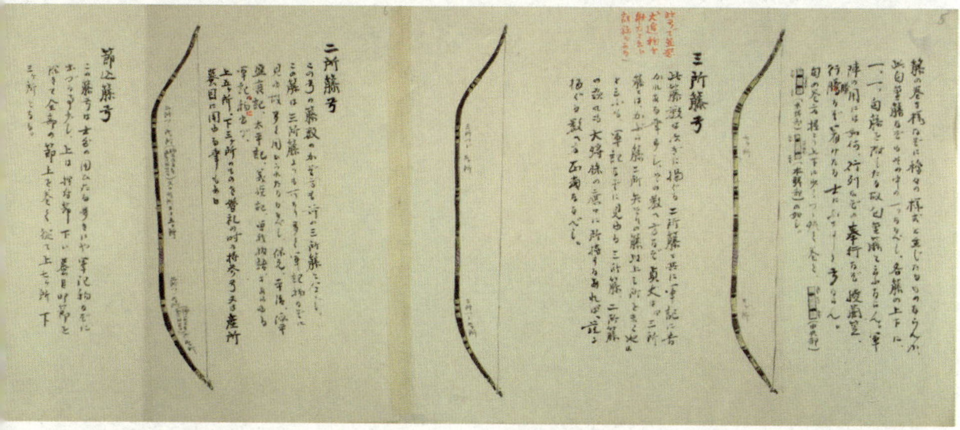

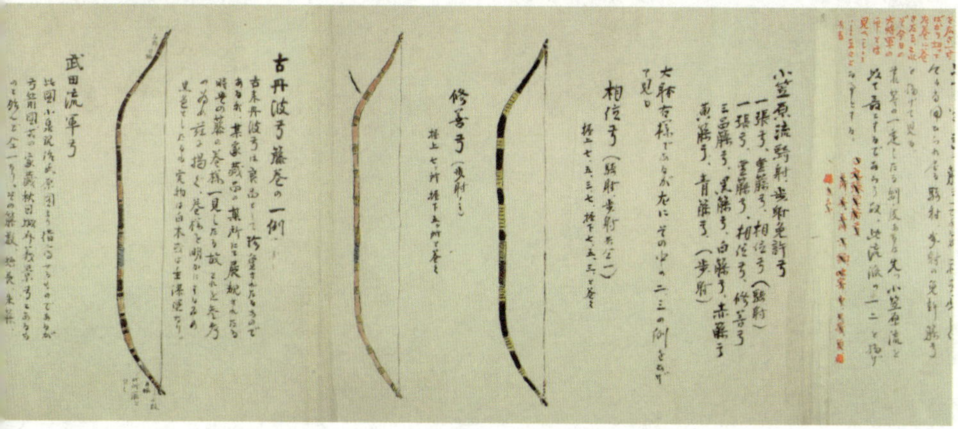

第六章 唐室乱亡

第一节　懿僖时之内乱（上）

论者每谓内重之世，草泽之雄易于崛起，外重之世则不然，以汉、唐已事为证，其实非也。汉世州郡之权，不可谓不重，然赤眉、黄巾何尝不轰轰烈烈？即唐之亡，亦岂非黄巢为之邪？要之剥削残酷，民穷无告，则必皆奋起，徒陈兵而谁何，必无用也。况乎兵之屯聚久者，又必骄横而怯战，镇压起事不足，而促成起事则有余邪？

为黄巢之乱之先声者，仇甫也。仇甫，新、旧《书》同。《通鉴》依《平剡录》作裘甫。据《考异》，《实录》亦作仇甫。甫以咸通元年（860年）正月，起于浙东，陷明州，攻越州。明越观察使郑祇德不能御，以安南经略使王式为浙东观察使，八月，讨平之，是役式闻甫用骑兵，乃阅所部，得吐蕃、回鹘迁隶数百用之，此又启用沙陀以攻黄巢之先声矣。式之受命，左右宦要，皆惮兵众而馈饷多，式曰："不亟决，东南征赋阙矣。"乃益以许、滑、淮南兵。盖唐自肃、代来，久恃江淮财赋以为命，故其重之如此也。甫之乱幸获戡定。然黄巢以后，卒至两河、江淮，赋不上供，而唐遂瓦解矣。

民乱将作，乃借兵变为前驱。初王智兴得徐州，召募强壮之卒二千人，号曰银刀、雕旗、门枪、挟马等军，《旧书》本传云凡七军。《通鉴》同。番宿衙城。自后寖骄，节度使姑息不暇。田牟镇徐日，每与衙卒杂坐，酒酣抚背，时把板为之唱歌。其徒日费万计，每有宾宴，必先厌食饫酒，祁寒暑雨，卮酒盈前，然犹喧噪邀求，动谋逐帅。咸通二年（861 年），温璋为节度使。衙卒知其严酷，深负忧疑。璋开怀抚谕，终为猜贰，给与酒食，未尝沥口。三年七月，遂逐璋。乃移王式于武宁。诏率忠武、义成之师往。三日，犒劳令还。既擐甲执兵，即命环衙卒杀之。三千余人，是日尽杀。《通鉴考异》曰：《旧传》曰：璋咸通末为徐泗节度使。徐州衙卒曰银刀军，颇骄横。璋至，诛其凶恶者五百人。自是军中畏法。按诛银刀军者王式也，《旧传》误。今按璋初至时，或曾诛其最激烈者，而思更抚其余，故其卒终忌之也。《旧传》不必定误，惟咸通末之末字，则必误耳。于是罢武宁军节度使，改置团练。《旧书·本纪》：咸通四年四月，敕徐州罢

黄巢

选自《残唐五代史演义传》 （明）罗贯中 编辑

黄巢最为著名的诗歌是科举失败后的《不第后赋菊》：『待到秋来九月八，我花开后百花杀。冲天香阵透长安，满城尽带黄金甲。』《残唐五代史演义》中说黄巢面似鳌盖，发须皆黄，在科举时考上了状元。但根据当时的礼法，新科状元在朝拜帝王后，要登到殿角的金鳌头上，让正宫娘娘亲自为其插上两朵宫花，并赐御酒三杯。正宫娘娘给黄巢插宫花时，被黄巢的面貌惊吓，将黄巢赶出去，黄巢这才决定造反。此类评书不能当作正史，只是故事。

防御使，为文都，隶兖州。文都，盖当时俗语，指不置军之州郡。武宁军时领徐、泗、濠、宿四州。《新书·方镇表》：咸通三年（862 年），罢武宁军节度，置徐州团练防御使，隶兖海。又置宿泗等州都团练观察处置使，治宿州。四年，罢徐州防御使，以濠州隶淮南节度。五年，置徐泗团练观察处置使，治徐州。徐卒逃亡者众，诏赦之。五年五月，又募其人赴邕管防戍。《旧纪》：咸通四年七月，制曰：徐州银刀官健，先有逃窜者，累降敕旨，不令捕逐。其今年四月十八日草贼头首，已抵极法，其余徒党，各自奔逃，所在更勿捕逐。五年五月，制曰：比因罢节之日，或有被罪奔逃。虽朝廷频下诏书，并令一切不问，犹恐尚怀疑惧，未委招携，结聚山林，终成诖误；况边方未静，深藉人才；宜令徐泗团练使选拣召募官健三千人，赴邕管防戍。待岭外事宁之后，即与替代归还。仍令每召满五百人，即差军将押送。盖徐州士卒，逃匿山林者多，思以是靖之也。然既以虐杀除之矣，则宜别筹安抚之策，而不宜再招使为兵，此诏实铸一大错也。仍成养痈之局矣。

时则徐将孟球，召募二千人往。据《旧书·崔彦曾传》。《传》云球为节度使，是时无节度使，必误。分其八百人戍桂州。初约三年而代。至咸通九年（868 年），已六年矣。戍卒求代。时徐泗观察使为崔彦曾，性严刻。都押衙尹戡、教练使杜璋、兵马使徐行俭用事，军中怨之。戡以军帑匮乏，难以发兵，请戍桂之卒，更留一年。戍卒闻之，怒。都虞侯许佶，军校赵可立、姚周、张行实起事。杀都将王仲甫。推粮料判官庞勋为主，劫库兵北还。声势甚盛。时七月也。朝廷闻之，遣使赦其罪，部送归徐州。阴谋镇压。九月，勋等至湖南。监军以计诱之，使悉输其甲兵。山南东道节度使崔铉，严兵以守要害，戍卒不能入境。泛舟沿江东下。许佶等各以私财造甲兵旗帜。过浙西，入淮南。时令狐绹为节度使，都押衙李湘请伏兵高邮击之，弗听。至泗州，刺史杜滔悰弟。有备，勋等申状于崔彦曾：乞停尹戡、杜璋、徐行俭职。戍还将士，别置二营，共为一将。彦曾命都虞候元密以三千人讨之。十月，勋等占宿州。获大船，欲入江湖。元密追之，败死。勋等遂占徐州。囚彦曾，杀尹戡、杜璋、徐行俭，灭其族。勋使求节钺。又遣其将刘行及占濠州，李圆围泗州。辛云京之孙谠，寓居广陵，与杜滔有旧，入泗州，与之共守。诏以康承训为义成节度使、徐州行营都招讨使，王晏权为徐州北面行营招讨使，戴可师为徐州南面行营招讨使。承训奏乞沙陀朱邪赤心及吐谷浑、达靼、契苾酋长，各率其众以自随。庞勋以李圆攻泗州久不克，遣吴迥代之。又遣刘佶往助。刘行及亦自濠州遣王弘立助之。镇海节度使杜审权遣将翟行约以兵四千救泗州，败死。敕使郭厚本以淮南兵千五百救泗州，至洪泽，今洪泽本一小湖，在未成大湖时，其地名洪泽镇。不敢进。辛谠往求救，厚本分兵五百与之。令狐绹遣李湘以数千人与厚本合。又为所败，及厚本皆被执。庞勋军据淮口，泗水入淮之口。漕驿路绝。又南攻舒、庐，北攻沂、海，破沭阳、今江苏沭阳县。下蔡、今安徽凤台县。乌江、今安徽和县。巢县，今安徽巢县。占滁州。攻和州。戴可师以兵三万渡淮，为王弘立所败，可师死，时汴路既绝，江淮往来，皆出寿州，今安徽寿县。庞勋军破可师，遂乘胜围之，其道复绝。惟泗州藉辛谠屡出城护淮、浙、兵、粮以入，得不破。康承训驻宋州，诸道兵渐集。十年（869 年）二月，承训以七万余人南。使朱邪赤心以三千骑为前锋。王弘立击之，大败。仍请取泗州以补过。三月，承训又败姚周兵。周走宿州，庞勋守将梁丕杀之。先是朝以王晏权数退衄。代以泰宁节度使曹翔。出兵围滕县。今山东滕县。魏博节度使何全皞，亦屡出兵攻丰县。今山东丰县[1]。四月，庞勋杀崔彦曾，

〔1〕　丰县：现隶属江苏省徐州市。——编者加

断郭厚本、李湘手足，勋前此犹向朝廷求节钺，至此乃不复犹豫。自出兵解丰县之围。曹翔兵亦退。朝又以马举代令狐绹。举将精兵三万救泗州，王弘立死。吴迥走，泗州围解。六月，举进攻濠州。庞勋遣迥助刘行及守。朝以宋威为徐州西北面招讨使。将兵三万屯丰、萧间。萧，今萧县。曹翔复引兵会之。七月，拔滕县。进攻丰、沛。沛，今江苏沛县。康承训亦进抵宿州之西。初庞勋怒梁丕专杀，黜之。使徐州旧将张玄稔代治州事。以其将张儒、张实等将城中兵数万拒守。据《通鉴》。《新书·康承训传》张实作张行实。承训围之。实潜以书白勋："令出不意掠宋、亳之郊。彼必解围而西，将军设伏要害击其前，实等出城中兵蹙其后。"勋从之。留其父举直与许佶共守徐州，身率兵而西。九月，张玄稔斩张儒等降。因请诈为城陷，引兵趋符离及徐州。唐符离县，今安徽宿县北符离集。许佶闻之，婴城守。玄稔攻克之。斩举直及佶。悉捕戍桂州卒亲族杀之，死者数千人。庞勋袭宿州，陷其南城。康承训追之。勋走渡汴，南走亳州，今安徽亳县。为沙陀所及，勋死。十月，吴迥突围走死。事败。勋之初据徐，徐人谓旌节之至，不过旬月，愿效力献策者，远近辐凑，光、蔡、淮、浙、兖、郓、沂、密群雄，皆倍道归之，阗溢郛郭，旬月间，米斗直钱二百，《通鉴》咸通九年（868 年）。而仓库素无贮蓄，乃令群雄四出，于扬、楚、庐、寿、滁、和、兖、海、沂、密、曹、濮等州界，以牛马挽运粮糗，以夜继昼。招致亡命，有众二十万。男女十五已上，皆令执兵。《旧书·本纪》咸通十年。东南之民，归如流水。当其募兵也，人争赴之，至父遣其子，妻勉其夫，皆断钼首而锐之，执以应募，《通鉴》咸通九年。盖舍此实无生路也。朝以王晏权智兴犹子，授之节以冀招怀，数月，卒无应招者，盖知应招乃是绝路也。《旧纪》咸通十年。《纪》云由徐人怨王式之诛。夫怨王式之诛者，虽衙卒之党，民亦同怨也。戍卒初擅归时，人民皆争归之，一时声势甚盛，诸将莫敢击。其攻和州也，刺史崔雍登城楼谓吴迥曰："城中玉帛子女不敢惜，只勿取天子城池。"许之。遂剽城中居民。杀判官张琢，以琢治城壕故也。《旧纪》咸通九年。雍与庞勋将吴约于鼓角楼上饮酒。认军事判官李谯为亲弟，表状驱使官张立为男，只乞二人并身，其余将士，一任处置，至束手就戮者，八百余人。同上十年。其后勋益自骄，与勋同举兵于桂州者尤骄，军纪废弛，事遂失败。事既平，复改徐州都团练使为感化军节度使，盖以重其地也。康承训以功授河东节度使。明年，路岩、韦保衡劾其"讨贼逗桡，贪虏获，不时上功"，贬蜀王傅，分司东都，再贬恩州司马。可见勋之平，实其自败。以用兵论，则有同儿戏矣。

咸通四年（863年）十二月，昭义节度使沈询奴归秦与询侍婢通，询欲杀之，未果，归秦结衙将起事，杀询。五年正月，以京兆尹李蠙为昭义节度使，取归秦心肝以祭询。据《通鉴》。《新书·本纪》亦云：咸通四年十二月，昭义军乱，杀其节度使沈询。殿本考证云：《旧书》：是年正月，河东节度使卢简求致仕，以昭义节度刘潼代，三月，以李蠙为昭义节度，是潼之后蠙，蠙之后询矣，而《新书·沈传师传》乃云：询遇害，潼代为节度，诛害询者，岂潼本在询后邪？当是年月《传》误耳。今案《旧纪》纪事，疑误前一年，潼诛"乱"者不尽，而蠙又继之也。八年七月，怀州民诉旱，刺史刘仁规揭榜禁之，民怒，逐仁规，久之乃定。十年六月，陕州民诉旱。观察使崔荛指亭树曰："此尚有叶，何旱之有？"民怒，逐之。荛，宁弟密之曾孙，新、旧《书》皆附《宁传》，云为军人所逐。其《杨嗣复传》云：嗣复子损，继荛为使，诛乱者。据《通鉴》，则损所诛乃僖宗时逐崔碣者，恐《旧传》误而《新传》又误承之也。此等皆人民起事之较小者也。逮僖宗立而一发不可收拾矣。

第二节　懿僖时之内乱（下）

僖宗乾符元年（874年）正月，翰林学士卢携上言：关东去年旱灾，自虢至海，麦才半收。秋稼既无，冬菜至少。贫者硙蓬实为面，蓄槐叶为齑。或更衰羸，亦难收拾。常年不稔，则散之邻境，今所在皆饥，无所投依，坐守乡闾，待尽沟壑。其蠲免余税，实无可征，而州县以有上供及三司钱，三司，谓户部、度支、盐铁。督促甚急。虽彻屋伐木，雇妻鬻子，止可供所由酒食之费，未得至于府库也。或租税之外，更有他徭。朝廷傥不抚存，百姓实无生计，乞敕州县，应所欠残税，并一切停征，以俟蚕麦。仍发所在义仓，亟加赈给，至深春之后，有菜叶、木芽，继以桑椹，渐有可食。在今数月之间，尤为窘急，行之不可稽缓。民至望菜叶、木芽以续命，而官司之苛求尚如此，乱安得不作哉？

是岁，十二月，感化军奏"群盗寇掠，州县不能禁"，敕兖、郓等道出兵讨之，盖徐方承大战之后，民益无以为生也。而关东又遭水旱。于是濮州人王仙芝，聚众起于长垣，今河南长垣县。仙芝之起，《通鉴》系乾符元年（874年）末。《考异》曰："仙芝之反，《实录》在二年五月。"《续宝运录》：仙芝传檄诸道，末称乾符二年正月三日，则其起必在二年前，因系元年岁末。明年，冤句人黄巢亦起兵应之。冤句，今山东菏泽县。宋威时为平卢节度，朝廷以为宿将，倚以为诸道行营招讨草贼使。三年（876年）七月，威败仙芝于沂州，奏仙芝已死，纵遣诸道兵，身还青州，而仙芝实未死，行动如故。九月，仙芝西破汝州，执刺史王镣，宰相铎之从父昆弟也。敕赦仙芝及其党尚君长罪，除官以招谕之。十月，仙芝南攻唐、邓，陷郢。复进及淮南。蕲州刺史裴偓，王铎知举时所擢进士也，王镣以书为仙芝说偓，偓与约，敛兵不战，为之奏官。诸宰相多言不可。王铎固请许之。乃以仙芝为左神策军押衙兼监察御史，遣中使以告身授之。黄巢闻仙芝欲降，大怒曰："始者共立大誓，横行天下，今独取官赴左军，使此五千余众安归乎？"因殴仙芝伤首。其众反对不已。仙芝畏众怒，遂不受命。乃分其军三千余人从仙芝、君长，二千余人从巢，分道而去。已而复合于查牙山。《旧纪》在四年七月。《通鉴考异》引《实录》：三年十二月，招讨副都监杨复光奏尚让据查牙山，官军退保邓州。四年四月，黄巢引其众保查牙山。案，查牙山，在今河南遂平县西。四年七月，围宋威于宋州。忠武节度使崔安潜，使将张自勉以七千人解其围。先是宰相郑畋，以威衰老多病，招讨副使曾元裕奉命守东都，而拥兵蕲、黄，欲以安潜为行营都统，李瑑为招讨使代威，瑑，晟孙。自勉为副使代元裕。及是，卢携亦为相，与王铎俱欲使自勉受威节度，畋以威与自勉，已有疑忿，在其麾下，必为所杀，不肯署奏，各求罢，皆不许。畋复请罢黜威，不听。十一月，招讨副都监杨复光遣人说诱仙芝，仙芝遣尚君长等请降。宋威遣兵于道劫取，奏称战于颍州西南所擒。复光奏辩。命侍御史与中人即讯，不能明，乃斩之。五年（878年）正月，仙芝攻荆南，节度使崔知温不能御，山南东道李福悉众救却之。曾元裕又破仙芝于申州东。乃以元裕为招讨使代宋威，威还青州，九月卒。张自勉副之，而移西川高骈于荆南。二月，元裕破仙芝于黄梅，追斩之。《旧纪》、新旧《传》皆云宋威斩仙芝，此据《通鉴》。《考异》曰从《实录》。黄梅，今湖北黄梅县。黄巢方攻亳州，尚君长之弟让，以仙芝余众归之。巢袭破沂、濮。遗天平节度使张裼书，请奏之。诏以为武卫将军，令就郓州解甲。巢距不至。三月，自滑州略宋、汴，攻卫南，县名，在今河南滑县东。遂攻叶、今河南叶县。阳翟。今河南禹县。诏发河阳、宣武兵卫宫阙，东都宫阙。又诏曾元裕还东都，且发义成兵守轘辕、在今河南偃师县南。伊阙、河阴、武牢，大为巢所致。已王仙芝旧部王重隐占饶州，转略湖南。重隐死后，其将徐唐莒据洪州。四月，饶州将彭令璋复饶州，唐莒伏诛。见《新纪》。别将曹师雄略宣、润。诏曾元裕、杨复光救宣、润。其众复入浙西，乃又移高骈于镇海，黄巢亦南渡江，占虔、吉、今江西吉安县。饶、信。今江西上饶县。七月，攻宣州，不克。入浙东，开山路七百里入福建。十二月，占福州。今福建闽侯县。高骈遣将张璘、梁缵分道击之。巢趋广南。王铎自请击之，诏以为荆南节度使、南面行营招讨都统。《旧纪》《传》在五年，云为诸道行营都统。《通鉴》从《实录》及《新纪》《表》。铎奏李系为副，系，晟曾孙。兼湖南观察使，将精兵五万并土团屯潭州。巢与浙东观察使崔璆、岭南节度使李迢书，求天平节钺。二人为奏闻，朝廷不许。巢复上表求广州，亦不许。而除巢率府率。《新传》云：巢求为天平，郑畋欲许之，卢携、田令孜不可，乞广州，仆射于悰以为广州市舶宝货所聚，乃拜巢率府率。《旧传》云：郑畋与枢密使杨复恭请授同正员将军，卢携驳其议。乃授率府率。《实录》但载于琮议，又云：或云以正员将军縻之，宰相亦沮其议，乃除率府率。见《通鉴考异》。时六年（879年）六月也。巢怒，攻入广州。未几，士卒罹疫。乃自桂州编大筏，乘暴水沿湘而下。历衡、永，占潭州。李系奔朗州。尚让乘胜逼江陵。王铎留其将刘汉宏守，自率众欲会山南东道刘巨容之师。汉宏大掠江陵，率其众北归为群盗。巢遂趋襄阳，巨容与江西招讨使曹全晸破之荆门。今湖北荆门县。巢复渡江，攻鄂州，转入饶、信、池、宣、歙、杭等州。诏罢王铎，以高骈为诸道行营都统。《旧·卢携传》。《本纪》系广明元年三月。明年，为广明元年（880年），高骈遣张璘击之。巢复请降。骈许为求节钺。时昭义、感化、义武等军皆至，骈奏巢不日当平，请悉遣归。许之。巢告绝于骈。骈怒，使张璘击之，败死。巢遂占宣州。七月，自采石渡江。骈上表告急。诏责其散遣诸道兵。骈遂称风痹，不复出战。唐四易统率，悉皆败北，巢遂长驱北上矣。高骈之散遣诸道兵，深为后世士人訾议。其实即留之，亦无济于事。巢专避实击虚，力不敌则走山险，官军追击则非其敌，围困力又不足，即能战亦不足用，况是时之兵，多不能战，诸镇杂集，又不易指挥邪？此时之事势，已了如指掌。骈岂不知巢之策略，盖亦出势不得已。至巢渡江而北，则已气完力厚，而骈大将新折于外，即欲迎战，亦不可得矣。骈后来诚偃蹇，盖正由此时遣散兵卒，负大衅于朝廷，欲自赎而无其路，日莫途远，乃倒行而逆施之。谓其在此时已畜异志，欲坐观成败，则未必然也。

巢既渡江，诏诸道发兵屯溵水。泰宁节度使齐克让屯汝州。乾符二年（875年），兖海军赐号泰宁。先是张裼卒，乾符六年（879年）三月。衙将崔君裕自知州事，淄州刺史曹全晸讨诛之。及是，以全晸为天平节度使、东面副都统。全晸以众寡不敌，退屯泗上。徐州兵三千赴溵水，过许昌，谓供备疏阔，大噪。忠武将周岌亦赴溵水，闻之，夜还，袭杀徐卒，遂杀节度使薛能，自称留后。克让恐为所袭，引兵还兖州。

诸道兵屯溵水者皆散。巢遂悉众渡淮。克让退保潼关。

僖宗朝，诸相纷纭，意见不一，而田令孜实阴握大权。是岁三月，以其兄陈敬瑄为西川节度使。令孜本陈氏。旋又以杨师立为东川，牛勖为山南西道，皆令孜腹心，左神策将也。及是，令孜阴怀幸蜀之计，而阳请率神策军守潼关。乃以为左右神策内外八镇及诸道兵马都指挥制置招讨等使，以飞龙使杨复恭为副。复恭本林氏子。宦者杨志廉，贞元末为中尉，子钦义，大中朝为中尉。钦义子三人：玄翼，咸通中掌枢密。玄寔，乾符中为右军中尉。玄价，河阳监军。复恭玄翼子，复光玄价子也。神策军士，皆长安富族，世籍两军，自少迄长，不知战阵，闻科集，父子聚哭，各于两市出直万计，雇负贩、屠沽及病坊穷人代行。令选弩手，仅得二千八百人。令左军将张承范率以赴之。齐克让之卒，亦仅万人，且皆饥疲。而巢众有六十万。十二月，克让及承范之师先后溃，潼关失守。令孜以神策兵五百奉帝走兴元。明年为中和元年（881年）七月，至成都。黄巢入长安，称帝，国号齐。

唐代钧瓷瓶

第七章　五代十国始末

第一节　梁唐盛衰

梁太祖既即位，升汴州为开封府，建为东都，以唐东都为西都，改西都为雍州大安府。开平三年（909年）正月，迁于西都。以养子博王友文为东都留守。

唐末，梁祖已席莫强之势，然即位之后，兵威转挫者，则丁会之降敌实为之。盖其时欲逼晋阳，莫捷于泽潞一路也。故梁祖于开平元年五月，即使康怀英以兵八万，合魏博之兵攻潞。晋将李嗣昭坚守，晋亦以倾国之师援之，怀英久攻不克，帝代以李思安。七月。于潞州城下，更筑重城，内以防奔突，外以拒援兵，谓之夹寨。二年正月，李克用死，子存勖嗣。克用假子甚多，齿皆长于存勖，存勖时年二十四。各绾强兵，不服。北狄真子假子，区别不严。《新五代史·唐家人传》：太祖四弟：曰克让、克脩、克恭、克宁，皆不知其父母名号。夫苟亲太祖弟，安得不知父名？《唐书·宰相世系表》：国昌子凡四人：曰克恭、克俭、克用、克柔，无克让、克脩、克宁之名，而《孟方立传》云：克脩、克用从父弟，则《世系表》所举，又不足信也。《义儿传》云：太祖养子多矣，其可纪者九人：其一是为明宗，其次曰嗣昭、嗣本、嗣恩、存信、存孝、存进、存璋、存贤，然《传》中嗣昭为克柔养子，《旧史》亦同。克用弟克宁，时为管内蕃汉马步都知兵马使，克用假子

朱温像

选自《残唐五代史演义传》（明）罗贯中编辑

朱温（852—912年），后梁太祖，宋州砀山人。唐乾符四年（877年），参加黄巢起义军。中和二年（882年），叛变降唐，被任为河中行营招讨副使，赐名全忠。天祐四年（907年），代唐称帝，改名晃，都汴（今河南开封），国号梁，建元开平，史称后梁。

李存颢说之。诸假子又各使其妻，入说克宁妻孟氏。张承业者，故河东监军，昭宗诛宦官，克用匿之，唐亡，乃复请为监军，颇与政事。李存璋者，亦克用养子，为义儿军使。与承业同受克用遗顾立存勖。存颢与克宁谋杀之，执存勖子母送汴。此语不知存勖辈诬之，抑系实录？事泄，存勖伏甲杀克宁及存颢。时梁围潞州久不克，梁祖欲召兵还，恐为晋人所蹑，乃自至泽州应接。且召匡国节度使刘知俊至泽州，时匡国军名移于许州。以为潞州行营招讨使。代李思安。诸将以上党孤城无援，请更留旬月，知俊亦请留攻之。帝以关中空虚，虑岐人乘衅，命知俊退屯晋州。四月，帝自泽州还。时存勖亦召援潞之将周德威还晋阳，梁师益怠。而存勖遽自将赴援。五月，攻夹寨，破之。乘胜攻泽州。刘知俊救之，乃退。此时晋之兵力，绝非梁敌，又有内衅，而梁既不能乘机大举，并不能增兵攻潞，顿兵坚城，坐致败衄，盖不徒诸将莫肯展力，即梁祖亦不免暮气矣。潞州围解，城中士民饿死者业已大半，增兵猛攻，必克可知。若能大举以攻晋阳，则潞州更可不攻而下矣。难得之机，失之实深可惜也。

当时所以不能乘机者，邠、岐之牵制，实其一因。唐僖宗光启三年（887 年），尝置佑国军于洛阳。昭宗迁洛，移诸长安，以韩建为节度，而以刘知俊为匡国节度使代建。知俊本时溥将。天祐三年（906 年），徙建于淄青，以淄青王重师为佑国。重师本秦宗权将，后归梁祖。自王师范平后守青州。是岁九月，李继徽寇夏州。刘知俊赴救，败之。乘胜取鄜州。闰十二月，废镇国军，以隶匡国，割金、商隶佑国军，盖欲厚其力以捍邠、岐也。开平二年（908 年）五月，更忠武军曰匡国，匡国军曰忠武，保义军曰镇国。攻潞之兵既败，岐、蜀乘之攻雍州，张承业亦以兵会之，刘知俊击岐兵，破之，晋、蜀之兵乃还。初李茂贞以其将胡敬璋为保塞节度使。中和二年（882 年），于延州置保塞军。是岁卒，李继徽以其将刘万子代之。万子凶虐，失士心，且谋贰于梁。三年二月，继徽使延州衙将李延实杀之。骑将高万兴、万金兄弟来降。梁人乘之，取鄜、坊、丹、延。梁祖因命刘知俊乘胜取邠州。知俊辞以阙食，乃召还。时又召王重师，代以左龙虎统军刘捍。捍谮重师于梁祖，谓其通于邠、岐。梁祖杀重师，夷其族。知俊惧。先是以山南东道节度使杨师厚兼潞州四面行营招讨使，及是，又征知俊还，欲伐河东。知俊叛降岐，执刘捍送岐，杀之，又袭取华州。命师厚率刘鄩讨之。知俊奔岐，以鄩权佑国留后，改军名曰永平。李茂贞使知俊攻灵、夏，又约河东攻晋、绛。杨师厚救晋州，河东兵还。康怀英攻邠宁，知俊亦还。四年七月，岐、晋围夏州。九月，梁兵救却之。邠、岐是时，初不能为梁患，然梁兵力为其所分，遂不克专力河东矣。而河北之变复起。

开平四年（910 年）五月，魏博罗绍威卒，子周翰袭。梁祖乘机，欲除移镇、定。会燕兵屯涞水，今河北涞水县。欲侵定州，乃命供奉官杜廷隐、丁延徽监魏博兵三千，分屯深、冀，声言助定守御。旋杀其兵，乘城拒守。王镕求援于燕、晋，燕人不许，而晋使周德威屯赵州，梁祖先是王景仁屯魏州，以伐潞为名，而实图镕，及是，命景仁击之。李存勖自至赵州，王处直亦遣兵从之。乾化元年（911 年）正月，败梁兵于柏乡。今河北柏乡县。杜廷隐等闻之，亦弃深、冀而还。晋攻邢，遂攻魏。梁以杨师厚为北面都招讨使，救却之，进屯邢州。九月，梁祖闻晋、赵谋入寇，自将拒之。至魏县，晋、赵之兵不出，乃还。而幽州复告警。初，梁祖之将代唐也，先使李思安伐幽州。刘仁恭从方士学长年，筑馆于大安山，在今河北房山县西北。掠子女充之。又以堇土为钱，敛真钱，穴山藏之，而杀匠以灭口。思安至城下，仁恭犹在山中，子守光率兵出战，思安去。守光回兵攻山，执仁恭幽之。梁即以为节度使。其兄守文攻之。开平三年（909 年）五月，为守光所擒。后杀之。

遂攻沧州。四年正月，取之。梁、晋知其狂妄，乾化元年六月，李存勖与王镕、王处直等共推为尚书令。尚父，梁亦以为河北道采访使。守光使僚属草尚父、采访使受册仪。曰："何得无郊天、改元事？"僚属曰："尚父虽贵，人臣也，安有郊天、改元者乎？"守光怒，投之于地。八月，遽称帝。国号燕。十一月，守光攻易、定。晋使周德威伐之。二年正月，至幽州。守光求救于梁。二月，梁祖自将伐镇、定。疾作还。五月，至洛阳，疾遂亟。

梁祖八子：长郴王友裕，早卒，次博王友文，次郢王友珪，次福王友璋，次均王友贞，次贺王友雍，次建王友徽，次康王友孜。新、旧《史》同，《通鉴》及《五代会要》皆作友敬。博王，养子也。本姓康，名勤。幼美风姿，好学，善谈论，颇能为诗。梁祖之为四镇，兵车、赋税、诸色课利，置建昌院以总之。及即位，以友文为开封尹，判院事。旋以东京旧宅为建昌宫，改称建昌宫使。友珪弑逆，废建昌宫，以张宗奭为国计使，主其事。宗奭，即全义改名。及迁都，又使之留守东都。友文盖于诸子为最才，帝之爱之，颇见其大公也。友珪为左右控鹤都指挥使。友贞为东都马步都指挥使。帝疾亟，使召友文，而出友珪为莱州刺史。六月，友珪与左龙虎统军韩勍谋，以其兵杂控鹤士入弑帝。《新史·梁家人传》曰：友文多才艺，太祖爱之，而年又长，太子即世，嫡嗣未立，心尝属友文。太祖自张皇后崩，无继室，诸子在镇，皆邀其妇入侍。友文妻王氏有色，尤宠之。太祖病久，王氏与友珪妻张氏尝专房侍疾。太祖病少间，谓王氏曰："吾知终不起，汝之东都召友文来，吾与之诀。"盖心欲以后事属之？乃谓敬翔曰："友珪可与一郡，趣使之任。"乃以友珪为莱州刺史。太祖素刚暴，既病而喜怒难测，是时左降者必有后命，友珪大惧。其妻张氏曰："官家以传国宝与王氏，使如东都召友文，君今受祸矣。"夫妇相对而泣。左右劝友珪曰："事急计生，何不早自为图？”友珪乃与勍谋弑逆。案，太祖固多色过，此事则莫须有。太祖欲见友文，岂不可发使召之，而必使其妻亲往邪？乃驰使东都，命友珪杀友文，而矫太祖诏：称其谋逆，友珪诛之，疾因震惊，以致沉笃。友珪遂即位。于是杨师厚入魏州，制即以为节度使，而徙罗周翰于宣义。朱友谦叛附于晋。三年（913 年），末帝即位，仍称乾化。正月，驸马都尉赵岩犨子，尚太祖女长乐公主。奉使东都，与友贞谋诛友珪。岩曰：“得杨令公一言，事必济。”友贞乃使人说师厚。袁象先者，太祖之甥，象先父敬初，尚太祖妹万安大长公主。时为左龙虎统军、侍卫亲军都指挥使，师厚使至洛阳与谋。先是龙骧军戍怀州者溃乱剽掠，友珪搜捕其党，获则族之，经年不已。其军有戍大梁者，友贞伪作诏召之，激使趋洛。袁象先率兵突入宫中。友珪自杀。象先遣赵岩迎友贞。友贞曰：“夷门创业之地，何必洛阳？”乃即位于大梁。改名锽。后又改名瑱。是为末帝。新、旧《史》同，《五代会要》称为少帝。

第二节　唐晋兴亡

末帝之代闵帝，非其力足以灭闵帝也，乃闵帝所有之兵，举不为用也。此等情势，当末帝时，实未有改，而其所遇者，乃为气完力厚之契丹，遂更无可以侥幸矣。

契丹当太宗入援石敬瑭之前，实未尝大举入寇。然同光二年（924年），尝遣使就庄宗求幽州以处卢文进。《通鉴》。庄宗死，明宗遣供奉官姚坤告哀。阿保机曰："我儿既没，理当取我商量，新天子安得自立？"阿保机曰："晋王与我约为兄弟，河南天子，即吾儿也。"又曰："与我幽州，则不复侵汝矣。"《新史·四夷附录》。《通鉴》曰："若与我大河以北，吾不复南侵矣。"契丹此时，所求似不得如是之奢。其有大欲于中国，跃然可见。是岁，太祖死，太宗立。卢文进来奔。时明宗使说文进，以易代之后，无复嫌怨。文进所部皆华人，思归。乃杀契丹戍平州者，率其众十余万，车帐八千乘来奔。天成三年（928年）正月，契丹陷平州。《通鉴》。胡三省曰：天成元年冬，文进来奔，唐得平州，至是，复为契丹所陷。闰八月，其刺史张希崇复来奔。《旧纪》。希崇本刘守光裨将。周德威使守平州，没于契丹。新、旧《史》本传皆云：卢文进南归，契丹使希崇继其任。《旧史》云：希崇莅事数岁，杀契丹监者来归，《新史》云岁余，皆与《通鉴》云是岁正月契丹始陷平

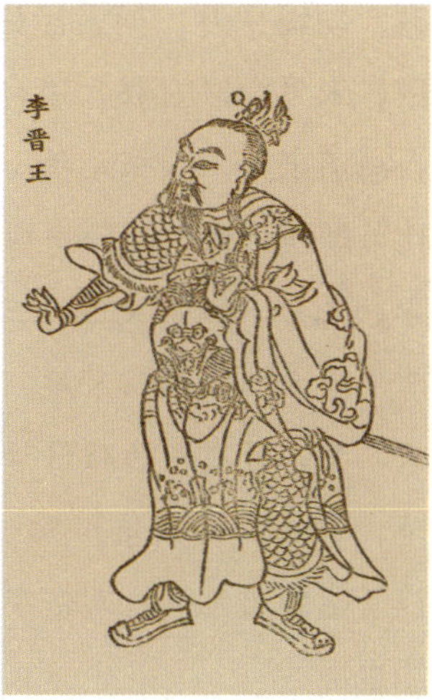

李克用像

选自《残唐五代史演义传》（明）罗贯中／编辑

李克用是后唐庄宗李存勖之父，绰号鸦儿、三郎等，沙陀族人。《五代史补》记载：李克用一目失明，射箭却奇准，杨行密听说后觉得不可思议，便派了两个画工改扮成商人，去河东伺机画李克用的肖像，结果他们刚到河东就被李克用的手下识破，双双被擒。李克用对他们说：『杨行密派你们来给我画像，你们的画功想必很好，那你们就为我画一幅吧。不过如果你们画不好，这里就是你们的丧身之地！』正值夏天，李克用手持八角扇驱热，一个画工看到后，灵机一动，便画李克用在扇扇子时，刚好遮到那只瞎眼。李克用看了说：『你这是在骂我眼瞎！』遂命人将其推出斩首。另一个画工见此后，将李克用画成搭弓射箭的样子。李克用看后，很是满意，重赏了这个画工。

州，而闰八月希崇即来归者不合。盖文进来归，希崇即继其任，至是岁正月，乃取平州城也。是岁，契丹使秃馁、惕隐援定州，皆为中国所俘。惕隐等五十人留于亲卫，余契丹六百人皆斩之。《旧纪》天成三年闰八月。秃馁父子二人，并磔于市。《旧纪》天成四年（929年）二月。契丹遣捺括梅里等来取其骸骨，复斩之。是年四月，亦见《旧纪》。明宗之待契丹，可谓甚为严厉。然《旧史》长兴三年（932年）《本纪》云：契丹累遣使求归则剌、惕隐等。赵德钧奏请不俞。帝顾问侍臣，亦以为不可。帝意欲归之。会冀州刺史杨檀罢郡至阙，帝问其事。奏曰："若归之，必复南向放箭。既知中国事情，为患深矣。"帝然之。既而遣则骨舍利随使归蕃，不欲全拒其请也。檀即光远。以明宗名亶，偏旁字犯之，改名。其《传》载明宗之言曰："蕃人重盟誓，既通欢好，必不相负。"契丹誓盟不信，明宗岂不知之？当时叛军骈戮，动辄千万，何爱于惕隐一行五十人？盖亦知契丹方强，而中国疲敝，未可全以力驭，苟有机缘，亦欲从而抚之矣。先是太宗之兄突欲，自海道来奔。长兴元年（930年）十一月。赐姓东丹，名慕华。以为怀化节度使，瑞、慎等州观察使。二年三月。瑞州，威州改名。后复赐姓李，九月。以为义成、三年四月。昭信节度使。四年九月。胡三省曰：唐末于金州置昭信节度，五代兵争，不复以为节镇。《五代会要》：长兴二年，升虔州为昭信节度。时虔州属吴，吴以为百胜节度。赞华所领节，抑虔州之昭信军欤？又是年十一月，改慎州怀化军为昭化军，抑以赞华领昭化节，而信字乃化字之误欤？留诸洛阳。盖亦欲以为万一之用也。

《新史·刘延朗传》曰：废帝起于凤翔，与共事者五人：节度判官韩昭胤，掌书记李专美，衙将宋审虔，客将房暠，而延朗为孔目官。时遣使者驰告诸镇，皆不应，独相里金遣薛文遇计事。帝得文遇，大喜。既立，以昭胤为左谏议大夫、端明殿学士，专美为比部郎中、枢密院直学士，审虔为皇城使，暠为宣徽北院使，延朗为庄宅使。久之，以昭胤、暠为枢密使，延朗为副使，审虔为侍卫步军都指挥使，而文遇亦为职方郎中、枢密院直学士。由是审虔将兵，专美、文遇主谋议，而昭胤、暠及延朗掌机密。《传》又云：延朗与暠共掌机密，延朗专任事。诸将当得州者，不以功次为先后，纳赂多者得善州，少及无赂者得恶州，或久而不得，由是人人皆怨。暠心患之，而不能争也，但日饱食高枕而已。《通鉴》云：延朗及文遇等居中用事，暠与赵延寿虽为使长，其听用之言，什不三四。暠随势可否，不为事先，启奏除授，一归延朗。诸方镇、刺史自外入者，必先赂延朗，后议贡献。赂厚者先得内地，赂薄者晚得边垂。由是诸将帅皆怨恨。帝不能察。案，延朗好贿，事或有之，然当时之将帅，视置君如弈棋久矣，苟为后义而先利，不

沙陀国年画

故事讲述的是黄巢攻占长安后，唐僖宗派程进思携珍宝前往沙陀国请李克用出兵平乱，李克用记恨唐僖宗此前讨伐自己，不肯发兵。程进思知道李克用惧内，便请李克用的两位王后刘银屏、曹玉娥劝夫出兵。李克用无可奈何，只好领兵南下。

夺不厌，岂除授公平，遂能挽之内乡邪？曧，史言其好鬼神巫祝之说。有瞽者张濛，自言事太白山神，末帝起兵时，尝使曧问濛即位之日，又诧濛所传神言之验，盖特借以惑众耳，其才本非延朗、文遇之伦也。史所言诸人，见任用当以延朗、文遇为最专，故恶名亦皆归之。皆恩怨毁誉之辞，杂以揣测附会之语耳，不足信也。《吕琦传》：琦，明宗时为礼部郎中、史馆修撰。废帝罢居左清化坊，与琦同巷，数往过之。入立，待琦甚厚。拜知制诰、给事中、枢密院直学士、端明殿学士。与李崧俱备顾问。亦末帝帷幄之臣也。

《延朗传》又云：帝与晋高祖俱事明宗，而心不相悦。帝既入立，高祖不得已来朝，而心颇自疑。欲求归镇，难言之，乃阳为羸疾，灸灼满身。延朗等多言敬瑭可留京师。昭胤、专美曰：“敬瑭与赵延寿皆尚唐公主，不可独留。”乃复授高祖河东而遣之。时清泰元年（934年）五月也。明年五六月，契丹寇北边。敬瑭奏怀、孟租税，请指挥于忻、代州，诏河东户民积粟处，量事抄借，仍于镇州支绢五万匹，送河东充博采之直。是月，北面转运副使刘福配镇州百姓车子一千五百乘运粮至代州。时水旱民饥，河北诸州，困于飞輓，逃溃者甚众，军前使者继至，督促粮运，由是生灵咨怨。七月，敬瑭奏斩挟马都指挥使李晖等三十六人。时敬瑭以兵屯忻州，一日，军士喧噪，遽呼万岁，乃斩晖等以止之。以徐州节度使张敬达充北面行营副总管。时契丹入边，敬瑭屡请益兵，朝廷军士，多在北鄙，俄闻忻州诸军呼噪，帝不悦，乃命敬达为北军之副，以减敬瑭之权也。十一月，以敬达为晋州节度使，依前充大同、振武、威塞、彰国等军兵马副总管。《旧纪》。此时事势，盖敬瑭借口契丹入寇，胁朝廷资以兵粮，以为叛计，其势可谓至危。《通鉴》云：时契丹屡寇北边，禁军多在幽、并，敬瑭与赵德钧求益兵运粮，朝夕相继，则尚不止敬瑭一人。《新史·吕琦传》云：琦言太原必引契丹为助，不如先事制之，与契丹通和。如汉故事，岁给金帛，妻之以女。使强藩大镇，外顾无所引援，可弥其乱心。李崧以语三司使张延朗。延朗欣然曰：“苟纾国患，岁费县官十数万缗，责吾取足可也。”《通鉴》：延朗曰：“如学士计，不惟可以制河东，亦省边费十之九。”案，且可使敬瑭、德钧等无辞以求益兵增粮。此策之所以为善也。因共建其事。废帝大喜。《通鉴》曰：帝大喜，称其忠。二人私草遗契丹书以俟命。他日，以问薛文遇。文遇大以为非。因诵戎昱“社稷依明主，安危托妇人”之诗，以诮琦等。《通鉴》：文遇曰：“虏若循故事，求尚公主，何以拒之？”则不谓琦等建议妻之以女。废帝大怒。急召崧、琦等，问和戎计如何？琦等察帝色怒，亟曰：“臣等为国计，非与契丹求利于中国也。”帝即发怒曰：“卿等佐联欲致太平，而若是邪？朕一女尚幼，欲弃之夷狄；金帛所以养士而捍国也，又输以资虏；可乎？”崧等惶恐拜谢。拜无数。琦足力乏不能拜而先止。帝曰：“吕琦强项，肯以人主事我邪？”琦曰：“臣数病羸，拜多而乏，容臣少息。”顷之，喘定，奏曰：“陛下以臣等言非，罪之可也，屡拜何益？”帝意少解，曰：“勿拜。”赐酒一卮而遣之。其议遂寝。因迁琦御史中丞。《通鉴》曰：盖疏之也。此事《通鉴》系天福元年（936年）清泰三年。三月，云因石敬瑭尽收其货之在洛阳及诸道者归晋阳而起，其真相未知若何。然是时边将援引契丹，确为不可轻视之事，固不得不先伐其谋。疑琦等是谋为契丹求利，末帝未必愦愦至是。史所载文遇之说，亦必不足以动末帝。史文盖不足信？然其事未必子虚。因情势显然，智者皆能豫虑也。不用是谋，要为失策之大者也。可见武夫终寡虑矣。

是岁五月，遂移敬瑭于郓州。《新史·刘延朗传》云：高祖悉握精兵在北，馈饷刍粮，远近劳弊，帝与延朗等日夕谋议，而专美、文遇，迭宿中兴殿庐，召见访问，常至夜分。是时帝母魏氏，追封宣宪皇太后，而墓在太原，有司议立寝宫。高祖建言陵与民家墓相杂，不可立宫。帝疑高祖欲毁民墓，为国取怨。帝由此发怒。罢高祖总管，徙镇郓州。盖欲以欲毁民墓罪之，为之取怨。延朗等多言不可。司天赵延义亦言天象失度，宜安静以弭灾。其事遂止。后月余，文遇独直，帝夜召之，语罢敬瑭事。文遇曰：“臣闻‘作舍道边，三年不成’。国家之事，断在陛下。且敬瑭徙亦反，不徙亦反，迟速耳，不如先事图之。”帝大喜曰：“术者言朕今年当得一贤佐，以定天下，卿其是邪？”乃令文遇手书除目，夜半下学士院草制。明日宣制。文武两班皆失色。居五六日，敬瑭以反闻。此事之真相，亦必非如此。文遇劝末帝一决，其说未知如何，然徙亦反，不徙亦反，则当时情势固显然也。《传》又谓帝至怀州，夜召李崧，问以计策，文遇不知而继至，帝见之色变，崧蹑其足，文遇乃出。帝曰：

"我见文遇肉颤，遽欲抽刀刺之。"此亦妄说，末帝纵懦弱，不至是也。

敬瑭之叛，其掌书记桑维翰、都押衙刘知远实赞之。《通鉴》云：敬瑭令维翰草表，称臣于契丹主，且请以父礼事之，约事捷之日，割卢龙一道及雁门关以北诸州与之。刘知远谏曰："称臣可矣，以父事之太过。厚以金帛赂之，自足致其兵，不必许以土田，恐异日大为中国之患，悔之无及。"敬瑭不从。案，契丹自此以前，虽未尝无觊觎中国土地之心，然实未尝决意吞噬；太宗粗才，更非有远略者比；金帛可致，其言甚确，而敬瑭不之省，可谓饥不择食。敬瑭本出西夷，敬瑭父名臬捩鸡。《新史·本纪》云：本出于西夷。从朱邪入居阴山。以善骑射，常从晋祖征伐。生敬瑭，其姓石氏，不知其得姓之始也。于中国自无所爱，然身亦受无家之累，至于卒覆其宗，亦百世之殷鉴也。敬瑭既叛，末帝以张敬达为都部署讨之，杨光远为副。敬达居晋安乡，在晋阳南。筑长围以困晋阳。敬瑭亲当矢石，人心虽固，廪食渐困。《旧史·晋高祖纪》。九月，契丹太宗自将众五万来援。至之日，即败唐兵。围晋安寨。末帝闻之，遣侍卫步军都指挥使符彦饶屯河阳。又命范延光自太原趋榆次。赵德钧自飞狐出敌后。辉州防御使潘环合防戍军出慈、隰，以援敬达，辉州，今单县。刘延朗及张延朗劝帝亲征。帝发洛阳。遣刘延朗、符彦饶军赴潞州，以为大军后援。诸军自凤翔推戴以来，骄悍不为用，彦饶恐其为乱，不敢束之以法，末帝至河阳，召宰相、枢密使议方略，宰相卢文纪言："国家根本，大半在河南。胡兵倏来忽往，不能久留。晋安大寨甚固，况已发三道兵救之。河阳天下津要，宜留此镇抚南北。且遣近臣往督战，苟不能解围，进亦未晚。"张延朗曰："文纪言是也。"乃议近臣可使北行者。延朗与翰林学士和凝等皆曰："赵延寿父德钧，以卢龙兵来赴难，宜遣延寿会之。"乃遣延寿将兵二万如潞州。史言帝心惮北行，文纪希旨为是言，而张延朗欲因事令延寿解枢密，《通

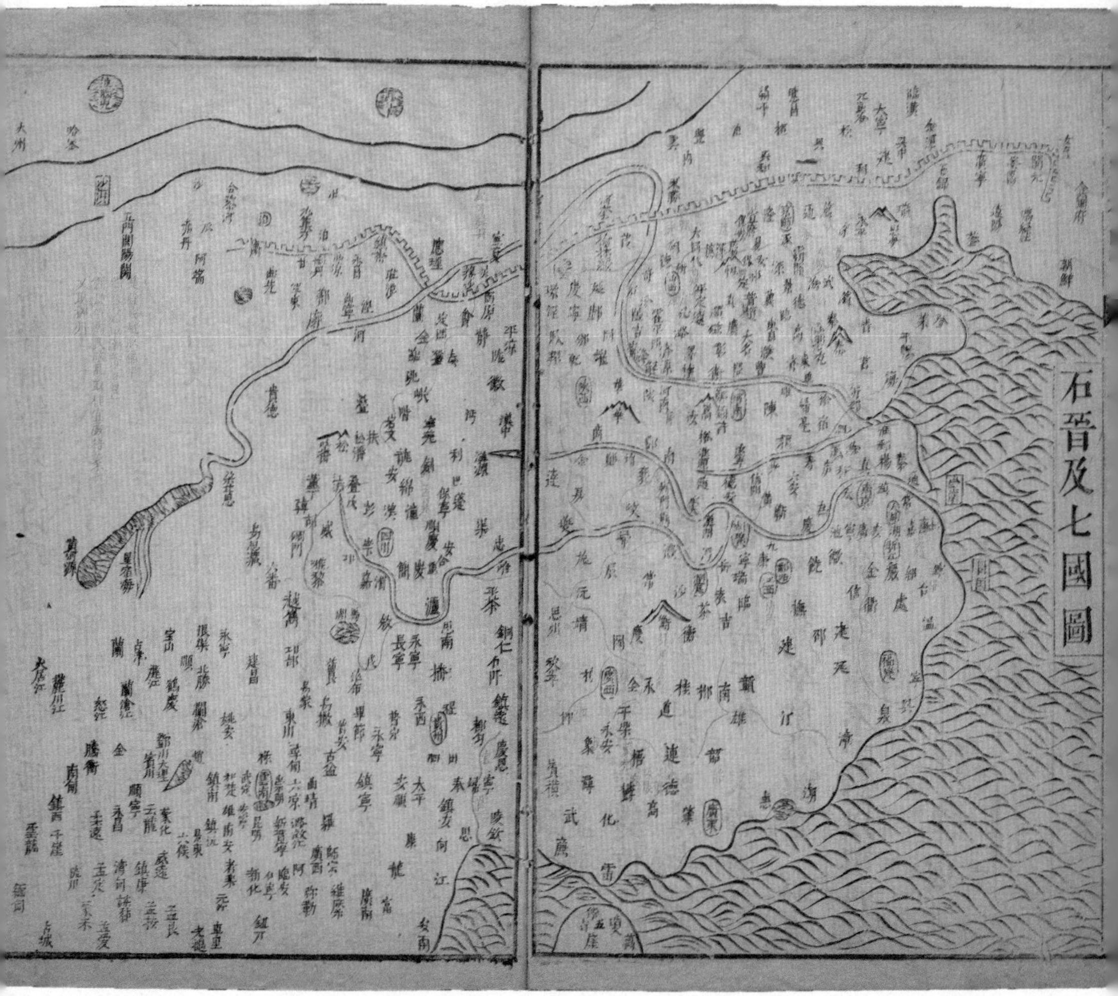

石晋及七国图

选自《今古舆地图》

（明）吴国辅、沈定之／撰

后晋是中国历史上最早由少数民族政权册立的傀儡政权。石敬瑭为了抵挡后唐的进攻，不惜将燕云十六州割让给契丹，向辽太宗耶律德光称『儿』，以求得帮助。『燕云十六州』分别为：幽（今北京市）、蓟（今天津蓟县）、瀛（今河北河间）、莫（今河北任丘）、涿（今河北涿州）、檀（今北京密云）、顺（今北京顺义）、新（今河北涿鹿）、妫（原属河北怀来，今为官厅水库库区）、儒（今北京延庆）、武（今河北宣化）、蔚（今河北蔚县）、云（今山西大同）、应（今山西应县）、寰（今山西朔县东马邑镇）、朔（今山西朔县）。石敬瑭割让燕云十六州的后果是严重的，致使宋代北方门户洞开，始终被北方少数民族政权侵扰。直到朱元璋建立明朝，才最终将其收回。

鉴》。意以是为失策。然兵苟能战，不在亲征，苟其不能，自将何益？是时之将士，岂复如承平时有尊君亲上之心，人主一御戎车，即能使之效命邪？且河南岂保无变？故文纪之言，实非无见，诸镇兵力，盖以赵德钧为最厚，且御蕃颇有成劳，《旧传》云：德钧镇幽州，于阎沟筑垒，以兵戍守之，因名良乡县。又于幽州东筑三河城，北接蓟州，颇为形胜。部民由是稍得樵牧。良乡，今河北良乡县，旧治在今房山县东。在当时固不得不属望焉。至其怀挟异图，甘心俱毙，《旧传》：德钧累奏乞授延寿镇州节度。末帝不悦，谓左右曰："赵德钧父子，坚要镇州。苟能逐退蕃兵，要代予位，亦所甘心。若玩寇要君，但恐犬兔俱毙。"固非是时所能逆料。且即能逆料，亦复如何？末帝既遣延寿，又进次怀州，命右神武统军康思立率扈从骑兵赴团柏谷，在今山西祁县东南。盖亦知延寿之不可专恃矣。然则谓末帝畏懦，文纪希旨，实皆成败论人之辞，非其实也。然是时败征必已毕见，故史言帝自是酣饮悲歌，形神惨沮，臣下劝其亲征，则曰："卿辈勿说石郎，使我心胆堕地。"《旧纪》。夫岂真畏石郎？盖亦知将帅莫与分忧，亲征又士不用命，势已无可挽回也。十月，诏天下括马。又诏民十户出兵一人，器甲自备。《旧纪》。是谋也，张延朗为之。盖知旧兵之不可用而新是图？然其无济于事，则无待再计矣。十户，《通鉴》作七户。《考异》云：从《废帝实录》。又云：期以十一月俱集。命陈州刺史郎万金教以战阵。凡得马二千余匹，征夫五千人。实无益于用，而民间大扰。时北面行营都指挥使赵州刺史刘在礼戍易州，赵德钧过之，使率其众自随。至镇州，又迫节度使董温琪偕行。范延光以兵二万屯辽州，德钧又欲并之，奏请与之合军。延光不可，乃止。然卒以德钧为诸道行营都统，依前东北面招讨使。延寿为南面招讨使，刘延朗副之。延光为东南面招讨使，宣武帅李周副之。延寿悉以兵属德钧。德钧累表为延寿求成德节度，末帝不许。德钧屯团柏谷口，按兵不战。时契丹主虽军柳林，胡三省曰：当在晋安寨南。其辎重老弱，皆在虎北口，在汾北，契丹主初至时居此。每日暝，辄结束，以备仓卒遁逃。德钧厚以金帛赂契丹主，云若立己为帝，请即以见兵南平洛阳，与契丹为兄弟之国，仍许石氏常镇河东。契丹主自以深入敌境，晋安未下，德钧兵尚强，范延光在其东，又恐山北诸州要其归路，欲许德钧之请。石敬瑭闻之，大惧。使桑维翰见契丹主，跪于帐前，自旦至暮，涕泣争之，乃止。《通鉴》。此时德钧亦未赂以土地，可见敬瑭之饥不择食。十一月十二日，契丹主册敬瑭为晋帝。册文称子晋王。又云：朕永与为父子之邦。见《旧史·本纪》。晋割幽、蓟、瀛、莫、涿、檀、顺、今河北顺义县[1]。新、妫、儒、今河北延庆县[2]。武、今河北宣化县。云、应、寰、在今山西朔县东。朔、蔚十六州以赂之。且许岁输帛三十万匹。闰十一月，杨光远杀张敬达，降于契丹。康思立愤惋而死。契丹主遂与敬瑭南下。遣其将高谟翰为前锋，与降卒俱进。至团柏谷，赵德钧、延寿先遁，符彦饶、张彦琪、河阳节度使，时为马步军都指挥使。刘延朗、刘在明继之，士卒大溃。时议以魏府军尚全，契丹必惮山东，未敢南下，东驾可幸邺城。李崧请帝还京，从之。至河阳，张延训又请幸滑州，庶与魏博声势相接。末帝不能决。赵德钧、延寿南奔潞州。敬瑭先遣昭义节度使高行周还具食。至城下，语德钧父子，城中无粟不可守。敬瑭及契丹主至，德钧父子遂迎降。契丹主锁之，送归其国。德钧郁郁不多食，逾年而死。符彦饶、张彦琪至河阳，言“胡兵大至，河水复浅，人心已离，此不可守”。乃命河阳节度使苌从简与刘在明守河阳南城，断河梁归洛阳。敬瑭至，从简迎降。刘在明为彰武军所执以降。契丹主至潞州而止，敬瑭独南下。末帝归洛阳，使杀李赞

〔1〕 顺义县：现为顺义区，隶属北京市。——编者加

〔2〕 延庆县：现为延庆区，隶属北京市。——编者加

华于其第。命宋审虔、符彦饶、张彦琪、刘延朗将千余骑至白司马阪行战地。有五十余骑奔于北军。诸将谓审虔曰："何地不可战？谁肯立于此？"乃还。又与四将议复向河阳，而将校皆飞状迎敬瑭。敬瑭虑末帝西奔，遣契丹千骑扼渑池。末帝乃与曹太后、刘皇后、雍王重美及宋审虔等携传国宝登玄武楼自焚。是晚，敬瑭遂入洛阳。杀张延朗、刘延朗及末帝后弟刘延皓。时惟三人不赦。张延朗判三司，不欲河东多蓄积，凡财赋，应留使之外，尽收取之，敬瑭以是恨之。入洛之日，百官入见，即收延朗付御史台，旋斩之。刘延朗将奔南山，捕得杀之。刘延皓自经死。房暠、李专美、吕琦皆事晋。韩昭胤、薛文遇不知所终。

末帝之败，全由于兵不用命，与闵帝正同。契丹主之入援也，兵不过五万，而张敬达败后，兵亦五万，马万匹，铠仗俱全，则其力初不弱于契丹，何遂束手受围？《新史·死事传》云：契丹兵围敬达者，自晋安寨南，长百余里、阔五十里。敬达军中望之，但见穹庐连属如冈阜。四面互以毛索，挂铃为警，纵犬往来。敬达军中有夜出者，辄为契丹所得。由是闭壁不敢复出。夫以五万人散布于长百余里、阔五十里之地，而云不可突围而出，有是理乎？观杨光远等轻杀之而降，则知敬达实不能令其众。心力不一，故不能决战也。不特此也，《通鉴》云：末帝闻契丹许敬瑭以仲秋赴援，屡督敬达急攻晋阳，不能下。每有营构，多直风雨。长围复为水潦所坏，竟不能合。则当契丹未至之先，敬达兵势，本已不振，不惟未能猛攻，并亦未能合围，暮气之深，可以想见。敬达死时，马犹近五千，铠仗五万，则被围之后，力尚不弱，故卢文纪策其可以坚守。闵帝在怀州时，吏部侍郎龙敏献策，言驾前兵，尚万余人，马近五千匹，请选千人，与郎万金将，由介休路今山西介休县。夜冒敌骑，循山入大营。千骑之内，但得半济，寨即无虞。张敬达特不知援兵远近。若知大兵在团柏谷，虽铁障可冲踏，况敌骑乎？亦信其力之足用也。敬达之兵如此，益以赵德钧、范延光、潘环、符彦饶之众，岂不倍而不止？而竟不能内外合击，则其败也，岂在其寡弱也？不特此也，契丹孤军深入，后路堪虞。当明宗时，蔚州刺史张彦超沙陀人，尝为明宗养子。与石敬瑭有隙。闻敬瑭为总管，举城附于契丹。契丹以为大同节度使。然并不能有其地。太宗亲将入寇，彦超不过颇扰镇、魏而已。其时大同节度使为沙彦珣，持两端。契丹主还时，彦珣迎之，契丹主留之。而其节度判官吴峦不肯臣契丹，众推领州事拒守。契丹攻之，半岁不能下，卒因晋高祖诒书为请释之。代州刺史张朗、忻州刺史丁审琦，则当契丹入时，皆婴城自守。朗至晋安寨已降，契丹遣使谕之，犹斩其使。此等虽因兵力不足，未能邀截，究亦契丹之后患也。末帝之在怀州，龙敏又尝献策，请立李赞华为契丹主，令天雄、卢龙分兵援送入蕃，则契丹主有后顾之忧，不能久在汉地，然后选精锐击之。夫赞华之失其众久矣，似未足以恐动契丹，然使天雄、卢龙，果能发兵援送，则其势自不同。《通鉴》载赵德钧见述律后，述律后谓之曰："吾儿将行，吾戒之曰：'赵大王若引兵北向渝关，亟须引归，太原不可救也。'汝欲为天子，何不先击退吾儿？徐图亦未晚。"此非述律后所能言，盖华人丑德钧者附会之辞，《鉴》云：德钧见述律太后，悉以所赍宝货，并籍其田宅献之。太后问曰："汝近者何为往太原？"德钧曰："奉唐主之命。"太后指天曰："汝从吾儿求为天子，何妄语邪？"又自指其心曰："此不可欺也。"此明为汉人语。又云：又问"器玩在此，田宅何在？"德钧曰："在幽州。"太后曰："幽州今属谁？"曰："属太后。"太后曰："然则又何献焉？"此义亦非述律氏之所知也。述律氏乃一偏私狂悖之妇人，初无才智，史述其事，实多溢美。然事势自如此。则龙敏之计，初非迂阔，所争者，天雄、卢龙，肯否出兵耳。城非不高也，池非不深也，兵革非不坚利也，米粟非不多也，委而去之，是地利不如人和也，岂不信哉！此阻兵者之所以终穷，抑亦不戢者之所以自焚欤？

契丹人生活图

宣化辽墓壁画

据《契丹国志》记载，契丹族为白马青牛仙人的后裔。但据考证，契丹可能源于东胡后裔鲜卑的柔然部，后被北魏鲜卑拓跋氏打败，北逃到外兴安岭的成为蒙古人的祖先室韦，南逃到内蒙古的仍然过着以前的生活。『契丹』一词象征着顽强的意志和坚不可摧的民族精神。

第三节　郭威代汉

汉高祖即位之初，以苏逢吉、苏禹珪为相，后又相窦贞固及李涛。逢吉者，高祖河东节度判官，禹珪则其观察判官也。入汴后，思用旧臣，贞固旧为河东节度推官，时为刑部尚书。与高祖并事晋祖，雅相知重，故遂相之。涛则逢吉所荐。涛时为翰林学士。然涛以劾张彦泽素为高祖所知，又时攻杜重威不下，涛疏请亲征，与帝意相会，因而见用。《旧五代史·逢吉传》谓涛与逢吉论甥舅之契，相得甚欢，涛之入相，逢吉甚有力焉，亦未必尽然也。

汉高祖盖颇重吏事者，其时河东政务，在诸藩镇中，盖较整饬，故能以富强闻，乘契丹之敝而逐之。此可见功业之成，虽小亦非偶然也。高祖所倚任者，史弘肇外，为杨邠、郭威及王章。邠少为吏，尝事孔谦。高祖留守邺都，用为左都押衙。镇太原，益加亲委。及即位，用为枢密使，以威副之。威，邢州尧山人。尧山，今河北唐山县。或云：本常氏子，幼随母适郭氏，故冒其姓。初应募隶李继韬。后晋祖以其长于书计，召置麾下，令长军籍。其妻柴氏，本后唐庄宗嫔御，资以金帛，令事汉祖。史载威劝汉祖出陕、晋等，非必实录。汉祖所任之将为史弘肇，入汴后，弘肇为侍卫亲军都指挥使，威乃代之出征，前此威盖仅掌军政者也。王章者，少亦为吏。高祖在河东，委以钱谷。及即位，以为三司使。高祖之殂，苏逢吉与杨邠、郭威、史弘肇同受顾命。四相中，苏禹珪徒纯厚长者，窦贞固亦但端庄自持，而李涛则锋芒较露，逢吉尤久参谋议，入汴后，百司庶务，皆由其参决处置，故与邠等有隙。高祖后李氏，史传高祖起太原时，赏军士帑藏不足，欲敛于民，后谏止之，请但悉后宫所有以为赏，盖亦略知政理。其母弟业，时为武德使，与邠、威、弘肇等争权。见《宋史·李涛传》。李涛疏请出邠、威为方镇。邠等泣诉于太后。乃罢涛政事，而加邠平章事。枢密使如故。威亦进为枢密使。又加王章同平章事。于是事皆决于邠，三相敛手而已。《旧五代史·邠传》云：邠虽长于吏事，而不识大体。既专国政，触事苛细，条理烦碎。然缮甲兵，实帑廪，俾国用不阙，边鄙

刘知远像

选自《残唐五代史演义传》（明）罗贯中一编辑

刘知远是沙陀人，他出身寒微，家境清贫，早年靠给大户人家牧马为生。因为家贫，刘知远做了李姓大户人家的上门女婿。刘知远的妻子就是民间传说中的李三娘，她为刘知远生了一个儿子，即后汉隐帝刘承祐，也就是戏本中的『咬脐郎』。李皇后忠厚善良，有一次，刘知远想向百姓征税来敛财赏赐属下，李皇后劝他说：『你在河东起兵，而且又称义兵，那么就要多为老百姓做好事，现在反而向他们征税敛财，这是搜刮民财，我愿意将宫中的财物拿出来犒劳将士！』这件事传出来后，百姓们非常感动。

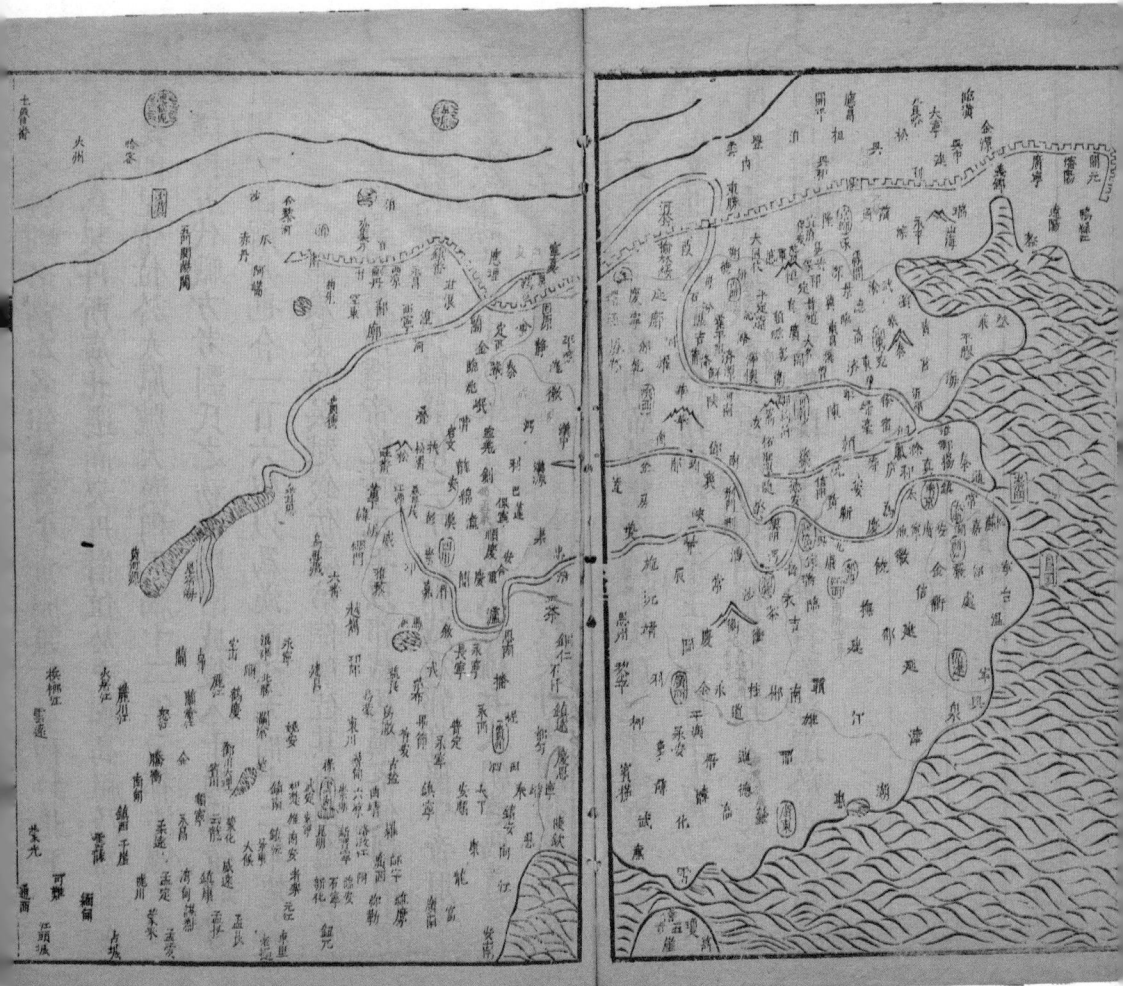

刘汉及六国图

选自《今古舆地图》

（明）吴国辅、沈定之／撰

刘知远原为后晋河东节度使。947年，刘知远趁契丹攻陷开封，而在太原称帝，国号晋。同年，契丹北撤后，刘知远在汴（今河南开封）建都，自称东汉皇室之后，改国号汉。为了与汉朝有区别，史称『后汉』。但悲哀的是，整个后汉政权只存在了两朝，共四年。后汉是五代十国中国祚最短的政权，刘知远去世后，将政权传给儿子隐帝，后汉便为后周所灭。刘知远的弟弟刘崇在太原称帝，史称北汉。北汉最后为赵匡胤所灭。

粗宁亦其功。《弘肇传》云：弘肇严毅寡言。部辖军众，有过无舍。兵士所至，秋毫不犯。河中、永兴、周改晋昌军曰永兴。凤翔连横谋叛，关辅大扰。朝廷日有征发，群情忧惴。亦有不逞之徒，妄称虚语，流布京师。弘肇都辖禁军，警卫都邑，专行刑杀，略无顾避。无赖之辈，望风匿迹。然不问罪之轻重，理之所在，但云有犯，便处极刑。枉滥之家，莫敢上诉。巡司军吏，因缘为奸，嫁祸胁人，不可胜纪。《章传》云：罢不急之务，惜无用之费，收聚财赋，专事西征，军旅所资，供馈无乏，及三叛平，赐与之外，国有余积。然以专于权利，剥下过当，敛怨归上，物论非之。三人者所行皆操切之政，此诚非正道，更非久计，然未尝不借以取济于一时，其功罪未可以一言定也。致治之道，莫要于覈名实，破朋党。《新史·邠传》，言其为人颇俭静；四方之赂，虽不却，然往往以献于帝；又居家能谢绝宾客；此即其能奉公之证。以视苏逢吉之侈靡好贿者，迥不侔矣。《旧史·逢吉传》言：逢吉与苏禹珪，俱在中书，有所除拜，多违旧制，物论纷然。逢吉尤贪财货，无所顾避。及邠为相，每惩二苏之失，艰于除拜。即此一端，亦与其用二苏，不如用邠等也。弘肇之严刑，诚为大失，然此亦当时通病。《杨邠传》言：弘肇恣行惨酷，都人士庶，相目于路，而邠但称其善。《王章传》亦言其峻于刑法。《逢吉传》亦言其深文好杀。从高祖在太原时，高祖尝因事命其静狱，以祈福佑，逢吉乃尽杀禁囚以报。及执朝政，尤爱刑戮。朝廷患诸处盗贼，遣使捕逐，逢吉自草诏意，云应有贼盗，其本家及四邻同保人，并仰所在全族处斩。或谓之曰："为盗族诛，犹非王法，邻保同罪，不亦甚乎？"逢吉坚以为是，仅去全族二字。此亦岂减于弘肇哉？盖自藩镇擅土以来，将拥兵而贼民，兵怙势而犯上，民迫于无可如何，亦铤而走险，则又专恃刑戮以威之，上下相驱，已成一互相残杀之局，生于其间者，皆濡染焉而不知其非，所谓非一朝一夕之故，其所由来者渐矣。此诚深可痛伤，然不足为一人咎也。然挟震主之威，为众怨之府，变故遂终不可免矣。

隐帝为大臣所制，心不能平，乃与李业及内客省使阎晋卿、枢密承旨聂文进、飞龙使后匡赞、翰林茶酒使郭允明等谋之。乾祐三年（950年）十一月十三日，邠、弘肇、章入朝，帝伏甲杀之。并诛其亲党。去年十月，契丹寇河北，郭威御之，以宣徽使王峻监其军。是岁三月，又以威镇邺都，仍领枢密使。时苏逢吉不可，曰："以内制外则顺，以外制内，岂得便邪？"而史弘肇欲之。卒从弘肇议。十月，又诏侍卫步军都指挥使王殷屯澶州。杀邠等前一夕，遣供奉官孟业赍密诏诣澶州、邺都，令澶州节度使太后弟李洪义杀王殷，邺都行营马军都指挥使郭崇威，后避周祖讳，故或去威字。步军都指挥使曹威杀郭威及王峻。刘铢者，梁邵王友诲衙将，与汉高祖有旧。高祖镇太原，以为左都押衙。授永兴军节度使。从定汴、洛，移镇青州。因其暴虐，代以符晋卿。铢居长安，奉朝请而已，恨史弘肇、杨邠。至是，命诛郭威、王峻之家。又命太后母弟李洪建诛王殷之族。铢诛戮备极惨酷，殷但遣人监守而已。使者至澶州，李洪义不敢发，引孟业见王殷。殷囚业，遣副使陈光穗以密诏示郭威。威匿诏书，召枢密院吏魏仁浦谋于卧内。仁浦劝威反。倒用留守印，更为诏书，诏威诛诸将校，以激怒之。于是留养子荣镇邺都，命郭崇威将骑兵先驱，自将大军继之。隐帝既诛杨邠等，以苏逢吉权知开封府事，李洪建判侍卫司事，阎晋卿权侍卫马军都指挥使，而急召郓州高行周、青州符彦卿、永兴郭从义、兖州慕容彦超、同州薛怀让、郑州吴虔裕、陈州李穀等赴阙。及闻郭威兵起，李业等请帝倾府库以给诸军。苏禹珪以为未可。业拜禹珪于帝前曰："相公且为官家，莫惜府库。"遂下令：侍卫军人给二十缗，下军各给十缗，北来将士亦准此。仍遣其在营子弟，各赍家问，向北谕之。慕容彦超得诏，方食，释匕箸入朝。帝悉以军事委之。侯益曰："邺都戍兵，家属皆在京师，官军不可轻出，闭城以挫其锋，使其母妻登城招之，可不战而下也。"慕容彦超以为懦。帝乃遣益及阎晋卿、吴虔裕、前保大节度使张彦超将禁兵趋澶州。十六日，郭威至澶州。李洪义纳之。王殷以所部兵从。十七日，至滑州。节度使宋延渥迎降。王峻谕军曰："我得公处分：俟平定京城，许尔等旬日剽掠。"众皆踊跃。十九日，威兵至封丘。慕容彦超以大军驻于七里店。在开封北。二十日，车驾劳军，即日还宫。二十一日，复出。彦超先击北军，不胜。诸军稍稍奔于北军。吴虔裕、张彦超等相继而去。侯益亦夜至郭威营。慕容彦超以十数骑奔兖州。帝西北走赵村而死。新、旧《史》皆云：为郭允明所弑，说不足信，见《通鉴考异》。《通鉴》云为乱兵所弑，亦无据也。苏逢吉、阎晋卿、郭允明皆自杀，聂文进挺身走，军士追斩之。郭威至玄化门，刘铢两射城外。《旧五代史·周太祖纪》：《汉隐帝纪》云：帝策马至玄化门，刘铢在城上，问帝左右、兵马何在？乃射左右。帝回与苏逢吉、郭允明诣西北村舍。案，刘铢若叛隐帝，何得更射周太祖？故知其射隐帝之说，必因其射周太祖而误传也。威自迎春门入。诸军大掠，烟火四起。翌日，王殷、郭崇威言曰："若不止剽掠，比夜化为空城矣。"由是诸将部分，斩其剽者，至晡乃定。威杀刘铢、李洪建，而复窦贞固、苏禹珪之位。李业奔陕州，其兄节度使洪信不敢纳。将奔晋阳，为盗所杀。后匡赞奔兖州，慕容彦超执送之，斩于市。隐帝之败，全由军人贩弄天子，杨光远语。与后唐闵帝、末帝，如出一辙。慕容彦超沮侯益之计，人皆以为失策，其实未必然也。当时之败，全在彦超一军独战，而诸军不与协力，然亦未见大败，可见兵力本非不敌。《旧史·隐帝纪》：彦超自镇驰至，帝以军旅之事委之。彦超谓帝曰："陛下勿忧，臣当生致其魁首。"退见聂文进，询北来兵数及将校名氏。文进告之。彦超惧曰："大是剧贼，不宜轻耳。”盖不意附威者如此其众？然及隐帝劳军还宫，彦超尚扬言曰：“官家宫中无事，明日再出，观臣破贼。”时太后遣中使谓聂文进曰：“贼军在近，大须用意。”文进曰：“有臣在，必不失策。纵有一百个郭威，亦当生擒之。”可见当时诸臣，于威皆不之惮也。威之用兵，本非史弘肇之伦，观其攻一李守贞，尚久而后克可知。使非诸军叛离，何至一败涂地？若人人皆以贩弄天子为事，城守何益？且当日遣北来将士在营子弟，各赍书问，向北谕之，不已行益之策乎？史所传之事迹，多周世讳饰之辞，不足信也。史言隐帝之事，不可信者甚多。如欧《史·家人传》言：隐帝数与小人郭允明、后赞、李业等游戏宫中。太后数切责之，帝曰：“国家之事，外有朝廷，非太后所宜言也。”太常卿张昭闻之，上疏谏帝，请亲近师傅，延问正人，以开聪明。帝益不省。其后卒与允明等谋议，遂至于亡。一似帝所与亲狎，皆非后之所许者。然李业固后亲弟，后所最怜。《宋史·李涛传》言：周祖举兵，太后仓皇涕泣曰：“不用李涛之言，宜其亡也。”则涛之请出杨邠、郭威，固业意，亦不必非太后意，涛之罢政，特见胁而然矣。郭允明本高祖厮养。后赞者，其母倡。赞幼善讴。初事张延朗，后乃更事高祖、聂文进，少为军卒，以善书算，给事高祖帐下。云小人可也，阎晋卿家世富豪，少仕并门，历职至客将，犹可云其门第或本不高。李业既居元舅之尊，何得更以小人目之？允明等虽小人乎，然《旧史·传》言：杀史弘肇等前夕，文进与同党豫作宣诏，制置朝廷之事。凡关文字，并出文进之手。明日难作，文进点阅兵籍，征发军众，指挥取舍，以为己任，内外咨禀，前后填咽。太祖在邺被构，初谓文进不与其事，验其字迹，方知文进乱阶之首也，大诟詈之。《后赞传》言：赞与同党更侍帝侧，剖判戎事。其人皆未易才也。乃又谓赞之为此，兼所以防闲言。《新史》遂云：与允明等番休侍帝，不欲左右言己短。允明尝奉使荆南，潜使人步度城壁之高卑，池隍之广隘，此盖有深意焉，《旧传》则谓其以动荆人，冀得重贿。《新史》遂径谓高保融厚赂而遗之。阎晋卿与侯益等共御北师，度必早参机密。乃《旧史·传》谓李业等谋杀杨、史，始诏晋卿谋之，晋卿且退诣弘肇，将告其事，而弘肇不见。如此捕风捉影，天下岂尚有忠贞不二之人？苏逢吉，杨、史甫诛，即权密院，亦必早与密谋。《传》云：李业辈恶弘肇、邠等，逢吉知之，每见业等，即微以言激怒之，亦隐见其与谋之迹。乃又谓弘肇等被害，逢吉不与其谋，亦见其说之不足信也。后赞，即后匡赞，作史者避宋讳，去匡字。

隐帝既死，乃诬郭允明弑逆，由太后下诰，言河东节度使崇、忠武节度使信皆高祖弟，武宁节度使赟、开封尹勋即承勋，避隐帝讳去承字。皆高祖子，其择所宜。赟者，崇之子，高祖子之。郭威、王峻请立勋。太后告以勋羸病日久，不能自举。乃议立赟，遣太师冯道诣徐州奉迎，而请太后临朝。时契丹世宗自将入寇。十二月朔，郭威御之。十六日，至澶州。二十日，将士拥威南行。王峻与王殷谋，遣郭崇威往宋州，前申州刺史马铎诣许州巡检。太后诰废赟为湘阴公。马铎至许州，信惶惑自杀。明年正月，郭威立，是为周太祖。勋卒。杀湘阴公于宋州。是日，刘崇称帝于晋阳，是为北汉。《通鉴》《宋史》同，《新五代史》称为东汉。《新史·世家》云：周太祖与旻素有隙，崇更名旻。旻颇不自安，谓判官郑珙曰："主上幼弱，政在权臣，而吾与郭公不协，时事如何？"珙曰："汉政将乱矣。晋阳兵雄天下，而地形险固，十州征赋，足以自给。公为宗室老，不以此时为计，后必为人所制。"旻曰："子言吾意也。"乃罢上供征赋，收豪杰，籍丁民以益兵。隐帝遇弑，旻谋举兵。周祖白立赟，人皆知非实意也，旻独喜，罢兵，遣人至京师。太原少尹李骧劝旻以兵下太行，控孟津以俟变，庶几赟得立。赟立而罢兵可也。旻大骂曰："腐儒欲离间我父子。"命左右牵出斩之。骧临刑，叹曰：“吾为愚人画计，死诚宜矣。然吾妻病，不可独存，愿与之俱死。”旻闻之，即并戮其妻于市。以其事白汉，以明无他。已而周太祖果代汉，降封赟湘阴公。旻遣衙将李䛒奉书求赟归太原，而赟已死。旻即恸哭，为李骧立祠，岁时祠之。早谋自固。继乃信威欲立其子，崇之愚不至此。盖正以子在其手，不敢不罢兵，犹恐未足以取信，乃更杀李骧以益之耳。威苟忌崇，不杀李骧何损？若其不忌，杀十李骧何益？乃崇竟以求媚于威而杀骧，并及其妻，此时之武人，岂尚有人理？然骧久事崇，何以不知其不足与谋，而必为之谋也？岂知足以策郭威，而不足以策刘崇乎？无他，亦欲取信以自媚耳。非知之难，所以用其知者实难，韩非早言之矣。所以用其知者，亦知也，何以明于彼而暗于此也？则欲利使之然也。故曰：“利令知昏。”

北汉既自立，于是借契丹以猾夏之势复起。契丹世宗之南侵，盖非有意于略地，特欲借此求索耳，故复遣使请和。会汉亡，安国节度使刘词送其使者诣大梁。周祖遣左千牛卫将军朱宪报之，且叙革命之由。契丹亦遣使偕来贺即位。帝又使尚书左丞田敏与俱。而北汉主亦遣李䛒使于契丹。四月，契丹主遣使如北汉，告以田敏来，约岁输钱十万缗。北汉主使郑珙以厚赂谢契丹。自称侄皇帝致书于叔天授皇帝，请行册礼。《通鉴》、欧《史·世家》云：兀欲与旻约为父子之国，旻遣珙致书兀欲，称侄皇帝，以叔父事之而已。周复遣左金吾将军姚汉英等往使，遂为契丹所留。六月，契丹册崇为大汉神武皇帝。崇更名旻。九月，旻遣李存瓌自团柏入寇。世宗欲引兵会之。其下不欲，见弑。穆宗立，旻复以叔父事之。请兵以击晋州。十月，契丹遣彰国节度使萧禹厥将奚、契丹五万会之。北汉主自将兵二万，自阴地关寇晋州。十一月，王峻救之。留陕州旬日。帝忧晋州不守，议自将由泽州路与峻会，遣使谕峻。十二月朔，下诏以三日西征。峻因使者言于帝曰：“晋州城坚，未易可拔。陛下新即位，不宜轻动。若车驾出汜水，则慕容彦超引兵入汴，大事去矣。”乃敕罢亲征。北汉主攻晋州，久不克。会大雪，民相聚山寨，野无所掠，军乏食，契丹思归。闻王峻至蒙坑，在晋州南。烧营夜遁。北汉主始息意于进取。峻遣禁兵千余人戍长安，李洪信俱，入朝。二年正月，所在奏慕容彦超反状。以侍卫步军都指挥使曹英为都部署讨之。久不克。四月，下诏亲征。五月，至兖州，克之。彦超赴井死。沙陀余孽尽矣。

第四节　周世宗征伐

周太祖二子：曰青哥，曰意哥。与其侄守筠、奉超、定哥，皆为汉人所杀。后柴氏兄子荣，幼从其姑长太祖家，太祖以为子。太祖犯京师，留荣守魏。太祖之立，以王峻为枢密使，王殷留守邺都。峻忌荣，荣屡求入朝，皆不许。广顺三年（953年）闰正月，帝以河决为忧，峻自往行视，荣复求入朝，帝许之。二月，幽峻，贬为商州司马。至州未几而卒。荣为开封尹，封晋王。殷旋入朝。时帝已得风痹疾。十一月，力疾御殿，殷入见，执之，流登州，出城即赐死。明年，显德元年（954年）。正月，帝殂。荣立，是为世宗。

刘旻闻丧，使请兵于契丹。契丹遣杨衮率万骑会之。旻自将众三万趋潞州。三月，至高平南。世宗自将御之。马军都指挥樊爱能临阵先退。步军指挥使何徽，陈于其后，即时溃乱。局势危急。世宗督亲兵搏战，乃克之。诛爱能及徽。因命符彦卿伐北汉。帝又自潞州趋晋阳。五月三日，至城下。攻之，不能克。契丹来救，出忻、代，帝遣符彦卿拒之，以龙捷右厢都指挥使史彦超为先锋。战于忻口，彦超败死。六月朔，乃班师。是役也，本以馈运不继，但命彦卿观兵城下，及师入境，汾、晋吏民，皆以久罹虐政，愿输军需，以资兵力，世宗乃变计亲征。下数州之后，彦卿等仍以刍粮未备，欲还军，世宗不之省，乃调山东近

郭威像

选自《残唐五代史演义传》 （明）罗贯中一编辑

郭威称得上是一位好皇帝，不仅在位期间励精图治，使北方地区的政治、经济形势逐步走向好转，而且他慧眼识英雄，选择了一个称职的接班人——柴荣，使后周基业得到良性延伸。这为赵氏兄弟未来的统一大业奠定了基石。

郡，輓军食以济之。《宋史·符彦卿传》。及是，粮草数十万，悉皆焚弃，军资亦丧失甚多，皆帝之轻躁为之也。

然帝究有英气，故于军政颇能整饬。初宿卫之士，累朝相承，不欲简阅，由是羸老者居多，骄蹇不用命，每遇大敌，不走即降。帝因高平之战，始知其弊。乃命大简诸军。精锐者升之上军，羸者斥去之。又以骁勇之士，多为藩镇所畜，诏募天下壮士，咸遣诣阙。时赵匡胤以战有功，为殿前都虞侯，使选其尤者，为殿前诸班。其骑步诸军，亦各命将帅选之。于是士卒精强，战胜之基立矣。

时南之唐，西之蜀，咸有窥伺中原之意，而唐尤甚。初后唐灭梁，吴与中原，往来不绝。天成三年（928 年）二月，安重诲谓杨溥欲与朝廷抗礼，遣使窥觇，拒而不受，乃绝。天福二年（937 年）五月，徐知诰用宋齐丘策，使以美女、珍玩，泛海修好于契丹。契丹主亦遣使报之。案，知诰一意谋篡，且不肯用兵两浙，安敢启衅于中原？盖亦虑中原或以其窃国为讨，则借契丹之力，以图牵制，为万一之备耳。是岁十月，知诰受吴禅。三年七月，契丹遣使诣唐。宋齐丘劝唐主厚贿之，俟其还至淮北，遣人杀之，欲以间晋。四年十一月，契丹遣其臣遥折使晋，遂如吴、越。六年四月，唐主遣通事舍人欧阳遇假道于晋，以通契丹，晋人不许。八年，李昪殂，子景立。契丹灭晋，唐主使贺，且请诣长安修复诸陵。契丹不许，而遣使报之。是时中原无主，晋密州刺史皇甫晖，棣州刺史王建，皆避契丹，率众奔唐。淮北群雄，多请命于唐。唐虞部员外郎韩熙载上疏，以为恢复祖业，今也其时。若虏主北归，中原有主，则未易图也。时方连兵福州，未暇北顾，唐人皆以为恨，唐主亦悔之。《通鉴》。及闻耶律德光卒，萧翰北去，乃下诏曰：乃眷中原，本朝故地。以李金全为北面行营招讨使，议经略北方。闻刘知远已入大梁，遂不敢出兵。乾祐元年（948 年）十一月，初沈丘人舒元、沈丘，

周世宗像

《飞龙全传》插图　（清）吴璿一编撰

周世宗柴荣壮志未酬身先死，实在可惜。不过正是因为他的励精图治，才让赵匡胤、赵光义兄弟仅用20年就统一了中国（元用了74年，清用了66年）。

今河南沈邱县。嵩山道士杨讷，俱以游客干李守贞。守贞为汉所攻，遣元更姓朱，讷更姓李，名平，间道求救于唐。唐主命李金全救之，军于沂州之境。时唐士卒莫有斗志，又河中道远，势不相及，退保海州。二年二月，淮北群雄，多请命于唐。唐主遣皇甫晖等出海、泗以招纳之。三年，正月，闻汉尽平三叛，乃罢李金全招讨使。此时唐之兵力，绝不足恃，徒欲驱北来降将，为之经营，与梁武帝乘侯景之乱而欲恢复北方绝相似，即能收无备之地，北兵一来，亦必无以善其后也。周太祖广顺元年（951 年）三月，敕朝廷与唐，本无仇怨。缘淮军镇，各守疆域，无得纵兵，擅入唐境。商旅往来，无得禁止。二年正月，唐发兵五千，军于下邳，下邳故城，在今邳县东。以援慕容彦超。闻周兵将至，退屯沭阳。周徐州巡检使张令彬败之，获其将燕敬权。周仍释使归唐。周是时绝无意与唐启衅，唐之力，亦绝不足以言进取，然唐灭闽、楚，虽绝无所得，唐主颇因之而骄，冯延巳尤狂妄。常笑李昪戢兵为龌龊，曰："安陆所丧，才数千兵，为之辍食咨嗟者旬日，此田舍翁识量耳，安足与成大事？"翰林学士常梦锡屡言延巳等浮诞不可信，唐主不听。不度德，不量力，既不能令，又不受命，是为绝物矣。

蜀小而唐大，故世宗用兵，先其易者。显德二年（955 年）五月，命宣徽南院使向训、凤翔节度使王景西征。蜀使李廷珪拒之。周兵战不利，馈运不继，宰相请罢兵，世宗使赵匡胤往视之，还言秦、凤可取，乃止。闰九月，景败蜀兵，取秦州。成、阶二州亦降。惟凤州王环，守御甚固，至十一月乃克。蜀主遗书请和，自称大蜀皇帝。世宗怒其抗礼，不答。然世宗大欲，实在淮南，其于蜀，特一惩创之，使不敢侵扰耳。故克凤州之月，南伐之师遂出。

世宗以宰相李谷为行营都部署，督韩令坤等十二将以伐唐。初宋齐丘为李昪谋篡最力，及事成，忽不肯署劝进表，请归隐九华山。在安徽青阳县西南。此时之士风，无所谓名节，齐丘亦非讲名节之人，盖昪爱其众子景达，欲以为嗣，而齐丘亦亟称其才，而昪以景长未果，齐丘知其不能无芥蒂，乃阳为退让以求全也。然齐丘究非淡泊之士，故昪招之即复出。未几，复以病罢。出为洪州节度使。景既立，复召为相。已复出帅浙西。齐丘愿复归九华山。乃赐号九华先生，封青阳公，食青阳一县。今安徽青阳县。时则冯延巳、延鲁、陈觉、魏岑、查文徽等用事。福州之败，锁觉、延鲁至金陵。流觉蕲州、延鲁舒州，延巳亦罢相，岑罢谏议大夫。然岑及延巳，旋复进用。广顺二年（952 年），延巳复同平章事，失潭州罢。三年三月复相。广顺三年，金陵大火，逾月。显德元年（954 年），大饥。民多疫死。逾年而周师至。景复召宋齐丘还金陵，使刘彦贞将兵二万趋寿州，皇甫晖、姚凤以兵三万屯定远。今安徽定远县。李谷为浮梁。自正阳渡淮，正阳镇，在寿州西。攻寿州。唐将刘仁赡固守。三年正月，世宗下诏亲征。使李重进先赴正阳。重进，周太祖甥。时为侍卫马步军都指挥使。刘彦贞向寿州，又以战舰趋正阳。李谷惧浮梁断，亟退兵。彦贞追之。至正阳，重进先至，军未及食而战，彦贞败死。皇甫晖、姚凤退屯清流关。在安徽滁县西北。世宗至正阳，以重进代李谷，徙浮梁于下蔡，今安徽凤台县。进围寿州。二月，命赵匡胤袭清流关，擒皇甫晖、姚凤。唐主遣泗州衙将王知朗赍书抵徐州，称唐皇帝奉书大周皇帝，请息兵修好，愿以兄事，岁输货财，以助军费。又改名璟，以避周庙讳。遣翰林学士钟谟、文理院学士李德明奉表称臣以请平。世宗皆不许。韩令坤袭取扬州，冯延鲁为副留守，见执。又攻泰州，拔之。三月，唐主又使右仆射孙晟、吏部尚书王崇质使周。愿去帝号，割寿、濠、泗、楚、光、海六州，岁输金帛百万。时周将何超已陷光州，郭令图陷舒州，降蕲州，又进攻黄州矣。世宗欲尽得江北，而许其存帝号。李德明请归白唐主，许之。孙晟请使王崇质与之偕归。宋齐丘、陈觉等以割地为无益，谓德明卖国图利。唐主怒，杀之。唐主之立，以弟燕王景遂为诸道兵马元帅，徙封齐，居东宫。鄂王景达为副元帅，徙封燕，宣告中外，约以传位。而立长子弘冀为南昌王。后又立景遂为皇太弟，徙景达为齐王，领诸道兵马元帅，而徙弘冀为燕王，为之副。事在天福十二年（947年）。及是，使景达拒周。以陈觉为监军使，边镐及许文稹等为应援使。四月，唐将陆孟俊复泰州，进攻扬州，韩令坤走。世宗使张永德救之。孟俊复为令坤所擒。然世宗攻寿州迄不克。会大雨，营中水深数尺，攻具及士卒，亡失颇多，又粮运不继，乃议班师。或劝世宗诈称寿州已破，东如濠州，从之。又自濠州至涡口。以涡口为镇淮军，于其地作浮梁。世宗欲自至扬州，宰相范质等以兵疲食少，泣谏，乃自涡口北归，而留李重进围寿州。六月，刘仁赡攻城南寨，周师不利。李重进营城东，不能救。军无固志，诸将议欲退军。适赵匡胤自六合还师，留驻旬日，周兵乃复振。初朱元、李平为李守贞求救，遂留于唐。及是，唐使复江北。七月，元取舒、和州，平取蕲州。唐初以茶盐强赋民，征其粟帛，谓之博征，又兴营田于淮南，民甚苦之。周师至，争奉牛酒迎劳。而周将帅不之恤，专事俘掠，视民如土芥。民皆失望，相聚山泽，立堡壁自固。操农器为兵，积纸为甲，时人谓之白甲军。周兵讨之，屡为所败。先所得唐诸州，多复为唐有。唐之援兵，营于紫金山，在寿州南，或云即八公山。与寿春城中，烽火相应。淮南节度使向训，请以广陵之兵并力攻寿春，俟克城更图进取，世宗许之。滁州守将亦弃城去，皆趋寿春。唐诸将请据险以邀之。宋齐丘曰："如此则怨益深。"乃命诸将各自保守，无得擅出击。由是寿春之围益急。四年正月，景达遣许文稹、边镐、朱元等将数万众溯淮而上。李重进逆击，破之。二月，世宗复亲征。三月，至寿春，陈觉表朱元反覆，不可使将。唐主遣人代之，元降于周。世宗破唐紫金山兵，擒许文积、边镐。景达、觉奔归金陵。刘仁赡疾甚，监军使周廷构、营田副使孙羽等诈为仁赡表请降。是月，仁赡卒。初淮南于寿州置忠正军，后更其名曰清淮，及是，世宗复其名，以旌仁赡之节焉。是冬，世宗再自将下濠、泗，浮淮至楚州。复取扬州。初周师无水战之具，及屡败唐兵，获水战卒，乃造战舰数百艘，使降卒教水战，命王环将以下淮。唐水军多败，长淮之舟，皆为周师所得。又造齐云船数百艘。世宗至楚州北神堰，齐云舟大不能过，乃开老鹳河以通之。在楚州西北。五年正月，巨舰数百，皆入于江，唐人知不能敌。时景遂前后十表辞太弟之位，景达亦以败军辞元帅。三月，乃立景遂为晋王，加天策上将军、江南西道兵马元帅、洪州大都督、大尉、尚书令，以景达为浙西道元帅、润州大都督。景达以浙西方用兵，与吴越战。固辞，改抚州大都督。而立弘冀为太子，使参决庶政。遣陈觉表请传位于弘冀。时淮南惟庐、舒、蕲、黄未下，觉白世宗，请遣人渡江取表献四州之地，周乃许平，而谕景不必传位。景乃去帝号，称国主，而用周年号焉。周与南唐之胜负，实全系南唐之弱，而非周之强，周军且屡为白甲军所败，而安足以遇大敌？刘仁赡固善守，然以区区一城，攻围逾年而不能克，且几至溃败，其所谓攻者，亦可知矣。唐防御使张彦卿守楚州，周兵攻之，亦逾四旬而后下，彦卿巷战死，所部千余人，无一降者。然则唐封疆之臣，亦非不能效死，特专阃以出者，无一非舆尸之徒耳。刘彦贞所居藩镇，专为贪暴，积财巨亿，以赂权要，魏岑等争誉之，故唐主首用之。边镐、陈觉等，亦偾军之将也。以此遇敌，岂有幸哉？而又何敌强之足云？

是役也，湖南、吴越、荆南，皆尝出兵以助周，然或无功，或锋刃未交而退，无与于胜负之数也。初王逵既得潭州，以何敬真为静江节度副使，朱全琇为武安节度副使，张文表为武平节度副使，周行逢为武安行军司马。敬真、全琇，各置衙兵，与逵分厅视事，吏民莫知所从。行

《韩熙载夜宴图》

（五代十国）顾闳中 原作　此为宋摹本　收藏于北京故宫博物院

此卷如实再现了南唐大臣韩熙载夜宴宾客的历史情景。全图共分为五个部分：听乐、观舞、休息、清吹、宾酬。关于此画创作的缘由，有两种说法。其一：韩熙载出身北方望族，颇具政治才华，后其父因事被诛，才逃至江南，投靠南唐，深受南唐中主李璟宠信。后主李煜继位时，南唐国势不振，面对北方崛起的后周，只得屈辱求和。后主性格犹豫，既想任用韩熙载为宰相来主持朝政打破僵局，又因听说韩熙载生活放荡而猜忌其真实意图。于是，后主便派顾闳中潜伏到韩熙载举办的夜宴上，画下韩熙载的一举一动，以便判断韩熙载能否重用。其二：后主想要重用韩熙载，但多听说他荒淫放纵，但又不方便直接指出来，便派顾闳中画下这幅画送给他，以为告诫。不过，如果按作品原貌来解读，我们会发现，整个夜宴过程，韩熙载心不在焉、满怀忧郁，这与夜宴的热闹场面格格不入。所以，夜宴的声色恐怕更多的是韩熙载故意为之。那么，他这又是因为什么呢？从『观舞』部分我们也许可以知道答案。画面中，韩熙载正在为跳着『六幺舞』的王屋山击鼓，与众人注目的神情相比，他的密友德明和尚则显得十分局促。韩熙载曾向德明和尚表明过无力阻止南唐覆灭的事实。这个情景可谓韩熙载当时内心的真实写照，担忧南唐国运可能才是他在夜宴中郁郁寡欢的真正原因。

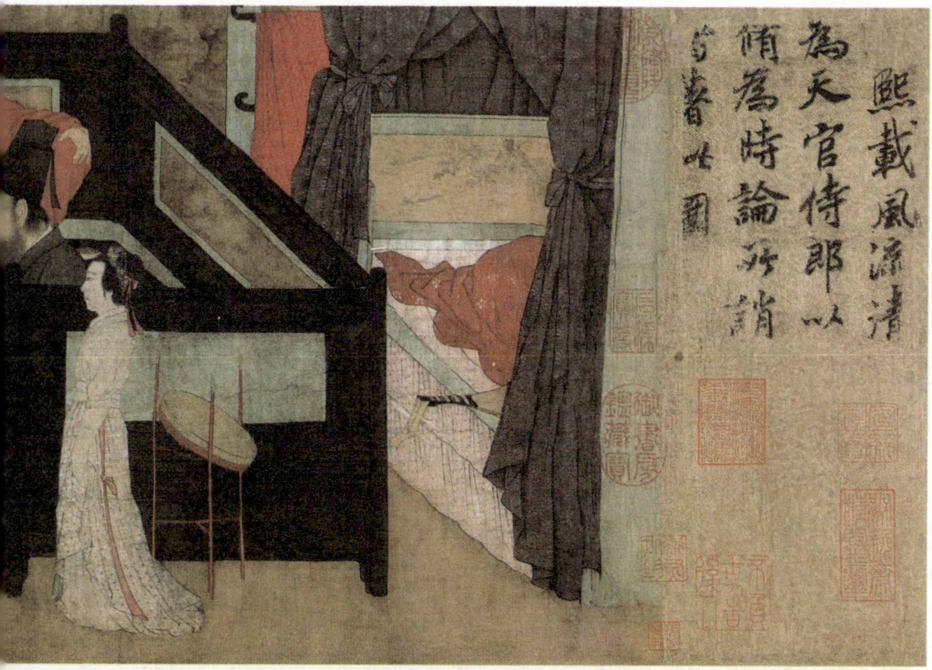

听乐

观舞

逢、文表，事逵尽礼，逵亲爱之。敬真与逵不协，辞归朗州。又不能事刘言，与全琇谋作乱。言素忌逵之强，疑逵使敬真伺己，将讨之。会南汉寇全、道、永州，行逢请身至朗州说言，遣敬真、全琇南讨，至长沙，以计杀之。时广顺三年（953 年）二月也。张仿为武平节度副使，行逢又恶之，言于逵曰："何敬真仿之亲戚，临刑以后事属仿。"四月，逵召仿饮，醉而杀之。六月，逵以行逢知潭州，自将袭朗州。克之，幽刘言。遣使上表，诬言谋以朗州降唐，又欲攻潭州，其众不从，废而囚之。请复移使府治潭州。八月，周祖从其请。逵还长沙，以周行逢知朗州事。又遣潘叔嗣杀刘言于朗州。显德元年（954 年）五月，逵自潭迁朗，以周行逢知潭州，潘叔嗣为岳州团练使。三年，周以逵为南面行营都统，使攻鄂州。逵过岳州，叔嗣西袭朗州。逵还军追之，及于武陵城外。战，逵败死。叔嗣归岳州，使其团练判官李简率朗州将吏迎周行逢，谓行逢必以潭州相授，而行逢以衡州刺史莫弘万权知潭州而西，以叔嗣为行军司马。叔嗣怒，不至。或说行逢，授之武安，令至都府受命。从之。叔嗣至，斩之。七月，世宗以行逢为武平节度使，制置武安、静江等军事。行逢留心民事，悉除马氏横赋，去贪吏猾民为民害者。择廉平吏为刺史、县令。刘言、王逵旧将骄横，一以法治之。史虽议其用法太严，然除暴正所以安良，湖湘盖未尝不借是而小安也？然经此扰攘，助周攻唐之事，遂成画饼矣。吴越以是年二月，出兵攻常州，为唐将柴克宏所败。攻宣州，亦不克。南平至显德五年（958 年）正月，乃以水师东下，至鄂州，亦未尝有功也。

秦、凤之下也，世宗以蜀兵数千人为怀恩军。显德四年，遣其八百余人西还。蜀亦遣所擒梓州别驾胡立等八十人东还。因致书请通好。世宗以其抗礼，仍不之答。五年六月，高保融遗蜀主书，劝其称藩于周。蜀主报以尝遣胡立致书而不答。十月，世宗以户部侍郎高防为西南面水陆制置使，谋伐之。保融再遗书劝以称藩，蜀主覆书拒之，而屯兵以备。周师亦未出，而北攻契丹。

显德六年（959年）三月，世宗诏以北鄙未复，将幸沧州。命义武节度使孙行友捍西山路。侍卫亲军都虞候韩通等将水陆军先发。四月庚寅，韩通奏自沧州治水道，入契丹境通瀛、莫。辛卯，上至沧州，即日率步骑数万，直趋契丹境。壬辰，至乾宁军。契丹宁州刺史王洪举城降。乾宁军，在今河北青县境。胡三省曰：契丹盖置宁州于乾宁军？乙未，大治水军。分命诸将，水陆俱下。以韩通为陆路都部署，赵匡胤为水路都部署。丁酉，上御龙舟，沿流而北。辛丑，至益津关。今河北霸县。水路渐隘，乃登陆而西。癸卯，赵匡胤至瓦桥关，契丹守将举城降。上入瓦桥关。甲辰，莫州降。五月乙巳朔，侍卫亲军都指挥使李重进等始至。瀛州降。关南悉平。丙午，宴诸将于行宫，议取幽州。诸将以为陛下离京四十二日，兵不血刃，取燕南之地，此不世之功也。今虏骑皆聚幽州之北，未宜深入。上不悦。趣先锋都指挥使刘重进先发据固安。今河北固安县。上自至安阳水，命作桥，不豫而止。戊申，孙行友奏拔易州。己酉，以瓦桥关为雄州，益津关为霸州。庚戌，李重进出土门击北汉。壬子，自雄州南还。六月癸巳，殂，年三十九。

世宗之用兵，颇为论史者所称道，尤惜其伐辽之未成，殆非也。彼其用兵，以所遇皆非大敌，遂成竖子之名，若遂行其意，则兵法所谓必蹶上将军者也。伐汉之役，已见周章；伐唐之役，设自涡口径趋扬州，亦安知不以气衰力竭，而为敌所乘哉？战事必度其始终，非可侥幸于一胜。辽之大军，皆在燕北，故初攻之若甚易，及其举兵南下则甚难。宋太宗高梁河之败以此，世宗取关南之后，设使贸然进兵，亦未必不蹈此辙。即谓不然，而不能禁契丹之不再至，再至而再获胜，亦不能禁其不三至，契丹之兵力未尽，即中国未可燕然，石晋之行事，正所谓殷鉴不

长枪图二十势并说（节选）

选自《福宁纪事》　（清）程荣春／撰

枪被称为长兵之帅，有多种称呼，比如，『矛』『铍』『槊』等。在五代十国时期，枪为主要的作战兵器，每个士兵都配有长柄陌刀一柄、长枪一条。后唐名将高思继为五代十国第一名枪，后世根据他的故事创造了『白马银枪』这个词语。枪头形状也多种多样，如蛇矛枪。《三国演义》中，张飞使用的就是『丈八蛇矛』。钩镰枪于唐代出现，北宋最为流行。另外，还有大枪、花枪、双头枪等。

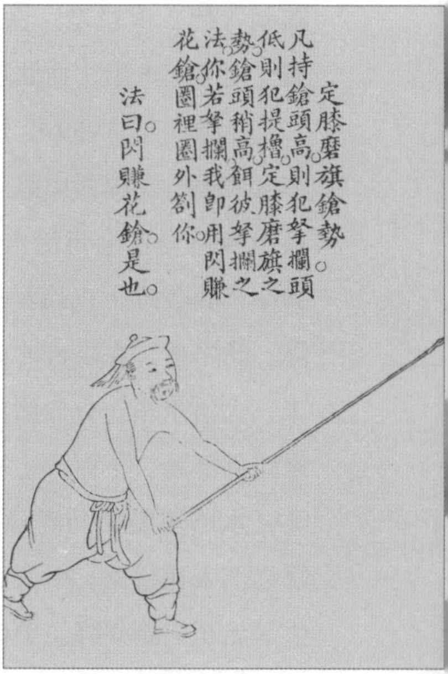

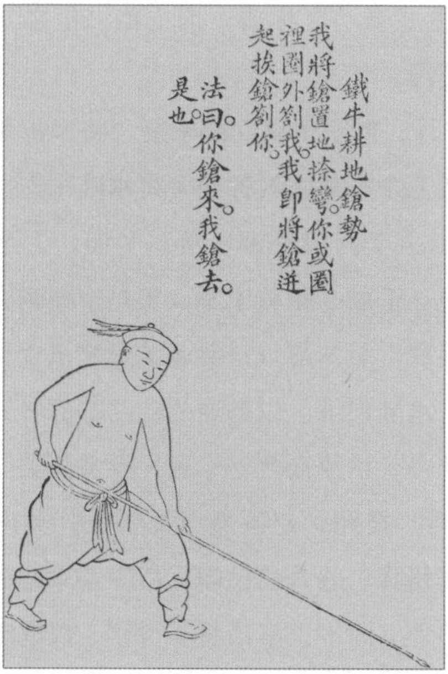

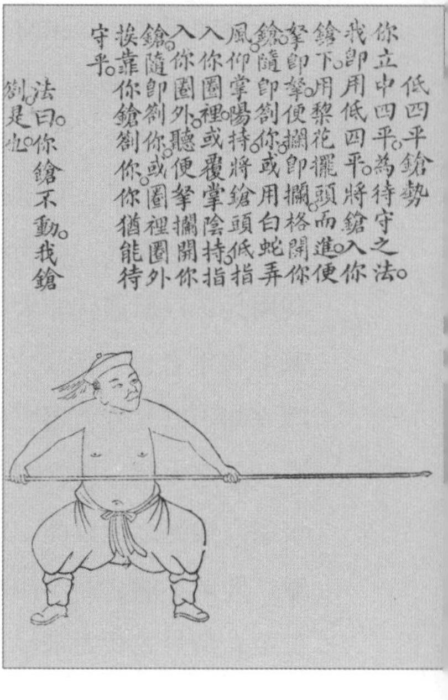

翻身棚退退鎗勢

我先拏你鎗。單手探身劄你。你用大封大劈。格開我敗鎗於左。你卽顛步而進。端鎗劄入。其勢雄。其力大。我前手不及持鎗。惟將右手斜舉棚起頭上而過。其身從右翻轉。而退步用也。以上二着。法曰。死中反活。是也。

死棚對鎗勢

我先拏你鎗。單手探身劄你圈裡。你拏開我鎗敗於左。你鎗疾速劄入。我前手不及持鎗。惟將右手陽仰往後斜橫一拉棚起開。你鎗前手卽得持鎗劄你也。

活棚退退鎗勢

如你鎗不動。我卽劄你圈裡。你拏開進步劄我。我剪步跳出。隨將鎗高舉棚起你鎗。

以上二着。法曰。棚退救護。是也。

活棚對進鎗勢

我劄你圈裡。你拏開我鎗。劄我圈裡。我顛步閃左斜進。棚開你鎗劄你。

远者也。即谓幽州可以坐收，亦必计其能守。兵有利钝，战无百胜，非有雁门内险与居庸相翼卫不可。然当日者，太原且在北汉之手矣，而可以轻心掉之乎？《五代史·王朴传》云：世宗有平一天下之志，数顾大臣问治道。选文学之士二十八，使作《为君难为臣不易论》及《平边策》，朴在选中。当时文士，皆不欲上急于用武，惟翰林学士陶谷、窦仪，御史中丞杨昭俭与朴，皆言用兵之策。朴之策曰："攻取之道，从易者始。当今惟吴易图。东至海，南至江，可挠之地二千里，从少备处先挠之，备东则挠西，备西则挠东，彼必奔走以救其弊，奔走之间，可以知彼之虚实，众之强弱，攻虚击弱，则所向无前矣。勿大举，但以轻兵挠之。彼人怯弱，知我师入其地，必大发以来应。数大发，则民困而国竭；一不大发，则我获其利。彼竭我利，则江北诸州，乃国家之所有也。既得江北，则用彼之民，扬我之兵，江之南亦不难平之也。如此，则用力少而收功多。得吴则桂、广皆为内臣，闽、蜀可飞书而召之，如不至，则四面并进，席卷而蜀平矣。吴、蜀平，幽可望风而至。惟并必死之寇，不可以恩信诱，必须以强兵攻之，然其力已丧，不足以为边患，可为后图，候其便则一削以平之。"朴此言攻取自吴始，世宗从之。然朴之策极自惜其力，而世宗所行，则适与之反。至其论取燕、晋之难易，亦适倒置。何者？汉依辽而存，非辽恃汉而盛；且辽有足之寇，历代以为深患，非一蹴可平，而北汉则如坐谷中，终不能以一隅之地，抗举国之师也。欧阳氏言：朴所陈用兵之略，非特一时之策。至言诸国兴灭次第，云淮南可最先取，并必死之寇，最后亡，其后宋兴，平定四方，惟并独后服，皆如朴言。其实太宗高梁河之败，亦未尝不由视辽太轻，即踵世宗及朴之失策也。梁襄王问曰："天下恶乎定？"孟子曰："定于一。""孰能一之？"曰："不嗜杀人者能一之。"其言似迂，而实至径。何则？不嗜杀人，则天下顺之，嗜杀人，则人莫不与之为敌也。

秦凤之平也，世宗以所俘蜀兵隶军籍。从征淮南。亡降唐，唐主表献百五十人，世宗悉斩之。张永德与李重进不相悦。唐主闻之，以蜡丸书遗重进，诱以厚利。其书皆谤毁及反间之语。重进奏之。世宗一怒，遂杀孙晟，已云甚矣，又及其从者百余人，其嗜杀如此，安怪将率之恣俘掠以激白甲军之变？初入并州，民愿输军需，以资兵力，及后，河东之守甚固，亦安知不由于此？此岂有纪律如此，而可称为强兵？而其将可称为良将？而其主可称为善将将者哉？或曰：樊爱能、何徽之诛，军纪固已立矣。然则黄袍又何以被宋祖之身乎？

第五节　南方诸国形势（上）

自后唐至石晋，为时约三十年，据中原之地者，无暇过问偏方之事，梁尚有意于经略吴、楚，特力不足耳。后唐庄宗，则初无意于此。其灭前蜀，特由好贿。不久亦复失之矣。而偏方诸国，亦未有能蹈涉中原，抗衡上国者，海内遂成豆剖瓜分之局。其时割据一隅者，非有深根固柢，足以自立之道也，特其地丑德齐，莫能相尚，益以沙陀、契丹，交争互夺，遂至无暇及此耳。迄于周世，沙陀既力尽而毙，契丹亦运直中衰，世宗虽无远猷，颇有锐气，整军经武，中原之势斯张，更得宋祖以继之，而一统之机熟矣。

南方之国吴为大，故述南方之事者，当以吴为纲维。杨行密之寝疾也，命其节度判官周隐召其子渥于宣州，隐言渥非保家之主，而行密余子皆幼，请使庐州刺史刘威权领军府，俟诸子长授之。行密不应。左右衙指挥使张颢、徐温曰："王出万死立基业，安可使他人有之？"行密曰："吾死瞑目矣。"他日，将佐问疾，行密目留幕僚严可求。可求曰："王若不讳，如军府何？"行密曰："吾命周隐召渥，今忍死待之。"可求与徐温诣隐，隐未出见，牒犹在案上，可求即与温取牒遣使如宣州召渥。行密卒，渥袭，杀周隐。然旋为张颢、徐温所替。渥之镇宣州，命指挥使朱思勍、范思从、陈璠将亲兵三千，及即位，召归广陵，颢、温使从秦裴击钟匡时，因戍洪州，诬以谋叛，诛之。又率衙兵杀渥亲信十余人。诸将不与同者，稍以法诛之。于是军政悉归二人，渥不能制。开平元年（907年）五月，颢、温共弑渥。梁之篡，诸节镇皆称臣，惟河东、凤翔及淮南，仍用天祐年号，西川则称天复。是岁，七月，梁以钱镠兼淮南节度使，马殷兼武昌节度使，各充本道招讨制置使，盖意在于来讨。故颢、温初约分吴地以臣于梁。盖既免大国之讨，且可借梁力以定己位也。渥死，颢欲背约自立。温患之。严可求为说颢曰："今外有刘威、陶雅、歙州。李简、常州。李遇，宣州。皆先王一等人也，未知能降心以事公不？"乃立行密次子隆演。初名瀛，又名渭。颢又讽隆演出温于润州，可求说止之。而与温谋，选壮士三十人，就衙堂斩颢。因以弑渥之罪归之。《通鉴》曰：初将弑渥，温谓颢曰："参用左右衙兵，心必不一，不若独用吾兵。"颢不可。

李后主像

选自《历代帝王圣贤名臣大儒遗像》册 （清）佚名 收藏于法国国家图书馆

李煜（937—978年），字重光，号钟山隐士。据说李煜死于『牵机药』，该毒药与钩吻、鹤顶红为中国历史上三大毒药，是古代帝王赐死臣子和妃子时的首选毒药。『牵机药』即是马钱子，过量服用会有颈项僵硬、瞳孔放大、呼吸急促、抽搐等症状，如果不及时抢救，会因呼吸系统麻痹而死亡。李煜是在酒后服的药，酒助药性，因此抽搐得厉害，直至如史书记载那样，头部与足部相接，像织布机来回牵动一样，死状极惨，故称。

温曰："然则独用公兵。"颢从之。至是，穷治党与，皆左衙兵，由是人以温为实不知谋也。按此说出《江南别录》，见《考异》。隆演以温为左右衙都指挥使，可求为扬州司马。温专政，隆演备位而已，三年三月，温以金陵形胜，战舰所聚，乃自以淮南行军副使领昇州刺史，留广陵，以假子知诰为昇州防遏兼楼船副使，往治之。知诰，海州人。温亦海州人。流寓濠、泗间。行密攻濠得之，养为子，以乞温，冒其姓。乾化二年（914 年），温使淮南节度副使王坛代李遇，都指挥使柴再用送之，而以知诰为之副。遇不受代，攻之。逾月不克。遇有少子，为淮南衙将，温执至宣州城下。遇不忍战，乃降。温使再用斩之，夷其族。刘威、陶雅惧，皆诣广陵。温待之甚恭，并遣还镇。威、雅等皆与行密起事，其徒号三十六英雄将。温未尝有战功，徒以行密病时，旧将皆以战守在外，而温居帐下，遂获盗窃政柄。温于旧将，皆伪下之，诸将乃安。知诰以功迁昇州刺史。时诸州长吏多武夫，专以军旅为务，不恤民事，知诰独选用廉吏，修明政教，招延四方士大夫，倾家赀无所爱惜。窃国之机，肇于此矣。是岁，温与刘威、陶雅率将吏请于李俨，承制加隆演太师、吴王，以温领镇海节度使，同平章事。淮南行军司马如故。三年，梁使王景仁侵庐、寿，温与朱瑾败之霍丘。四年，梁武宁节度使王殷来附。朱瑾救之，为梁兵所败。贞明元年（915 年）四月，温以子知训为淮南行军副使，内外马步诸军副使。八月，温为管内水陆马步诸军都指挥使、两浙都招讨使、守侍中、齐国公，镇润州，以昇、润、常、宣、池、歙六州为巡属，军国庶务，参决如故，而留知训居广陵。二年二月，宿卫将马谦、李球劫吴王登楼，发库兵讨知训，不克而死。是岁，晋遣使如吴会兵以击梁。十一月，吴使知训及朱瑾应之，围颍州。三年五月，徐温徙镇海军于昇州，而以知诰为润州团练使。知诰求宣州，温不许。知诰不乐。其幕僚宋齐丘曰："三郎骄纵，败在旦夕，润州去广陵，隔一水耳，此天授也。”知诰悦，即之官。三郎，谓知训也。知训骄倨淫暴，狎侮吴王，无复君臣之礼。温皆不之知。四年六月，置静淮军于泗州，出朱瑾为节度使。知训过别瑾，瑾伏壮士斩之。驰以其首示吴王，曰：“仆已为大王除害。”王惧，以衣障面，走入内。瑾挺剑将出，子城使翟虔等阖府门勒兵讨之。瑾自后逾城，折足，自刭死。徐知诰用宋齐丘策，即日渡江，抚定军府，时徐温诸子皆弱，乃以知诰为淮南行军副使、内外马步都军副使、通判府事，兼江州团练使，而以幼子知谏权润州团练使。温还镇金陵，总吴朝大纲，自余庶政，皆决于知诰。初温说吴王曰：“今大王与诸将，皆为节度使，虽有都统之名，不足以相临制。唐授行密诸道行营都统，渥、隆演嗣位，皆李俨承制授之。请建吴国，称帝而治。”王不许。严可求屡劝温以次子知询代知诰。知诰与骆知祥谋，出可求为楚州刺史。温专吴政，以军旅委严可求，财赋委支计官骆知祥。是时知祥附知诰，而可求仍为温谋。可求既受命，至金陵见温，说之曰：“吾奉唐正朔，常以兴复为辞。今朱、李方争，朱氏日衰，李氏日炽。一旦李氏有天下，吾能北面为之臣乎？不若先建吴国，以系民望。”温大悦，复留可求，参总庶政，使草具礼仪。虑晋之灭梁，而先谋建国，此乃饰说。朱邪氏岂足缵李唐之统？以此诳天下，其谁听之？盖温久欲割据自尊，前此朱梁尚强，有所顾忌，此时梁已无足畏，篡夺之谋，因之益急，而欲谋自尊，不得不先隆隆演之位耳。五年四月，隆演即吴国王位。以温为大丞相、都督中外诸军事，诸道都统，镇海、宁国节度使，守太尉，兼中书令，东海郡王。知诰为左仆射，参政事，兼知内外诸军事，仍领江州团练使。初吴越常臣服中国，自虔州入贡，及吴取谭全播，道绝，乃自海道出登、莱抵大梁。是岁，梁诏钱镠大举讨淮南。镠使其子传瓘率战舰五百艘，自常州东洲出海，复溯江而入以击吴。战于狼山江，谓狼山南之大江也。

吴师败绩。传瓘复以兵三万攻常州。徐温拒之。战于无锡，今江苏无锡县。传瓘大败。知诰请率步卒二千，易吴越旗帜铠仗，蹑其败卒，袭取苏州。温曰："尔策固善，然吾且求息兵，未暇如汝言也。"诸将皆以为吴越所恃者舟楫，今大旱，水道涸，此天亡之时也。宜尽步骑之势，一举灭之。温叹曰："天下离乱久矣，民困已甚。钱公亦未易可轻。若连兵不解，方为诸君之忧。今战胜以惧之，戢兵以怀之，使两地之民，各安其业，君臣高枕，岂不乐哉？"遂引还。且使归无锡之俘。镠亦遣使请和。自是吴休兵息民，民乐业者二十余年焉。徐温息兵之论，亦非由衷之言，盖志存篡夺，不暇邀利于外耳。隆演以权在徐氏，常怏怏，酣饮，希复进食，遂致疾。六年五月，卒。年二十四。温舍行密第三子庐江公蒙，而立其第四子丹阳公溥。明年，后唐庄宗同光元年（923 年）。唐灭梁，使告吴、蜀。使者称诏，吴人不受。易其书，用敌国礼，曰大唐皇帝致书于吴国主，乃受之。复书称大吴国主上大唐皇帝，辞礼如笺表。吴是时不肯仞唐为上国，足见其云虑唐灭梁，因谋自立之诬。然温篡夺之谋，实未尝不因之而少缓。逮庄宗亡，明宗继立，后唐之不足惮，亦势已显然，温乃复谋篡立。天成二年（927 年），温谋率诸藩镇入朝，劝吴王称帝。将行，有疾，乃遣知询奉表劝进，因留代知诰执政。十月，温卒。知询乃归金陵。十一月，吴王即皇帝位。以知询为诸道副都统、镇海、宁国节度使，而加知诰都督中外诸军事。四年，武昌节度使李简以疾求还江都，卒于采石。知询，简女夫也，擅留简亲兵二千人于金陵，而表简子彦忠代其父。知诰以柴再用为之。知询怒。十一月，知询入朝，知诰留之为统军，领镇海节度使，征金陵兵还江都。十二月，以知诰领宁国节度使。长兴元年（930 年）十月，知诰以其长子景通为兵部尚书，参政事。二年十一月，知诰以镇海、宁国两节度镇金陵，总录朝政，如温故事，而景通以司徒同平章事，留江都辅政。清泰元年（934年）十一月，召景通还金陵，为镇海、宁国节度副大使，诸道副都统，判中外诸军事。以次子景迁为左右军都军使、左仆射、参政事，留江都辅政。天福元年（936年）六月，景迁以疾罢，以其弟景遂代为门下侍郎，参政事。二年二月，吴册知诰为齐王。知诰更名诰。先是诰忌庐江公蒙，幽之和州。八月，蒙杀守卫军使，奔周本于庐州。本将迎之，其子弘祚御之，而使人执蒙送江都。诰使杀之采石。八月，吴主禅位于诰。诰立于金陵，国号齐。四年正月，诰自言唐宪宗子建王恪生超，超生志，为徐州判司，志生诰父荣，改国号曰唐。复姓李，更名昪，而号徐温为义祖。昪之代吴，奉吴主为让皇。改润州衙城为丹阳宫，使徙居之。及卒，天福三年十一月。迁其族于泰州。今江苏泰县。李景与周构兵，遣园苑使尹延范复迁其族于润。延范以道路艰难，恐其为变，杀其男子六十人。还报，景怒，要斩之。事在显德三年（956年）。此据《通鉴》。薛《史·僭伪列传》、欧《史·世家》皆在二年，云景遣人杀之。昪之立，江淮比年丰稔，兵食有余，群臣争言出兵恢复旧疆，南汉遣使来谋共取楚分其地，皆不许。吴越府署火，宫室府库几尽，其王元瓘，惊惧成疾，唐人争劝乘敝取之，亦不许。皆见《通鉴》天福六年（941年）。盖以篡夺得国，不欲假将帅以兵权也。天福八年，昪卒，子景立，即景通也。以冯延巳、常梦锡为翰林学士，延巳弟延鲁为中书舍人，陈觉为枢密使，魏岑、查文徽为副使，皆无实才，而思徼功于外，景不能制，而诰与昪之志荒矣。

《重屏会棋图》

（五代十国）周文矩　收藏于北京故宫博物院

《重屏会棋图》描绘的是南唐中主李璟与其弟会棋的情景。李璟在位初期曾积极北伐，然而屡战屡败，理想与现实背道而驰。李璟心灰意冷，沉迷于绘画与对弈，朝政则处处依赖于三个弟弟。此画名有『重屏』，即画中屏风又画屏风，双屏所画取材于白居易《偶眠》诗意；另，画中李璟的三个弟弟皆脱鞋落座，坐姿甚为不恭；最重要的是画中棋子，摆出了类似北斗七星指向北极星的图案。周文矩是南唐画院翰林待诏，《重屏会棋图》中的种种细节，无不在规劝李璟：不要依赖三个弟弟，要有帝王的杀伐决断，至于棋艺，非消遣之技，须用来『寻思事』：『思古』『思先贤』，图谋北伐大计。

第六节　南方诸国形势（中）

王审知既袭兄位，梁开国，封为闽王。开平三年（909年），淮南遣使修好。使者倨慢，审知斩之，遂与淮南绝。而以女妻钱镠子传珦，贞明二年（916年）。又为子延钧娶刘岩之女，贞明三年。以是与近邻皆相安。审知起陇亩，每以节俭自处。选任良吏，省刑惜费，轻徭薄敛，与民休息，三十年间，一境晏然。然身死而闽局遽变。初审知从子延彬，治泉州十七年，今福建晋江县。民安之。遂密使浮海，入贡于梁，求为泉州节度。事觉，为审知所替。贞明六年。是为王氏骨肉相争之始。同光三年（925年）十二月，审知卒。长子延翰，自称威武留后。天成元年（926年）十月，自称大闽国王。十二月，弟泉州刺史延钧及审知养子建州刺史延禀袭之。建州，建安郡。延禀先至，杀延翰，诬称审知为其所弑。延钧至，延禀纳之，推为威武留后。四年，延禀称疾，以建州授其子继雄，后唐明宗许之，则已不复禀命于福州矣。长兴二年（931年）四月，延禀闻延钧有疾，以次子继昇知建州留后，率继雄以水军袭福州。延钧从子仁达诈降，诱继雄斩之，因追擒延禀。延钧杀之，复其姓名曰周彦琛。继昇及弟继伦奔吴越。延钧遣弟延政知建州。三年六月，延钧表后唐云：钱镠卒，事在是年三月。请以臣为吴越王。马殷卒，事在去年十一月。请以臣为尚书令。明宗不报。自审知，岁自海道登、莱入贡，至此遂绝。四年（933年），延钧称帝，国号闽，更名鏻。鏻目以国小地僻，常谨事四邻，然其政事紊乱殊甚。好神仙之术。道士陈守元、巫者徐彦林与盛韬共诱之作宝皇宫。审知时府舍卑陋，鏻又大作宫殿，极土木之盛。忌王仁达，族诛之。而以薛文杰为国计使。阴求富民之罪，籍没其财。建州土豪吴光入朝，文杰求其罪，将治之，光率其众且万人叛奔于吴，且请兵焉。吴信州刺史蒋延徽，不俟朝命，引兵会光攻建州。鏻求救于吴越。清泰元年（934年）正月，延徽围建州。鏻遣将张彦柔、王延宗救之。延宗军及中途，士卒不进，曰："不得薛文杰，不能讨贼。"延宗驰使以闻。鏻长子继鹏，执文杰，槛车送军前。士卒脔食之。蒋延徽攻建州，垂克，徐知诰以延徽行密婿，与临川王濛素善，恐其克建州，奉濛以图兴复，遣使召之。延徽亦闻闽及吴越兵将至，引而归。二年，鏻立淑妃陈

闽王像

选自《历代帝王圣贤名臣大儒遗像》册　（清）佚名　收藏于法国国家图书馆

王审知（862—925年），字信通，闽国皇帝。王审知出身贫苦，称帝后，爱惜民力，轻徭薄赋，休养生息，深得百姓爱戴。死后立庙奉祀，号『开闽尊王』，民间也多有祭拜。

氏为皇后。后本审知侍婢也。以其族人守恩、匡胜为殿使。鏻有幸臣归守明，出入卧内。鏻晚年得风疾，陈后与守明及百工院使李可殷私通。可殷尝谮皇城使李仿于鏻。陈匡胜无礼于继鹏，仿亦恶之。鏻疾甚，仿以为必不起，使壮士数人持梃击杀可殷。鏻少间，力疾视朝，诘可殷死状。仿出，引部兵入弑之。仿与继鹏杀陈后、守恩、匡胜、守明，及继鹏弟继韬。继韬，继鹏所恶也。继鹏即位，更名昶。既而自称权知福建节度事，奉表于唐。以李仿判六军诸卫。十一月，使拱宸指挥使林延皓杀之，暴其弑君及杀继韬罪。以弟继严判六军诸卫。后又罢之，以弟继镕判六军。去诸卫字。此据《通鉴》，事在天福四年（939年）。《五代史·世家》作季镛。忌叔父前建州刺史延武，户部尚书延望，杀之。事亦在天福四年。仍信重陈守元。赐号天师。更易将相，刑罚、选举，皆与之议。作紫微宫，饰以水晶，土木之盛，倍于宝皇宫。又以方士言白龙见，作白龙寺。事皆在天福二年。用守元言，作三清殿于禁中。以黄金数千斤铸宝皇大帝、元始天尊、太上老君像。事在天福四年。政无大小，皆巫者林兴传宝皇命决之。百役繁兴，用度不足，乃命其吏部侍郎蔡守蒙，除官但以货多少为差。又以空名堂牒，使医工陈究卖官于外。诏民有隐年者杖背，隐口者死，逃亡者族。鸡豚果菜，皆重征之。天福二年十月，命其弟威武使继恭上表告嗣位于晋，且请置邸于都下。三年十一月，晋以为闽国王。以左散骑常侍卢损为册礼使。昶闻之，遣进奏官林恩白执政，以既袭帝号，辞册命及使者。四年七月，初鏻以审知元从为控宸、控鹤都。昶立，更募壮士二千为腹心，号宸卫都。禄赐皆厚于二都。或言二都怨望将作乱，昶欲分隶漳、泉二州，二都益怨。昶又数侮其军使朱光进、拱宸都将。连重遇。控鹤都将。屡以猜怒诛宗室。叔父延羲，审知少子。阳为狂愚以避祸。昶赐以道士服，置武夷山中。山在今崇安县南。寻复召还，幽于私第。北宫火，求贼不获。命连重遇将内外营兵，扫除余烬，日役万人。又疑重遇知纵火之谋，欲诛之。重遇率二都兵，复召外营兵攻昶。宸卫都战败，奉昶以出。延羲使兄子继业追弑之。宸卫余众奔吴越。延羲自称威武留后、闽国王。更名曦。以宸卫弑昶赴于邻国。遣商人间道奉表称藩于晋。初卢损至福州，昶称疾不见，遣其礼部员外郎郑元弼奉继恭表随损入贡。昶遗执政书，求用敌国礼致书往来。晋高祖怒，下元弼于狱。明年正月释之。曦因商人奉表自理。乃复以为威武节度使，封闽国王。事在天福五年（940年）十一月。连重遇之攻昶也，陈守元在宫中，易服将逃，兵入杀之。重遇执蔡守蒙，数以卖官之罪，斩之。林兴先以诈觉流泉州，曦既立，遣使诛之。然此特钼前王之心腹，非能革其弊政也。而其骄淫苛虐，猜忌宗室，亦与昶无异，于是延政叛于建州。五年二月，曦遣统军使潘师逵、吴行真击之。延政求救于吴越。吴越王元瓘遣将仰仁诠救之。三月，延政募敢死士出击，大败师逵。师逵死，行真走。仰仁诠至，延政犒之，请其班师。仁诠不从。延政惧，复乞师于曦。曦使泉州刺史王继业将兵二万救之。五月，延政击吴越兵，大破之。仁诠夜遁。唐主使和曦及延政。六月，延政遣衙将及女奴持誓书及香烛至福州，与曦盟于宣陵。审知墓。然相猜恨如故。六年正月，延政请于曦，愿以建州为威武军，自为节度使。曦以威武军福州也，乃以建州为镇安军，以延政为节度使，封富沙王。延政改镇安曰镇武而称之。四月，曦以其子亚澄判六军诸卫。曦疑其弟汀州刺史延喜与延政通谋，汀州，今福建长汀县。遣将执之以归。六月，闻延政以书招泉州刺史继业，召继业还，赐死，杀其子于泉州。又恶泉州刺史继严得众心，罢归，鸩杀之。后又于宴时杀其从子继柔。淫侈无度，资用不给，谋于国计使陈匡范，匡范请日进万金。曦悦，加匡范礼部侍郎。匡范增算商贾数倍。未几，算不能足日进，贷诸省、务钱以足之。恐事觉，忧悸而卒。曦祭赠甚厚。诸省、务以匡范贷帖闻。曦大怒。斫匡范棺，断其尸弃水中。以黄绍颇为国计使。绍颇请令欲仕者自非荫补，皆听输钱即授之。以资望高下及州县户口多寡定其直，自百缗至千缗，从之。六年七月，曦自称大闽皇，领威武节度使，与延政治兵相攻。福、建之间，暴骨如莽。是岁十月，曦称皇帝，延政自称兵马元帅。七年六月，延政围汀州，曦发漳、泉兵救之，延政不能克。曦发兵袭建州，亦不克。八月，曦使求和于延政，延政不受。八年二月，延政称帝于建州，国号大殷。杨思恭以善聚敛，为仆射，领军国事。增田亩山泽之税，鱼盐蔬果，无不倍征，国人谓之杨剥皮。开运元年（944 年）正月，唐遗曦及延政书，责以兄弟寻戈。延政复书，斥唐主夺杨氏国。唐主怒，与殷绝。初朱文进、连重遇弑昶，惧国人之讨，乃结婚以自固。曦心忌之。曦贤妃尚氏有宠，其妻李氏妒之，欲图曦而立其子亚澄。使谓文进、重遇曰："上心不平于二公，奈何？"三月，文进、重遇弑曦。文进自称闽王。悉收王氏宗族，自延喜已下少长五十余人皆杀之。以重遇总六军。延政遣统军使吴成义讨文进，不克。八月，文进自称威武留后，权知闽国事，奉表于晋。晋以为威武节度使，知闽国事。旋又封为闽国王。文进以羽林统军使黄绍颇为泉州刺史，左军使程文纬为漳州刺史，汀州刺史许文稹举郡降之。泉州散员指挥使留从效，与同列王忠顺、董思安、张汉思杀绍颇，请王继勋主军府。延政即以为泉州刺史。漳州将程谟，亦杀文纬，立王继成权州事。继勋、继成，皆延政从子，朱文进灭王氏，以疏远获全者也。许文稹亦降殷。文进遣兵攻泉州，为留从效所破。吴成义率战舰千艘攻福州。文进遣子弟为质于吴越以求救。初唐翰林待诏臧循，与枢密副使查文徽同乡里。循尝为贾人，习福建山川，为文徽画取建州之策。文徽表请用兵击王延政。国人多以为不可。唐主以为江西安抚使，循行境上，觇其可否。文徽至信州，奏言攻之必克。唐主以洪州营屯都虞侯边镐将兵从文徽伐殷。文徽自建阳进屯盖竹。建阳，今福建建阳县，盖竹在其南。闻漳、泉、汀三州皆降于殷，殷将张汉卿将至，退屯建阳。臧循屯邵武，今福建邵武县。邵武民导殷军袭破之。执循送建州，斩之。吴成义闻有唐兵，诈使人告福州吏民曰："唐助我讨贼臣，大兵今至矣。"福人益惧。福州南廊承旨林仁翰刺杀连重遇，斩朱文进，迎成义入城。胡三省曰：南廊承旨，盖亦武职。二年正月，闽故臣共迎延政，请归福州，改国号曰闽。延政以有唐兵，未暇徙都，以从子继昌镇福州，使飞捷指挥使黄仁讽卫之。查文徽求益兵，唐主遣数千人会之。二月，延政使杨思恭拒之，败绩。乃婴城自守。初光州人李仁达仕闽，为元从指挥使，十五年不迁职。曦之世，叛奔建州。延政以为将，及朱文进弑曦，复叛奔福州，陈取建州之策。文进恶其反复，黜居福清。今福建福清县。浦城人陈继珣，浦城，今福建浦城县。亦叛延政奔福州，为曦划策取建州，曦以为著作郎。延政得福州，二人皆不自安。仁达潜入福州说黄仁讽，仁讽然之。三月，仁达引甲士突入府舍，杀继昌及吴成义。仁达欲自立，恐众心未服，以雪峰寺僧卓岩明，据《通鉴》。《新史》作俨明。素为众所重，迎之，立为帝。延政命统军使张汉真合漳、泉兵讨之。为黄仁讽所破。仁达又杀仁讽、继珣。已又杀岩明。自称威武留后。称藩于唐，亦入贡于晋。唐以仁达为威武节度使，赐名弘义，编之属籍。弘义又使修好于吴越。八月，唐克建州，延政降。王忠顺战死。董思安整众奔泉州。唐纵兵大掠，焚宫室庐舍殆尽。许文稹以汀州，王继勋以泉州，王继成以漳州，皆降于唐。唐置永安军于建州。十月，以王崇文为永安节度使。崇文治以宽简，建人乃安。三年，王建勋致书修好于李弘义。弘义以泉州故隶威武军，怒其抗礼。四月，遣弟弘通伐之。留从效废继勋，代领军府。勒兵击弘通，大破之。表闻于唐。唐以从效为泉州刺史，召继勋还金陵，遣将戍泉州。徙王继成刺和州，许文稹刺蕲州。初唐人既克建州，欲乘胜取福州，唐主不许。枢密使陈觉请自往说李弘义，必令入朝。乃以为福州宣谕使。弘义知其谋，见觉，辞色甚倨，觉不敢言而还。至剑州，南唐所置，宋时改称南剑，今福建南平县。擅发汀、建、抚、信州兵及戍卒，使建州监军使冯延鲁将以攻之。为所败。唐主以觉专命，甚怒，群臣多言兵已傅城下，不可中止，乃以王崇文为都招讨使，魏岑与延鲁为监军攻之。李弘义自称威武留后，更名弘达，奉表请命于晋，晋以为威武节度使，知闽国事。又更名达，使奉表乞师于吴越。十月，唐漳州将林赞尧作乱，剑州刺史陈诲、泉州刺史留从效逐之。以泉州裨将董思安知漳州。唐主即以为漳州刺史。以其父名章，为改漳州曰南州。而命其与留从效会攻福州。吴越统军张筠、赵承泰将兵三万，水陆救福州。十一月，潜入州城。时唐主又遣信州刺史王建封助攻福州。王崇文虽为元帅，陈觉、冯延鲁、魏岑争用事，留从效、王建封倔强不用命，攻城不克，将士皆解体。天福十二年（947 年）三月，吴越复发水军，遣其将余安自海道救福州。冯延鲁纵其登岸，欲击之，吴越兵既登岸，大呼奋击，延鲁不能御，弃众而走。诸军皆溃。死者二万余人，弃军资器械数十万。余安入福州，李达举所部授之。留从效引兵还泉州，逐唐戍将。吴越遣鲍修让戍福州。李达入朝于吴越，吴越更其名曰孺赟。孺赟赂内衙统军使胡进思，求归福州。进思为请，吴越主弘倧许之。孺赟与鲍修让不协，谋袭杀修让，复以福州降唐。修让攻杀之。弘倧以其相吴程知威武节度事。是岁，唐以王延政为安化节度使、鄱阳王，镇饶州。广顺元年（951 年），更以为山南西道节度使，赐爵光山王。乾祐二年（949 年），留从效兄南州副使从愿鸩杀刺史董思安而代之，唐主不能制。置清源军于泉州，以从效为节度使。三年，福州人或诣建州，告唐永安留后查文徽云："吴越兵已弃城去，请文徽为帅。"文徽信之。遣剑州刺史陈诲将水军下闽江，自以步骑继之。诲至城下，败福州兵，执其将马先进等。文徽至，吴程诈遣数百人出迎，而勒兵击败之，擒文徽。诲全军归。唐主后归先进于吴越，以易文徽焉。

马殷以梁开平元年（907 年），受封为楚王。又请依唐太宗故事，开天策府，置官属。太祖拜殷天策上将军。末帝时，加殷武安、武昌、静江、宁远等军节度使，洪、鄂四面行营都统。后唐庄宗灭梁，殷遣其子希范修贡，上梁所授都统印。蜀平，殷大惧，表求致仕。庄宗下玺书慰劳之。明宗即位，又遣使修贡。天成二年（927 年），请建行台。明宗封为楚国王。殷始建国。殷初兵力尚寡，与杨行密、成汭、刘龑等为敌国，殷患之，问策于其将高郁。郁曰："成汭地狭兵寡，不足为吾患。刘龑志在五管而已，杨行密孙儒之仇，虽以万金交之，不能得其欢心。然尊王杖顺，霸者之业也。今宜内奉朝廷，以求封爵而外夸邻敌，然后退修兵农，蓄力而有待耳。"殷始修贡京师。然岁贡不过所产茶茗而已。乃由京师至襄、唐、郢、复等州，置邸务以卖茶，其利十倍。又讽殷铸铅铁钱，以十当铜钱一。又令民自造茶，以通商旅，而收其算，岁入万计。由是地大力完，数邀封爵。先是吴淮南节度副使陈漳等将水军袭岳州，执刺史苑玫。乾化二年（912 年）。后吴袁州刺史刘景崇威子。来附，许贞将万人援之，又为吴柴再用所破。乾化四年。及是，天成二年（927 年）。吴苗璘、王彦章以水军万人攻鄂州，右丞相许德勋败之，虏璘、彦章。吴遣使求和，以二人为请，殷归之。于是与吴亦和好矣。殷子十余人，嫡子希振长而贤，而次子希声，以母袁德妃有宠，为节度副使。四年三月，殷命知政事，总录内外诸军事。希振弃官为道士。八月，希声矫殷命，杀高郁，并诛其族党。殷老不复省事，明日始知之，拊膺大哭，盖已尸居余气矣！长兴元年（930 年）十月，殷寝疾。使请传位于希声。朝廷疑殷已死，以希声为起复武安节度使。十一月，

《茶具图赞》（节选）

（南宋）董真卿 著

唐朝是茶文化发展的兴盛时期，不仅茶的种类非常丰富（有团茶、米茶、散茶以及粗茶等），饮茶的方式也出现了更为细致的煎茶法和泡茶法。唐朝的茶饮十分普遍，上至达官士人、下至市井百姓无不喜爱，人们的生活已经离不开茶，茶变得既能高雅，也能通俗。茶文化的兴盛，催生出相应的茶专著。公元780年前后，陆羽写下了世界上第一部茶专著《茶经》，标志着茶学系统的确立。以下是《茶经》中介绍到的茶具图。

金灋曹

木待制

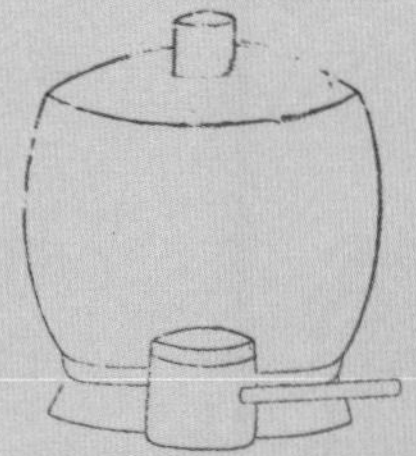

韋鴻臚

陶寶文

漆雕秘閣

宗從事

建城

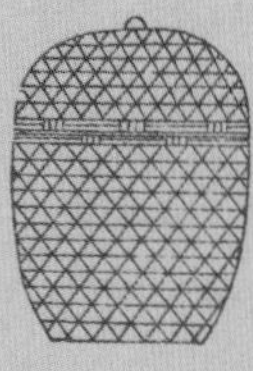

苦節君行省

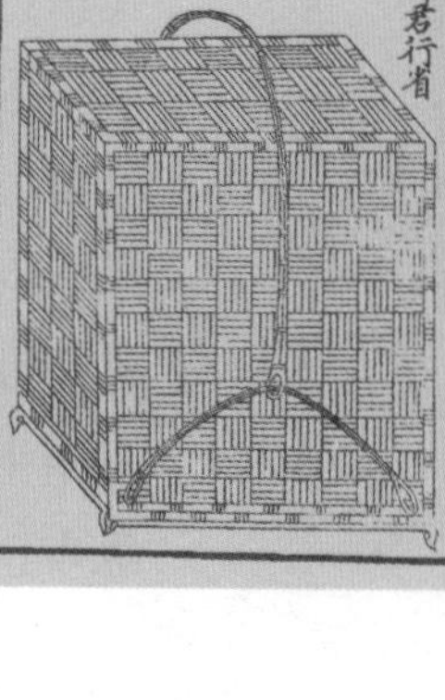

苦節君像

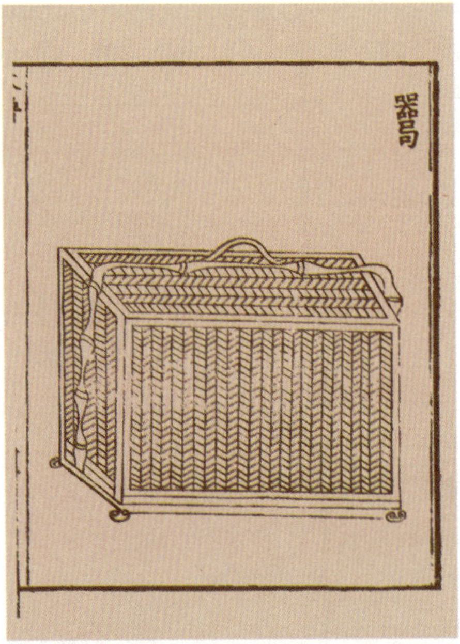

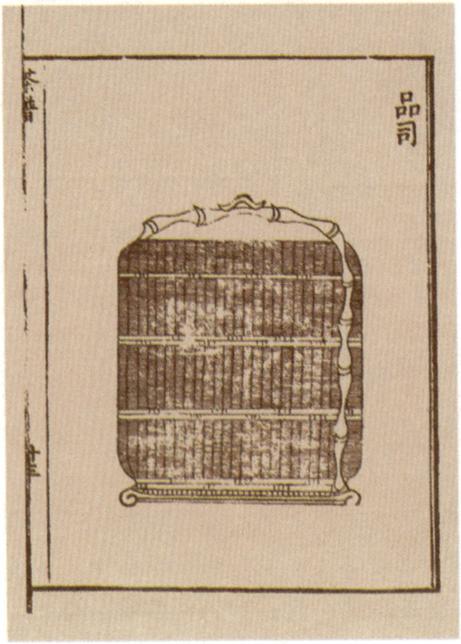

殷卒。遗命诸子，兄弟相继。置剑于祠堂，曰："违吾命者戮之。"此盖希声所为，以平其兄弟之气者也。希声既袭位，又称遗命，去建国之制，复藩镇之旧。盖自媚于上国，以求固其位也。三年七月，希声卒。六军使袁诠、潘约迎希范于朗州而立之。希范与希声同日生，怨其先立不让，不礼于袁德妃。希声母弟希旺，为亲从都指挥使，解其军职，使居竹屋草门，不得与兄弟宴集，以忧愤卒。静江节度使希杲有善政。天福元年（947 年）四月，汉侵蒙、桂二州，希范自将步骑五千如桂州，徙希杲知朗州。后因其称疾求归，遣医往视，毒杀之。事在开运二年（945 年）。希范妻彭氏，貌陋而治家有法，希范惮之。天福三年十月，彭氏卒，希范始纵声色。为长夜之饮，男女无别。作天策府，极栋宇之盛。又作九龙殿，刻沉香为八龙，饰以金宝，长十余丈，抱柱相向，希范居其中，自为一龙。用度不足，重为赋敛。听人入财拜官。民有罪则富者输财，强者为兵，惟贫弱受刑。天福十二年五月，希范卒。诸弟中朗州刺史希萼最长，而武安节度副使、天策府都尉希广，希范母弟也，希范使判内外诸司事长直都指挥使刘彦瑫，天策府学士李弘皋、邓懿文，小门使杨涤等立之。庶弟天策左司马希崇，构之于希萼，且约为内应。乾祐元年（948 年），希萼请与希广各修职贡，求朝廷别加官爵。希广厚赂执政，使拒其请。二年八月，希萼悉调朗州丁壮为乡兵，造号静江军，作战舰七百艘，以攻潭州。岳州刺史王赟大破之。追希萼，将及，希广遣使召之曰："勿伤吾兄。"赟引兵还。三年，希萼复诱辰、溆州及梅山蛮，以攻希广。溆州，在今湖南黔阳县境。梅山，在今湖南安化县西南，接新化界。且使称藩于唐以乞师，唐命楚州刺史何敬洙助之。希广使刘彦瑫讨之，败绩。十一月，希萼悉众趋潭州。希广水军指挥使许可琼德勋子。叛降之。潭州陷。马军指挥使李彦温与刘彦瑫奉希范、希广诸子奔唐。朗兵、蛮兵，大掠三日。杀吏民，焚庐舍，自殷已来所营宫室，皆为灰烬。希萼自称天策上将军，武安、武平、静江、宁远节度使，楚王。以希崇为节度副使、判军府事。脔食李弘皋及其弟弘节、杨涤、都军判官唐昭胤，斩邓懿文于市，而赐希广死。湖南要职，悉以朗人为之。多思旧怨，杀戮无度。昼夜纵酒荒淫，悉以军府事委希崇。希崇复多私曲，政刑紊乱。府库尽于乱兵，籍民财以赏士卒，或封其门而取之，士卒犹以不均怨望，虽朗州旧将佐，亦皆不悦有离心。遣掌书记刘光辅入贡于唐，光辅密言其民疲主骄，可取。唐主乃以边镐为信州刺史，将兵屯袁州，潜谋进取。希萼以府舍焚荡，命静江指挥使王逵、副使周行逢率所部兵千人治之。执役甚劳，又无犒赐，士卒皆怨。逵、行逢率之逃归朗州，奉希振子光惠为节度使。旋又迎辰州刺史刘言，废光惠，送于唐，推言权武平留后。表求旄节于唐，亦称藩于周。九月，希萼为其马步都指挥使徐威所执，立希崇为武安留后。初溪州刺史彭士愁寇辰、澧，溪州，在今湖南龙山县境。希范遣兵讨之。士愁遣子师暠请降，事在天福五年（940年）。楚人恶其犷直，希广独怜之，以为强弩指挥使。希萼攻希广，师暠为之力战。及败，投槊于地，大呼请死。希萼叹曰："铁石人也。"不杀。然犹杖背，黜为民。希崇幽希萼于衡山，以为师暠必怨之，使送之，实欲其杀之也。师暠与衡山指挥使廖偃立之为衡山王。刘言遣兵趋潭州，声言讨希崇之罪，军于益阳之西。今湖南益阳县。徐威等见希崇所为，知必无成，又畏朗州、衡山之逼，欲杀希崇以自解。希崇微觉之，大惧，密遣客将请兵于唐。唐命边镐趋长沙。希崇迎降。镐使率其族入朝。又遣兵如衡山，趣希萼入朝。马氏遂亡。静江节度副使知桂州事希隐，殷小子也。希广、希萼争国，南汉主以内侍吴怀恩为西北招讨使，将兵屯境上，伺间密谋进取。希广遣指挥使彭彦晖将兵屯龙峒以备之。在桂州南。希萼自衡山遣使，以彦晖为桂州都监，在城外内巡检使，判军府事。希隐恶之。潜遣人告蒙州刺史许可琼。希萼克长沙，疑可琼怨望，出之蒙州。可琼方畏南汉之逼，即弃蒙州，引兵趋桂州。与彦晖战于城中。彦晖败，奔衡山，可琼留屯桂州。吴怀恩据蒙州，遣兵侵掠，桂管大扰。兵奄至城下，希隐、可琼奔全州。今广西全县。怀恩因以兵略定宜、连、梧、严、富、昭、柳、龚、象等州。南汉始尽有岭南之地。又遣兵取郴州。唐以廖偃为道州刺史。以黑云指挥使张峦知全州。广顺二年（952年）正月，初，唐遣皇甫晖出海、泗，蒙城镇将咸师朗降于晖。事在乾祐二年（949年）。蒙城镇在亳州。唐以其兵为奉节都，从边镐平湖南。唐悉收湖南金帛、珍玩、仓粟，乃至舟舰、亭馆、花果之美者，皆徙于金陵。遣都官郎中杨继勋等收湖南租赋，以赡戍兵，继勋等务为苛刻，湖南人失望。行营粮料使王绍颜减士卒粮赐，奉节指挥使孙朗、曹进作乱，不克，奔朗州。唐遣其将李建期屯益阳以图朗州，以张峦兼桂州招讨使，以图桂州。久未有功，唐主谓其相孙晟、冯延巳：欲罢桂林之役，敛益阳之戍，以旌节授刘言。晟以为宜然。延巳请委边将察其形势。唐主乃遣统军使侯训将兵五千，自吉州路趋全州，与张峦合兵攻桂州，大败，训死，峦奔归全州。十月，刘言以王逵、周行逢及衙将何敬真、张仿、蒲公益、朱全琇、宇文琼、彭万和、潘叔嗣、张文表等十人皆为指挥使，分道趋长沙。以孙朗、曹进为先锋。边镐弃城走。廖偃为乱兵所杀。唐将守湖南者相继遁去。刘言尽复马氏故地，惟郴、连入于南汉。言使告于周。明年，周以言为武平节度使，制置武安、静江等军，王逵为武安节度使，何敬真为静江节度使，周行逢为武安行军司马。

第七节　南方诸国形势（下）

钱镠以龙德三年（923 年），受梁册为吴越国王，始建国。同光二年（924 年），唐因梁官爵命之。三年，镠使告于吴，吴以其国名与己同，不受。戒境上：毋通使者商旅。四年，安重诲奏削镠官爵，以太师致仕，进奏官、使者、纲吏，令所在系治。长兴元年（930 年）十月，镠因册闽使者还，附表引咎。其子传瓘及将佐，屡为镠上表陈诉，乃敕听两浙纲使自便。二年三月，以镠为天下兵马都元帅、尚父、吴越国王。遣使者往谕旨：以向日致仕，乃安重诲矫制也。三年三月，镠卒。年八十一。第五子传瓘立，更名元瓘。兄弟名传者，皆更为元。以遗命去国仪，用藩镇法。至天福三年（938 年），乃复建国，如同光故事。初元瓘弟判明州元珦，骄纵不法，幽而废之。小弟元球，据《通鉴》。《考异》曰：《晋高祖实录》《十国纪年》作元球，今从《吴越备史》《九国志》。数有军功，镠赐之兵仗。元瓘立，元球为土客马步都指挥使，兼中书令，增置兵仗至数千，国人多附之。元瓘忌之。是岁，并元珦杀之。六年八月，元瓘疾。属后事于内都监章德安。初内衙指挥使戴恽为元瓘所亲任，欧《史》云：元瓘质宣州，以胡进思、戴恽等自随。军事悉以委之。元瓘养子弘侑乳母，恽妻之亲也。元瓘卒，或告恽谋立弘侑。德安秘不发丧，伏甲士杀恽，废弘侑为庶人，复姓孙，幽之明州。

立元瓘子弘佐，时年十四。据《通鉴》。欧《史》云：年十三。内衙上统军使阚璠强戾，弘佐不能制。德安数与之争，贬处州。今浙江丽水县。右都监使李文庆不附，贬睦州。璠与右统军使胡进思益专横。璠与内都监使杜昭达皆好货。钱塘富人程昭悦，以货结二人，得侍弘佐左右。昭悦说进思，与璠各除刺史，复以他故留进思。内外马步都统军使钱仁俊母，昭达之姑也。昭悦谮璠、昭达谋奉仁俊作乱，诛之。夺仁俊官，幽于东府。治阚、杜党，诛放百余人。时开运二年（945年）十一月也。天福十二年（947年）二月，弘佐使内牙指挥使诸温杀昭悦，时为内都监。释仁俊之囚。是岁六月，弘佐卒，子昱方五岁，以弟弘倧为镇海、镇东节度使。弘倧性刚严，愤弘佐容养诸将，政非己

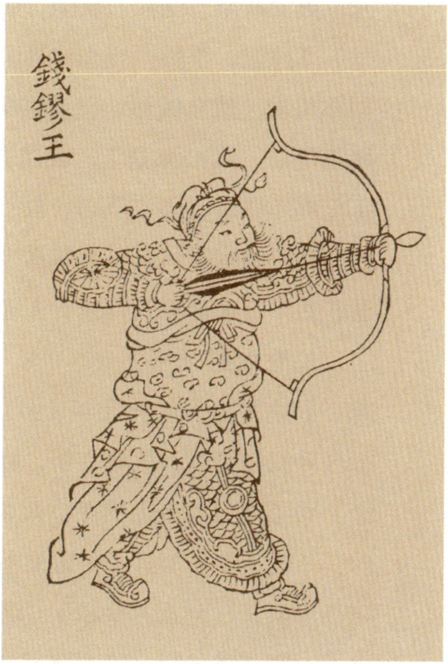

钱镠
选自《西湖拾遗》（清）陈树基/编撰
钱镠修建的钱塘江海塘是一项伟大的古建筑工程。据说钱镠早在后梁开平四年（910年）就开始修筑捍海石塘，但由于潮水汹涌不断，钱镠多次功亏一篑。最后一次修筑海塘前，钱镠组织了500名弓箭手，以箭射潮，射至万余箭，大潮果然退却，转向对岸，钱镠乘机命人将事先装满巨石的竹笼沉入江中，再打入木桩，形成坚固的堤坝。百姓们为纪念他的功绩，就把江边的海堤叫做『钱塘』。

出，与内衙指挥使何承训谋逐胡进思。又谋于内都监使水丘昭券。胡三省曰：按薛《史》，镠母水丘氏，昭券盖外戚也？昭券以为进思党盛难制，不如容之。弘倧犹豫未决。承训恐事泄，反以谋告进思。十二月，进思以亲兵废弘倧而立其弟弘俶。杀水丘昭券及弘倧舅进侍鹿光铉。承训复请诛进思，弘俶恶其反复，且惧召祸，斩之。进思屡请杀弘倧，未几，疽发背卒，弘倧乃获全。钱氏此时，子弟相争，军人跋扈，其势颇危，幸徐温、李昪，皆志在篡国，不暇思启封疆，闽则地更僻小，故其国亦粗安。然自钱镠，已营造第舍，穷极壮丽。轩陛服饰，比于王者。两浙里俗，咸曰海龙王。元瓘营造，又甚于其父。自镠世常重敛其民。下至鸡鱼卵縠，必家至而日取。每笞一人以责其负，则诸案吏各持其簿列于廷。凡一簿所负，唱其多少，量为笞数，已则以次唱而笞之，少者犹积数十，多者至笞百余，人尤不堪其苦焉。

刘隐以梁开平二年（908年），兼静海军节度使、安南都护。三年，封南平王。乾化元年（913年），进封南海王。是岁卒。表弟节度副使陟权知留后。乾化二年，除清海军节度使，更名岩。《旧史·列传》云：初名陟，僭位之明年，改名岩。《新史·世家》云：初名岩，更名陟。《通鉴考异》引《十国纪年》云：太祖授陟清海军节度使，陟复名岩。胡宾王《刘氏兴亡录》，谓其父葬其母段氏，得石版，有篆文曰隐台岩，因名其三子。又引《梁太祖实录》，于乾化元年称为陟，二年称为岩，《吴越备史》于乾化四年，《吴录》于天祐十四年（917年），即贞明三年，薛《史·本纪》于贞明五年（919年），皆称为岩，则复名之说当不误。惟《唐烈祖实录》谓陟僭位改名岩，与薛《史·列传》合；《庄宗实录》于同光三年（925年）称为陟，《列传》自嗣立至建号，皆云刘陟耳。推校众说，初名岩，更名陟，复名岩当不误。《通鉴》以其首尾名岩，但称为岩，亦未尽善也。末帝即位，悉以隐官爵授之。贞明元年（915 年），岩以钱镠为国王，而己为南平王，南平郡王。表求封南越王，及加都统，不许。岩谓僚属曰："今中国纷纷，孰为天子？安能梯航万里，远事伪庭乎？"自是贡使遂绝。三年八月，自称皇帝，国号大越。四年十一月，改国号曰汉。五年九月，诏削岩官爵，命钱镠讨之。镠虽受命，竟不行。同光三年，岩闻梁灭，遣宫苑使何词入贡，且觇中国强弱。还言庄宗骄淫无政，不足畏也。岩大悦，自是不复通中国。南汉距中国远，故于中国初无所畏，词之来，书辞称大汉国主致书，上大唐皇帝，亦与南唐同也。是岁十二月，有白龙见于汉宫，改元曰白龙，更名龚。至天福六年（941 年），龚寝疾，有胡僧谓名龚不利，乃自造龑字名之，义取飞龙在天，读若俨。自唐末，天下乱，中朝人士，以岭外最远，可以避地，多游焉。唐世名臣谪死南方者，往往有子孙，或当时仕宦遭乱不得还者，皆客岭表，隐皆招礼之。或辟置幕府，待以宾客。岩亦多延中国士人，置于幕府，出为刺史，刺史无武人。此在五代时，可谓差强人意。然岭南珍异所聚，龑又西通黔、蜀，得其珍玩，穷奢极丽，宫殿悉以金玉珠翠为饰。用刑惨酷，有灌鼻、割舌、支解、刳剔、炮炙、烹蒸之法，或聚毒蛇水中，以罪人投之，谓之水狱。末年尤猜忌，以士人多为子孙计，故专任宦官，而自隐以来，招致士大夫之意亦衰矣。岩初立，破虔州兵，取韶州。又取容管及高州于楚。开平四年（910 年），楚取容管、高州，至是弃之。然娶马殷女，僭号后立为后，故于楚亦无衅。长兴初，尝遣将攻拔交州，旋复失之。交州自此遂与中国分离矣。天福七年（942 年），龑卒。长子弘度立，更名玢。以弟弘熙辅政。明年，为所弑。弘熙立，更名晟。以弟弘昌为太尉、兼中书令、诸道兵马都元帅，知政事。弘杲为副元帅，参与政事。已而杀之。遂尽杀诸弟。作离宫千余间，饰以珠宝。设镬汤、铁床、刳剔等刑。任宦者林延遇。延遇死，又继以龚澄枢。其无道，无一不与龑同也。晟尝求婚于楚，楚王希广不许。晟怒，攻之，取贺州、昭州。事在乾祐元年（948 年）。楚亡，又取桂管，败唐兵，取郴州。然皆乘乱攘夺，无与于强弱之数也。显德五年（958 年），晟卒。长子继兴立，更名𬬮。时年十七。龚澄枢仍用事，一切弊政，仍与晟世无异。

荆南地狭兵弱。高季兴初之镇，梁以兵五千为其卫，衣食皆取给于梁。至后唐明宗时，尚岁给以盐万三千石。周世宗平淮南，又命泰州给之。在十国中，最无自负之意，故颇惟利是图。自季兴时，诸道入贡过其境者，多掠夺其货币，及诸道移书诘让，或加以兵，不得已，复归之，曾不为愧。及从诲立，唐、晋、契丹、汉，更据中原，南汉、闽、吴、蜀皆称帝，从诲利其赐与，所向称臣。诸国贱之，谓之高赖子，俗语谓夺攘苟得无愧耻者为赖子，犹言无赖也。从诲为人明敏，多权诈。安从进反，结从诲为援，从诲外为拒绝，阴与之通。晋师致讨，从诲遣将李端以舟师为应。从进诛，从诲求郢州为属。高祖不许。汉高祖起太原，从诲遣人间道奉表劝进，且言汉得天下，愿乞郢州为属。高祖阳诺之。高祖入汴，从诲遣使朝贡，因求郢州。高祖不与。从诲怒，及加恩使至，拒而不受。闻杜重威叛，发水军数千袭襄州，又寇郢州。遂绝汉附于唐、蜀。既而北方商旅不至，境内贫乏，乃又上表谢罪，乞修职贡。乾祐元年（948 年）。盖真惟利是视矣。然从诲性明达，能亲贤礼士，省刑薄赋，境内以安，《通鉴》清泰二年（935 年）。实五代时之贤主也。乾祐元年卒。子保融知留后。荆南自后唐已来，数岁一贡，中间两绝，及周世宗时，无岁不贡矣。

孟知祥以清泰元年（934 年）卒，子仁赞立，更名昶。时年十六。《新史・世家》云：昶好打毬走马。又为方士房中之术。多采良家子，以充后宫。枢密副使韩保贞切谏。昶大悟，即日出之，赐保贞金数斤。有上书言台省官当择清流。昶叹曰：“何不言择其人而任之？”左右请以其言诘上书者。昶曰："吾见唐太宗初即位，狱吏孙伏伽上书言事，皆见嘉纳，奈何劝我拒谏邪？"然昶年少，不亲政事，而将相大臣，皆知祥故人，知祥宽厚多纵之，及其事昶，益骄蹇。多逾法度，务广第宅，夺人良田，发其坟墓，而李仁罕、张业尤甚。昶即位数月，执仁罕杀之，并族其家。业，仁罕甥也，时方掌禁兵，昶惧其反仄，乃用为相。业兼判度支，置狱于家，务以酷法，厚敛蜀人，蜀人大怨。乾祐五年（952 年），昶与匡圣指挥使安思谦谋，执而杀之。王处回、枢密使。赵廷隐相次致仕。故将旧臣殆尽，昶始亲政事。于朝堂置匦，以通下情。何建以秦、成、阶三州来附，昶因遣孙汉韶攻下凤州，于是悉有王衍故地。赵思绾、王景崇送款，昶遣张虔钊出大散关，何建出陇右，李廷珪出子午谷，以应思绾。昶相毋昭裔切谏，以为不可。然昶志欲窥关中甚锐，乃遣安思谦益兵以东。已而汉诛思绾、景崇，虔钊等皆罢归，而思谦耻于无功，多杀士卒以威众。昶与翰林使王藻谋杀思谦，而边吏有急奏，藻不以时闻，辄启其封，昶怒之。其杀思谦也，藻方侍侧，因并擒藻斩之。自清泰至乾祐，凡十五年，乃克尽除其逼，其事亦非易易，昶实非全无能为，然知祥在蜀，全恃客兵，客将尽而蜀人不与同心，所恃以自立者先拨，况复荒淫为武家积习，昶亦渐染之而不能自拔，区区小慧，又何益邪？

花蕊夫人图

选自《才女图》卷

（清）佚名　收藏于美国纽约大都会艺术博物馆

图中坐着的一男一女分别是后蜀主孟昶和他的费贵妃，孟昶正在欣赏费贵妃写的诗文。费贵妃便为花蕊夫人，幼能文，善宫词。宋太祖听说花蕊夫人会写诗，便邀请她吟咏，花蕊夫人回《口答宋太祖》：『君王城上竖降旗，妾在深宫那得知。十四万人齐解甲，宁无一个是男儿。』宋太祖看后，深感敬佩。